新时代中国绿色新闻传播学丛书

陈相雨◎总 主 编
卫 欣 王全权◎副总主编

# 生态纪录片创作教程

冯俊苗◎编 著

中国林业出版社

## 内 容 简 介

本教材为新时代中国绿色新闻传播学丛书之一。全教材共分6章，第1章简单介绍生态纪录片的定义和历史，第2章至第5章以创作生态纪录片的流程为线索，从创作准备、故事架构、拍摄和剪辑4个方面阐述生态纪录片创作的原理及技巧，第6章为学生创作的生态纪录片解说词和创作经验分享。此外，本教材每章针对重点内容设置推荐观摩与思考题，帮助读者更好地掌握主要内容。

本教材既可以作为高等院校生态纪录片创作课教学用书，也可作为生态纪录片创作爱好者入门参考书。

**图书在版编目(CIP)数据**

生态纪录片创作教程 / 冯俊苗编著. —北京：中国林业出版社，2023.03

（新时代中国绿色新闻传播学丛书）

ISBN 978-7-5219-2055-0

Ⅰ.①生… Ⅱ.①冯… Ⅲ.①生态-纪录片-艺术创作-教材 Ⅳ.①J952

中国版本图书馆 CIP 数据核字(2023)第 000932 号

策划编辑：曹鑫茹
责任编辑：曹鑫茹　王奕丹
责任校对：苏　梅
封面设计：周周设计局

出版发行：中国林业出版社
　　　　　（100009，北京市西城区刘海胡同7号，电话83223120）
电子邮箱：cfphzbs@163.com
网　　址：http://www.forestry.gov.cn/lycb.html
印　　刷：北京中科印刷有限公司
版　　次：2023年03月第1版
印　　次：2023年03月第1次印刷
开　　本：787mm×1092mm　1/16
印　　张：14.25
字　　数：335千字
定　　价：46.00元

# 新时代中国绿色新闻传播学丛书
# 编　委　会

主　任：陈相雨

副主任：卫　欣　王全权

编　委（按姓氏笔画排序）：

　　　　卫　欣　王全权　冯广圣　冯俊苗
　　　　冯菊香　李　娜　张伟博　陈　蔚
　　　　陈长松　陈相雨　林若野　周阿根
　　　　赵呈晨　段德宁　徐　能　殷　文
　　　　韩鹏云　韩模永　程嫩生　雷　蕾

# 序 一

生态兴则文明兴，生态衰则文明衰。党的十八大以来，以习近平同志为核心的党中央高度重视生态环境保护，将生态文明建设作为中国特色社会主义"五位一体"总体布局和"四个全面"战略布局的重要内容，坚持绿色发展，把生态文明建设融入经济建设、政治建设、文化建设、社会建设各方面和全过程，生态文明建设的地位和作用更加凸显。

新闻传播学是应时代发展之需而诞生的具有厚实理论积淀同时又偏向实践应用的学科门类，研究人类社会中的新闻活动、传播活动及其他各类信息传播现象并揭示其规律，是该学科的重要使命之一。新闻传播学在我国得以迅速发展，一方面是由于人类社会已经进入各方面高度连接、彼此依赖的信息社会，新闻信息既是具有实际价值的宝贵资源，同时又是一种可以影响他者的"特殊权力"，重视和发展新闻传播学是当今世界的共同选择；另一方面，在我国所进行的堪称人类历史上极为罕见的现代化转型实践中，尤其是改革开放40多年来，我国在经济、政治、文化、社会和生态文明等领域均取得了令世界瞩目的成就，新闻传播行业在这一伟大历史进程中发挥了无可替代的重要作用，具有中国特色的新闻传播学自身也得到了很大发展。

习近平总书记在党的十九大报告中指出中国特色社会主义进入了新时代。生态文明建设是新时代中国特色社会主义建设的重要内容，是"五位一体"总体布局的重要组成，经济、政治、文化、社会建设都必须体现和贯彻生态文明建设总体思想和要求。时代是出卷人，新闻传播学人是答卷

人,人民大众是阅卷人。面对着新现象、新问题、新要求,诸如人民日报、中央电视台、中国青年报、新华日报、中国绿色时报、中国环境报等一大批主流新闻媒体,对接经济社会可持续性发展需求,围绕生态文明建设做了大量卓有成效的报道,在传播生态文明思想、普及绿色发展理念、动员人民群众参与环保事业、监督环境污染行为等方面起到了应有作用,在建设美丽中国的伟业中成为不可或缺的重要力量。

坚持为人民服务,坚持为社会主义服务,一直是中国特色社会主义新闻事业的重要方针。处于变革发展中的中国特色新闻传播学,不管从哪个方面讲,都应对中国特色社会主义新时代所出现的新现象、新问题、新要求作出有力的回应和探索。

绿色新闻传播学是当前新闻传播学的一个重要学科方向,是近年来逐渐兴起形成的一个新的学科领域。它主要研究环境新闻活动、环保传播现象以及其他各类生态文明传播现象及其规律,为中国特色社会主义生态文明事业培养卓越绿色新闻传播人才是其不可替代的重要职责和光荣使命。南京林业大学新闻传播学科的发展历史,可追溯到1995年获批的广告学专业。在近30年的学科建设历程中,南京林业大学新闻传播学科坚持将以立德树人作为根本任务,强化绿色担当、坚持特色引领,在对接国家和地方生态文明建设需求的同时,充分发挥学校在生态、环境、资源等方面的学科优势,着力建设绿色新闻传播学,为社会培养了一大批卓越绿色新闻传播人才。为更好推动绿色新闻传播学建设,由南京林业大学联合兄弟高校组织编写了新时代中国绿色新闻传播学丛书,为培养卓越绿色新闻传播人才提供了有力抓手,开了国内在这一领域进行系列教材建设的先河。

目前,新闻传播学教材同质化现象严重、特色不够鲜明,对当前高等新闻传播学教育存在的问题破解力度不够。这套系列教材立足新时代高等教育变革发展的新趋势,以马克思主义新闻观为基本指导,对接中国特色生态文明建设需要，坚持以立德树人的根本任务，将近年来绿色新闻传播学研究和教学所取得的理论和实践成果进行归纳、总结和提炼，去粗取精、去伪存真，使之知识化、体系化和规范化，以求更适合当前高等新闻传播学教育改革和发展的要求。

这套系列教材内容涵盖环境新闻、绿色广告、环保广告案例、乡村传播、林业科普、绿色新闻作品选读、绿色新闻采访、绿色新闻写作、生态纪录片创作、生态文化传播、媒介生态批评、绿色广告创意等多个领域，大致呈现如下三个优势。

第一，特色引领优势。有效破除高等教育教材建设同质化，是当前高等教育教材建设改革的重点和难点。高等院校新闻传播学教材建设，近年来取得了令人瞩目的成绩，涌现出一批质量上乘的精品佳作，但教材同质化问题仍然未能完全解决。新时代中国绿色新闻传播学丛书以马克思主义新闻观为指导，在固本培元的基础上坚持"特色引领"，针对生态文明建设领域中新闻传播活动和现象，深耕绿色新闻传播理论和业务，体现出较为明显的差异化优势。教材编写者的努力值得肯定。

第二，紧贴实践优势。近水知鱼性，近山知鸟音。新时代中国绿色新闻传播学丛书的编撰以实践为基础、以实践为优势、以实践为旨归。一方面，编写者为高校绿色新闻传播学一线双师型资深教师，他们长期从事绿色新闻传播学理论和实务的研究和教学，有着丰富的研究经验和实践体验；另一方面，教材中所使用的素材和案例，均来源于实践，是最鲜活、最接地气的教学资料。更为重要的是，以实践为旨归，以培养生态文明建设急需的卓越新闻传播人才为己任。这是其他教材所并不具备的特点。

第三，体系完备优势。与绿色新闻传播相关的学术著作零星存在，相关的教材更不多见。新时代中国绿色新闻传播学丛书，涵盖了绿色新闻传播学教育教学的几乎所有领域，彼此关系紧密、内容环环相扣、逻辑联系

紧密，是当前绿色新闻传播领域内容最为丰富、体系最为完备的系列教材。

作为一个新兴的学科领域，绿色新闻传播学是我国新闻传播学研究者和教育者应时代之需大胆探索、勇于变革、不断创新的智慧结晶和最新成果。作为一个学术概念，绿色新闻传播学或许还值得进一步商榷，但就中国特色生态文明建设的实际需要而言，加大卓越绿色新闻传播人才培养力度，则是历史的选择、新时代的要求。由南京林业大学组织编写的中国绿色新闻传播学丛书恰逢其时、可喜可贺。这套系列教材深入浅出、针对性强、整体质量高，必将吸引更多的研究者和教育者加入绿色新闻传播学研究和教学，必将有力促进我国卓越绿色新闻传播人才的培养，必将助力中国特色生态文明建设，为实现美丽中国梦贡献应有力量。

**高校新闻学国家教材建设重点研究基地顾问委员会委员**
**南京大学新闻传播学院教授、博士生导师**

# 序 二

生态环境是人类生存最为基础的条件，是我国实现可持续发展最为重要的基础。生态文明建设不仅关系人民福祉、关系"两个一百年"奋斗目标的实现，更关系中华民族的未来。党的十八大以来，以习近平同志为核心的党中央高度重视社会主义生态文明建设，从产业结构调整、制度法治完善、生产生活方式转变等方面采取一系列根本性、开创性、全局性战略举措，攻坚克难、全面推进，生态环境持续改善，生态环境保护取得巨大成就，美丽中国正在变成现实。

生态文明建设是一项科学、长期、系统的工程，贯穿于经济、政治、文化和社会建设的各方面和全过程，不仅需要党委领导、政府主导，更需要全社会广泛合作和共同参与。高等教育是党的教育事业的重要组成，高等学校在中国特色社会主义新时代肩负着人才培养、科学研究、文化传承、社会服务等重要使命，较之其他行业和机构具有助力生态文明建设的明显优势。在这些优势中，最根本的就是立德树人。党的十八大提出"把立德树人作为教育的根本任务"，为教育指明了前进的方向。习近平总书记指出，高校立身之本在于立德树人。

当前，南京林业大学已发展成为一所以林科为优势，理、工、农、文、管、经、法、艺等多学科协调发展，服务国家生态文明建设、特色鲜明的高水平大学，在近120年的光辉历史中，将提高教学质量和德育教育置于首位，全面贯彻党的教育方针，坚持立德树人，紧紧围绕培养社会主义建设者和接班人这一根本任务，为实现"黄河流碧水、赤地变青山"的宏伟目标，不

断深化教育教学改革，为生态文明建设培养了一大批优秀人才。

今天，人类处于一个高度媒介化的信息社会。以大众媒介为载体的新闻信息传播，作为一种结构性力量正在改变和形塑着人类社会的发展进程。纵观人类社会的变迁和转型，都在相当程度上发现新闻信息传播在其中所起到的无可替代的重要作用。重视新闻传播行业、发展新闻传播学科，几乎成为全球有战略远见国家的共识。在我国，以新闻信息传播活动及其规律为重要研究内容的新闻传播学，也在相当程度上成为一门显学。

与著名高校新闻传播学科相比，南京林业大学新闻传播学科虽是一名年轻的新兵，但它充分发挥"双一流"学科建设高校优势，整合学校在资源、生态和环境类学科上的强劲势能，以马克思主义新闻观为基本指导，固本培元、特色引领，重点建设绿色新闻传播学学科领域，为中国特色生态文明建设培养卓越绿色新闻传播后备人才。在学校党委、行政的关心支持下，新闻传播学科所在人文社会科学学院凝心聚力、上下齐心、统筹推进，通过20多年的接续努力，以绿色新闻传播为特色的南林新闻传播学科，在研究水平、办学实力和社会影响等方面快速提升，如今正以昂扬的姿态成为全国颇具影响的绿色新闻传播研究和教育教学重镇。

南京林业大学组织编写的新时代中国绿色新闻传播学丛书，既是我校学科建设和发展之需，又是我校自觉探索新形势下新闻传播学科自我变革之需，更是我校主动对接国家和地区经济社会建设、为生态文明建设培养卓越人才之需。这套教材的编撰大致有三方面意义。

首先，为行业类高校如何建设文科提供了理念启示。行业类高校在我国数量众多，几乎占据全国高校的半壁江山。行业类高校为我国经济社会发展做出了重要贡献，为更好贯彻党的教育方针，满足社会对复合型高级人才日益增长的需要，行业类高校陆续开办了人文社科类相关专业学科，但对如何发展和建设文科，不少高校一直处于"摸着石头过河"的探索阶段。我校新闻传播学科将自身发展嵌入"双一流"和高水平大学建设大局之中,锁定绿色新闻传播领域,坚持特色引领、在特色中创造差异化竞争优势,办学影响越来越大。这套系列教材的编撰出版就是我校在这方面所做的最有力的探索,可在一定程度上为其他行业类高校建设和发展文科提供某种程度上的理念启示。

其次,为兄弟高校如何培养卓越人才创造了价值范本。2018年10月,为加快建设高水平本科教育,全面提升人才培养能力和质量,教育部印发《教育部关于加快建设高水平本科教育全面提高人才培养能力的意见》等文件,决定实施"六卓越一拔尖"计划2.0。2019年4月,教育部联合13个部门共同启动了这一计划,新工科、新医科、新农科、新文科建设全面铺开,以有效举措切实提高高校服务经济社会发展能力。卓越新闻传播人才教育培养计划,是"六卓越一拔尖"计划2.0的重要组成部分。该计划旨在打造一批具有中国特色、世界水平的一流新闻传播专业点,在遵循新闻传播规律和人才成长规律的基础上,形成全媒化复合型专家型新闻传播人才培养体系,造就适应新闻传播行业创新发展,能够讲好中国故事、传播好中国声音的优秀新闻传播后备人才。但高校如何贯彻落实这一计划,则需要高校结合自身特点和优势作具体部署和安排。我校新闻传播学科以教材建设为突破口,侧重绿色新闻传播学科领域建设,探索构建全媒化复合型专家型卓越绿色新闻传播人才培养体系,培养造就能够助力生态文明建设、讲好美丽中国故事、传播好中国生态声音的优秀新闻传播后备人才,在相当程度上为兄弟高校如何培养卓越人才创造了可资参考的价值范本。

最后,为课程思政如何融入专业课程创造了实践样本。课程思政重点解决的是"培养什么人""为谁培养人"的问题,事关为党育人、为国育才的目标能否实现,事关中国特色社会主义事业的合格建设者和可靠接班人能否培养成功。课程思政,不能就"思政"谈"思政",而应将思政教育元

素，包括思政教育理论知识、价值观念和精神追求等融入各门课程中，尤其是专业课程之中，以"润物细无声"的方式影响学生的思想和行为。在这一过程中，教材建设甚为关键。它既是内容，又是抓手。我校组织编写的新时代中国绿色新闻传播学丛书，始终坚持擦亮马克思主义基本底色，始终坚持以马克思主义新闻观为基本指导，从维护和巩固国家意识形态安全的战略高度，将思政教育元素巧妙融入教材内容建设之中，为将专业课程建成课程思政的主战场、主阵地提供了有力支撑，这也在相当程度为新闻传播学科如何做好课程思政工作创造了具有南林特色的实践样本。

替河山装成锦绣，把国土绘成丹青。南京林业大学作为一所拥有百余年光辉历史的"双一流"学科建设高校，在中国特色社会主义新时代，不忘初心、牢记使命，把立德树人作为教育的根本任务，将助力生态文明和美丽中国建设作为光荣使命和责任担当。新时代中国绿色新闻传播学丛书的编撰，不单是我校新闻传播学科深耕绿色新闻传播学研究和教育教学实践的阶段性成果，更是我校对接国家战略需要培养卓越人才的缩影和写照。在这方面，我们还有很长的路要走，因而热忱期待各方有识之士的指教。

人不负青山，青山定不负人。相信会有越来越多的高校和我们一起对接需求、发挥所长，推动形成人与自然和谐共生的现代化建设新格局，共同谱写美丽中国新篇章，让美丽中国新图景早日展现于华夏大地之上。

是为序。

南京林业大学原校长，教授、博士生导师

# 前　言

编者从事纪录片教学十几年，和很多生态纪录片领域的探索者一样，因为热爱，自然而然想用纪录片这一形式把自然的美好分享给更多的人。尽管并没有像BBC、国家地理频道那样雄厚的资金支持和昂贵的拍摄器材，我们的团队仍以对自然生态的热爱为凭借，以扎实的专业技能为基础，创作出了不少成熟的作品。

编者相信有很多人同样想探索这一领域，想把他们心中的生态之美与人分享。本教材就是针对像编者团队的大多数成员一样的大学生、初学者以及爱好者。他们中的大多数不同于成熟的从业者，他们没有雄厚的资金，没有昂贵的器材，缺乏实践并容易忽略拍摄以外的重要经验，然而他们充满工作的热情；本教材结合编者十几年教学经验，对初学者容易忽略的问题和容易出现的错误作出提醒与指导；编者希望用自己的切身经验以及教训，给出切实的建议与帮助，帮助他们更好地入门，并坚定他们的信念：做好生态纪录片，资金的雄厚和器材的高昂并不是决定性因素，最重要的是要对自然对生态保持高度的热爱和强烈的好奇心，用专业负责的态度去对待整个制作过程。

本教材中，有编者团队制作生态纪录片中的切身感悟、经验、技巧和教训，从观摩优秀生态纪录片中总结的想法，也有在科研中发现的基本规律，希望能够从最实用但也有情怀的立场出发，从不同角度帮助所有热爱生态纪录片的大家，去探索，去发现，去启迪——我们既脚踩坚实的大地，也仰望着浩瀚的星空。

本教材的编写需要感谢身边同事、朋友和学生的帮助与支持以及出版过程中各位编辑的辛勤付出。书中难免有疏漏，恳请各位读者品评指正。

编者
2022年9月于南京

# 目录 CONTENTS

序一
序二
前言

## 第一章 生态纪录片概论 …………………………（ 1 ）
 第一节 生态纪录片的概念 …………………………（ 2 ）
 第二节 中外生态纪录片简史 ………………………（ 3 ）
 第三节 生态纪录片影片推荐 ………………………（ 10 ）
 推荐观摩 ……………………………………………（ 18 ）
 思考题 ………………………………………………（ 18 ）

## 第二章 创作准备 …………………………………（ 19 ）
 第一节 理解自然生态 ………………………………（ 20 ）
 第二节 选题与调研 …………………………………（ 31 ）
 第三节 《家园：生态多样性的中国》选题分析 ……（ 34 ）
 推荐观摩 ……………………………………………（ 38 ）
 思考题 ………………………………………………（ 38 ）

## 第三章 故事架构 …………………………………（ 39 ）
 第一节 故事是基础 …………………………………（ 40 ）
 第二节 结构 …………………………………………（ 46 ）
 第三节 《自然的力量》与《森林之歌》空间叙事分析 ……（ 52 ）
 推荐观摩 ……………………………………………（ 58 ）
 思考题 ………………………………………………（ 58 ）

## 第四章 拍摄 ………………………………………（ 59 ）
 第一节 拍摄前的准备 ………………………………（ 60 ）

I

　　第二节　开拍 …………………………………………（62）
　　第三节　《猎捕》第五集《无处藏身》镜头设计分析………（86）
　　推荐观摩 …………………………………………………（103）
　　思考题 ……………………………………………………（103）

**第五章　剪辑** ……………………………………………（105）
　　第一节　剪辑的基本原则 ………………………………（106）
　　第二节　声画关系 ………………………………………（122）
　　第三节　《地球脉动2》之《岛屿》剪辑分析 ………………（136）
　　推荐观摩 …………………………………………………（159）
　　思考题 ……………………………………………………（159）

**第六章　生态纪录片创作经验分享** ……………………（161）
　　第一节　《万物有灵》 ……………………………………（162）
　　第二节　《紫金山的秘密生命》 …………………………（180）
　　第三节　《乌拉特牧歌》 …………………………………（189）
　　第四节　《草原上的向日葵》 ……………………………（201）
　　推荐观摩 …………………………………………………（208）
　　思考题 ……………………………………………………（208）

**参考文献** …………………………………………………（209）
**后记** ………………………………………………………（211）

# 第一章

# 生态纪录片概论

# 第一节 生态纪录片的概念

本教材中的"生态纪录片"一词和英语中的 wildlife documentary, nature documentary 等词意思相近,但不完全相同。本教材倾向于用"生态纪录片"一词,"生态"一词无论从创作目的、理念还是方式上,都能更为准确地定义本教材所要表述的纪录片。事实上,生态纪录片一词在国内也早有提及,但关于生态纪录片的概念范畴,不同学者对此有不同的看法。有的将生态纪录片等同于自然类纪录片,有的仅简单将生态纪录片归纳为以生态环境为主题的纪录片,有的甚至将生态纪录片的范畴从自然生态延伸至社会生态和文化生态。因此,有必要厘清何为生态纪录片,同时明确本教材中生态纪录片的范畴。

第一,生态纪录片的概念重点之一在于"生态"。《现代汉语词典》(第7版)中对"生态"一词的解释是:"指生物在一定的自然环境下生存和发展的状态,也指生物的生理特性和生活习性。"若仅就此定义生态纪录片中的"生态"一词,未免过于简单。我们更应该从生态学的角度为生态纪录片作科学而准确的定义。英文中的"生态学"为"ecology",来源于希腊语"oikos",意即"住房",也就是提到了我们的周边环境;而"生态学"一词在西方一直被称为"自然的经济学知识,即研究动物与有机和无机环境的全部关系"(德国动物学家恩斯特·海克尔于1870年给生态学所下定义),从英文的"ecology"与"economy"(经济)二词便可明白一二;美国历史学家唐纳德·沃斯特也有一部重量级的著作《自然的经济体系:生态思想史》。这些都表明,生态学研究的是关系,是生物与环境的关系。美国生态学家里克莱夫斯在《生态学》一书中对生态学作出明确定义:"生态学是研究生物(动物、植物和微生物)与自然世界相互作用的科学。"由此可知,一部纪录片是否为生态纪录片不能仅根据其拍摄对象是否为自然界的生物而判断,而应该根据它是否展现生物与自然世界相互作用、相互关系来判断。

第二,作为一种艺术形式,生态纪录片在审美层面上必须符合生态美学的新范式。生态美学的源头可以追溯到美国生态学家奥尔多·利奥波德1949年出版的著作《沙乡年鉴》。经过数十年的发展,生态美学研究者基本赞同这样一个观念,即生态美学是主张生态的整体主义,它关注的是自然及其良好的状态;自然的静态与平衡是表面的,生态美学强调自然系统中的动态变化、侵扰和非平衡,这些也是积极的美学因素。"自然界的动荡和进程才是自然界的常态,只有通过欣赏自然界中的进程,而非静止的事物,我们才能体会自然的真谛"①。我们反对仅仅以人类审美观为准则去评价自然界中的美与丑，不能将对美丑的感知停留在外在的颜色、形状等感性直观的形式方面，我们强调人与自然的和谐相处，真正深入整个自然的规则中，感受蓬勃生命的创造之美。生态纪录片应该体现的正是这样一种美学态度。

综上所述，生态纪录片的拍摄对象是自然界的动植物以及微生物等，它以展现生物与自然世界相互作用、相互关系为内容，它关注并欣赏自然界的表面静态与实质动荡，理解和尊重各种生命形式，提倡人类与自然平等相处。而我们正致力于此。

## 第二节 中外生态纪录片简史

由于本教材创作案例以欧美纪录片为主，因此在生态纪录片简史的介绍中，欧美纪录片历史的电视发展阶段主要以介绍播出和制作为主；而我国生态纪录片主要以介绍创作风格变迁为主。

### 一、欧美生态纪录片简史

在历史上，从电影诞生之初开始，野生动物题材影片就成为观众竞相观看的影片类型。最早的这类影片一般是为教育目的而拍，也就是我们常说的科教片，而后渐渐成为受到观众欢迎的商业影片。

1907年，奥利弗·派克（Oliver Pike）拍摄了《在鸟岛上》（*In Birdland*），这部影片是英国最早的收费放映的野生动物题材纪录片；此后，在科学教育目的下，一大批科教片开始出现。在美国，雷蒙德·L. 迪特玛尔斯（Raymond L. Ditmars）是一位研究两栖爬行动物的科学家，他很快发现使用电影的方式将动物介绍给公众是个很不错的想法，于是计划制作一批系统化的动物学科教片给大家介绍动物的分支，拍摄了一些蜘蛛、蜥蜴、青蛙以及其他动物。同时，他还在影片中加入了一些幽默的成分，使得影片具有很强的娱乐性。这一系列影片的最后一部《自然之书》（*The Book of Nature*）中有一段被称作"丛林马戏团"，迪特玛尔斯拍摄了跳鼠跳跃障碍、雨蛙爬绳子、苍蝇玩耍微型杠铃的场景，还有一只蟾蜍当观众。尽管动物马戏是我们现在的生态观所驳斥的，但在当时的人眼中，迪特玛尔斯的这些片段只是为科学性影片增加了幽默感。

不久之后，英国的教育电影协会开始制作《自然的秘密》（*Secrets of Nature series*）系列电影，每一集介绍一些自然历史故事，特别是关于野生动物。这些影片有一些在动物园拍摄，有一些在摄影棚里拍摄。这些影片都很短，通常只有8~10分钟，所以并没有受到重视；著名的纪录片导演约翰·格里尔逊甚至认为这种影片仅仅只有描述，没有戏剧化元素。不过这一系列电影的制作人皮尔斯·史密斯和玛丽·费尔德认为，虽然他们的影片被认为是杰

---

① 李庆本，《国外生态美学读本》，复旦大学出版社，2005年第1版，第6页。

出的科教片，但他们在制作时仍然考虑到了娱乐性。在有声片大行其道之后，《自然的秘密》系列开始风格突变，变得更为娱乐化了。他们将图像和事先录制的音乐结合起来，犹如迪士尼动画片的真实动物版，1930年的《动物园的每日健身操》(Daily Dozen at the Zoo)和《动物园的娱乐时间》(Playtime at the Zoo)两部影片，将动物的动作和音乐节奏同步，大受欢迎。同年，切利·基尔顿拍摄的一部影片中，有一个企鹅奔跑的场景，使用了汽车的喇叭声作为配乐，也被看作是受迪士尼动画片的影响。

在20世纪30年代的美国，纪录片摄影师斯特希·伍达德拍摄了一系列昆虫的纪录片，叫作《生存竞争》。他将一些自然界中并不会相遇的昆虫放在一个狭小的空间，让它们争斗以产生戏剧性。例如，将一只蟋蟀和一只黄蜂放在一起，逼迫他们发生冲突，他将这称为"强者生存"；并且他认为这是将昆虫的自然行为纪录下来，就是纪录片。现在看来，这样的影片当然不能称为纪录片，他人为地将自然界完全不会冲突的昆虫放在一起使之产生冲突，也并不是昆虫的自然行为。

1934年，英国制作的纪录片《塘鹅的秘密生活》(The Private Life of the Gannet)受到了极大的欢迎，口碑爆棚，获得了1937年第9届奥斯卡最佳纪录短片奖，这是第一部获得奥斯卡奖的生态纪录片。

第二次世界大战时期，欧美许多国家的电影制作受到影响，然而在中立国瑞典的阿尔纳·苏克斯多夫制作出一批精美而富有创意的生态纪录片，如《一个夏天的故事》(En sommarsaga)、《驯鹿时间》(Reindeer Time)、《海鸥!》(Trut!)等，这些影片拍摄的都是野生动物，但和以往不同的是，它们都使用了旁白，并且用科学知识补充这些戏剧性叙述。美国著名纪录电影史学家埃利克·巴尔诺认为，苏克斯多夫的纪录片尽管节奏感非常棒，摄影富于质感，动物眼睛和皮毛的特写非常能激起观众的兴奋，但是缺乏应有的政治立场。

第二次世界大战后，生态纪录片的主题、形式、技术都开始统一起来。这里有必要提一下迪士尼的真实生命历险电影，尽管这一类型是以动物为角色编排的剧情片，并不把它归类为纪录片的范畴，但是这类影片体现出来的生态价值观和本教材所定义的生态纪录片是完全一致的。1948年，迪士尼第一部"真实生命历险"电影《海豹岛》(Seal Island)上映，这部影片拍摄于白令海的一个小岛上，展现海豹的生存方式；真实生命历险电影在当时受到极大欢迎。这一类电影将纪录片、游记、剧情片、音乐片，甚至动画片中观众们熟悉的元素杂糅到一起，形成一个特别的类型，如它在摄影技术上使用微距摄影、慢镜头、延时摄影、水下摄影、长焦镜头摄影以及同期声录制，生态纪录片中也是如此；而动物故事的讲述也是借鉴好莱坞剧情片的模式，其中的故事元素在许多小成本的好莱坞B级片中都能找到；这类影片中主角都有自己的名字，完美的"人设"和迪士尼自己的动画片中几乎一模一样。因此，有学者认为，真实生命历险电影自身没有任何创新。但实际上这类影片在当时确实是非常新颖的，它将许多类型影片的优点集于一身，不仅有对动物行为的近距离研究和揭露，还有像探险片一样带领观众领略地球上不同疆域的风光，给大家展现自然栖息地中各种各样的野生动物；它还将动物个体的斗争、危险、隐私和家族用戏剧化的方式展现出来。这一类型到现在仍广受欢迎，2016年上映的《我们诞生在中国》就是迪士尼真实生命历险电影发展至今的样式，并且这一样式或多或少都渗透在各个国家制作的生态纪录片中。

## 第一章 生态纪录片概论

自然生态纪录片真正开始拥有一大批观众，是从电视的普及开始的。早期的电视是直播媒介，但并不妨碍生态类节目的播出。在美国，有一位芝加哥的动物园主管马林·帕金斯非常热衷于科普工作，一次偶然的机会，芝加哥的电视台邀请他带着小动物到演播室给观众讲一讲这些小动物，他发现对于动物园来说，电视是一种非常好的向大众科普的渠道；尽管最初的节目仅有芝加哥地区的300多位观众收看，但到了1950年，美国全国广播公司（National Broadcasting Company, NBC）就将帕金斯邀请到演播室，主持一档叫作《动物园系列》的节目，内容是将动物带到演播室，给观众介绍它的栖息地和生活习性；英国广播公司（British Broadcasting Corporation, BBC）在1954年也播出了一档类似的节目《探索动物园》（*Zoo Quest*），主持人是著名的大卫·阿滕博勒，其之后主持和解说了许多BBC经典的生态纪录片，如《生命之源》（*The Trials of Life*）、《地球脉动》（第一季和第二季）和《猎捕》等。2012年，BBC还制作了一部讲述大卫·阿滕博勒制作生态纪录片的经历的纪录片——《大卫·阿滕博勒：自然探索60年》（*Attenborough: 60 Years in the Wild*），他的确是英国乃至世界生态纪录片史上的重量级人物。

因为是直播，这类节目在播出前都进行了精心的策划与排练，并且每集中都会包含一些由16毫米胶片在野外拍摄的动物的场景。后来，帕金斯和节目制作人唐·梅尔建议NBC到野外拍摄类似的节目。于是，野外拍摄的生态纪录片在电视上得到新生。1963年，NBC推出马林·帕金斯和唐·梅尔的新节目《野外王国》（*Wild Kingdom*），该节目一直持续到1982年。节目最开始的几集是在演播室中介绍动物园的动物，但后来很快就开始在野外拍摄，每一集都像是一个在外景拍摄的短剧情片。

同样是在1963年，美国国家地理学会宣布要制作一档电视节目，向观众普及地理方面的知识。1965年12月，美国哥伦比亚广播公司（Columbia Broadcasting System, CBS）播出了这个系列的第一集《珍·古道尔女士和野生黑猩猩》（*Miss Jane Goodall and the Wild Chimpanzees*）。1968年，美国广播公司（American Broadcasting Company, ABC）播出《雅克·库斯托的海底世界》（*The Undersea World of Jacques Cousteau*）。严格来说，这两部作品不过是电视上播出的系列纪录电影，并没有发展出真正的具有电视美学形式的生态节目。

直到20世纪90年代，生态节目的电视特征才渐渐明显起来。这一时期美国的有线电视开始占领市场，发展出各种各样的电视节目吸引观众，尤其是年轻观众。新的生态节目开始摒弃了电影的模式，而用更适合电视的方式来替代。这一时期的流行节目有《鳄鱼猎手》（*Crocodile Hunter*）、《动物救助》（*Animal Rescues*）、《野生动物紧急事件》（*Wildlife Emergency*）等。这些节目的共同特点是，增加了人和动物的互动，剪辑方式比较活泼，制作成本低等；这导致一些节目在对自然的介绍上比较马虎，甚至有一些是由人物去带动整个节目，而不是由动物行为带动节目。

在英国，情况则完全不同。英国生态类电视节目最大限度地继承生态纪录电影的传统。大卫·阿滕博勒曾说过，英国是一个非常热衷于自然世界的国家。因此，广播公司花如此大的精力专门制作和播出野生动物电影，这样的事只能发生在英国，这也是英国观众对这类节目如此热情的原因。英国和美国的生态节目从一开始就有着不同的发展形态。很关键的原因在于，BBC有着悠久的制作广播节目的传统和丰富的经验，最开始的生态节目是在广播上播出的，广播已经建立了生态节目的节目形态传统，即演播室形态和聊天形式，在

后来的电视节目中也延续了这一传统。

当然,BBC 的生态节目一开始并没有吸收电影形式,是因为 20 世纪 40 年代的英国电视技术还不能播放电影胶片影像,所以必须发展其他形式。到了 1955 年,这个问题得到解决之后,英国的电视上才出现了生态纪录电影。

1957 年,BBC 的自然历史部正式成立,这一时期拍摄过《我们的世界》(The World About Us)、《私人生活》(Private Lives)、《自然世界》(The Natural World)等著名的电视系列片;到了 70 年代,为了尝试直播电视节目的自然性和及时性,他们尝试使用远程遥控设备拍摄生态电视纪录片,拍摄了诸如《獾类观察》(Badgerwatch)、《狐类观察》(Foxwatch)、《鸟类观察》(Birdwatch)等。20 多年之后,BBC 的《大猫日记》(Big Cat Diary)剧组又在生态纪录片上作出新的尝试,他们尝试将这部系列片做成"纪实肥皂剧"形式的微型系列。多年来,BBC 的自然历史部广纳贤才,不断推陈出新,一直保持着电视生态纪录片的领先位置;并且,这么多年,他们始终保持着出镜主持人的传统。

英国不止有 BBC,还有一些独立电视台,如安格利亚独立电视台(Anglia Television)。安格利亚独立电视台在 1961 年推出系列生态纪录片《幸存者》(Survival)系列,不同于 BBC 稳重大气的风格,《幸存者》系列看上去更加活泼、更有动感、更激动人心,它更强调外景拍摄,而不是在演播室中不停地讲述。这部电视片的制作人希望能够抓住最广泛的受众,因此节目呈现出极强的娱乐性。它的创作者认为他们和 BBC 的《看》(Look)系列节目最不同之处在于,《看》是一档聊天节目,而《幸存者》更像是电影。实际上,《幸存者》的风格更接近美国传统,所以它成了第一部在美国市场获得巨大利润的英国生态纪录片。

1970 年,一部叫作《海狸的世界》(The World of the Beaver)的影片受到美国观众的欢迎,因为它是在美国怀俄明州的杰克逊霍尔镇拍摄的,并且使用了迪士尼式的讲故事方式,还给这两只海狸取了名字;在美国播出的时候,影片还邀请了著名影星亨利·方达来配解说词。另外,影片从头到尾地铺放音乐——影片的编剧科林·威洛克曾说,美国观众有太多的频道可以选择,并且一个节目中插播广告的次数太多,连续的音乐可以帮助节目抓住观众的注意力。以上这些全都迎合了美国观众的口味和观赏习惯。

后来安格利亚电视台又制作了《雪雁的飞行》(Flight of the Snow Geese)、《变换斑点的豹子》(The Leopard that Changed it's Spots)等影片,同样也在美国市场大受欢迎。尤其是《变换斑点的豹子》,几乎是《幸存者》系列中最受欢迎的影片。这部影片的英文片名源于一句俗语"A leopard can't change its spots",意为"江山易改,本性难移",影片中的主人公是一只失去双亲的小豹子,花豹在人们眼中本来是残暴的食肉动物,而在影片中,创作者赋予了它可爱的个性,它长大后被送回野外建立它自己的家庭,片名可谓一语双关。

1970 年以后,美国电视频道中的自然类节目越来越多,到 1974 年,全美有 11 个自然类节目,《幸存者》系列是其中一个。电视制作人马提·斯托弗曾回忆,那个时候,NBC 播放的自然类节目是动物警察抓强盗的套路,大家喜欢看一只动物追着另一只,然后把它杀了,但是不能见血;CBS 喜欢的是充满着戏剧性、喜剧感、悬疑冒险和皆大欢喜的结局,也就是充满温情的惊悚剧;而 ABC 根本不需要动物的日常那种影片,如求偶或者哺育后代等的情节,他们需要弱小的幼崽被邪恶的捕猎者追逐,母亲冒着生命危险去解救的情节。当时 BBC 制作的很多影片在美国都没有市场。

但是从1976年开始，自然节目受到游戏节目和重新包装的喜剧片的冲击，收视率开始慢慢下滑，到了1980年，大部分野生动物节目都从电视上消失了。

戏剧性的是，1981年BBC的《生命的进化》(*Life on Earth*)在美国播出，大受欢迎。于是在1982年的夏天，美国公共广播公司(Public Broadcasting Service，PBS)精明地将《自然》系列调整成周播节目，每周播出一部类似于《生命的进化》这样的生态纪录片；不过在开播的时候，节目的制作者们其实非常紧张，因为《自然》中播出的生态纪录片节奏比较慢，解说也不是很多，音乐只是偶尔出现，完全没有任何的"动作戏"，他们不清楚美国观众是否真的能够接受这种缓慢的英国风格。事实上，《自然》第一年就收获了3500万观众，并且在接下来的几年中，成为PBS最成功、最受欢迎的节目之一。

《生命的进化》这部纪录片让BBC自然历史部声名鹊起，之后他们制作了一大批类似于《生命的进化》风格的生态纪录片。2001年拍摄的《蓝色星球》和2006年的《地球脉动》就是这一类，它们的制作标准较高，音乐都是量身定制，并具有开创性地拍摄全球的野生动植物。同时，BBC自然历史部也制作其他类型的节目，如《日记》系列已经拍摄过《大猫日记》《大象日记》《红毛猩猩日记》等，它们是以"生态肥皂剧"的形式制作的。除了异域风情，BBC还制作了很多表现本地生态的生态纪录片节目，如2005年开播的《春季观察》、2006年开播的《秋季观察》等。

## 二、我国生态纪录片简史

我国的生态纪录片真正的开端是比较晚的，拍摄自然生态的纪录片在20世纪90年代之前基本被认为是科教片，并且科教片是以传播科学知识为主要目的，并不强调故事性以及对观众的吸引力，在内容上和纪录片是有一些区别的。这些科教片中大部分蕴含着生态理念，因此，在梳理我国生态纪录片的时候，也将这部分自然科教片纳入其中。

1949年以前，我国就拍摄和放映过不少科教电影，我们姑且把这一阶段称为生态纪录片前史阶段。

1917年创办于上海的商务印书馆成立了活动影戏部，1918年开始，商务印书馆的活动影戏部开始摄制影片，所摄影片分为"风景""时事""教育""新剧""古剧"五大类，但仍为短片，其中的"风景"类，可以看作我国生态纪录片的前身。这一阶段，商务印书馆拍摄过诸如《上海龙华》《南京名胜》《长江名胜》《普陀风景》《西湖风景》《浙江潮》和《庐山风景》等风景片，这些影片比较严肃地介绍了祖国的美丽河山、人文风俗、悠久文化和历史建筑，在一定程度上能够引起观众的爱国主义情感①。

除了商务印书馆，还有中国影片制造股份有限公司、明星影片公司、长城画片公司、大陆影片公司、天一影片公司、四川大同影片公司、中央电影摄影场、东北电影制片厂等及一些高校也制作了类似影片，如《南京风景》《泰山》《海宁潮》《动物园》《雪景》《谷雨》《新疆风光》《富饶的东北》等。

这一时期的自然科教片以风景欣赏为主，没有太多的科普知识，但是从中我们可以看

---

① 程季华，《中国电影发展史(第一卷)》，中国电影出版社，1963年第1版，第31页。

到影片中透露出来的对自然环境的赞美之情。

中华人民共和国成立之初,由于国内外政治环境的变化,我国纪录片的发展受到苏联的影响,以列宁提出的"形象化政论"为创作指导思想,这一时期以自然生态为主题的纪录片被归类到科教片的创作范畴中。这一阶段是科教影片有计划的产出阶段,产量较 1949 年以前大大提升,类型也多种多样。蓬勃发展是从 1953 年中央电影事业管理局科学教育电影制片厂(1957 年更名为上海科学教育电影制片厂)成立开始的,自然教育片的拍摄集中在上海和北京两家科学教育电影制片厂。这一阶段陆续有《桂林山水》《没有"外祖父"的癞蛤蟆》《毛竹》《沙漠》《泥石流》《熊猫》《对虾》等自然科教片被创作出来,并且许多科教片在国内外获得不少奖项。例如,上海科教电影制片厂于 1956 年创作的《桂林山水》,获得第 9 届卡罗维发利国际电影节短片记录奖;1978 年拍摄的《高山植物》获得南斯拉夫国际科教电影节金质奖章等。这一时期的自然科教片一般以介绍和科普自然物种或自然奇观为主。

1979 年之后,我国的影视创作也开始多样化起来,纪录片的理念也慢慢开始多元化。在生态纪录片方面,科教片的理念和纪录片的理念并行,自然科教片的数量渐渐增多,但随着纪录片创作理念的变迁以及国外生态纪录片的传播,自然题材的纪录片创作渐渐脱离科教片的方式,向纪录片方向发展。1979—1987 年,我国仍然是以自然科教片为主,也有不少里程碑式的作品,如上海科教电影制片厂拍摄了我国第一部水下摄影影片《珊瑚》,介绍了珊瑚的成因,以及千姿百态的珊瑚景观,这部科教片还获得了 1988 年伊朗第十八届德黑兰国际教育片电影节铜奖;还有《蝴蝶》,介绍了我国蝴蝶的品种、形态和生活习性,以及蝴蝶与人类的关系,这部影片获得了葡萄牙第十届圣塔伦布国际电影录像节特别奖等奖项;同时,纪录片尤其是电视纪录片开始繁荣,但这一时期纪录片仍然以人文纪录片为主,生态纪录片的类型并没有出现,而仅仅是有自然生态题材的影片开始出现,它和以科学教育为目的的科教片不一样,它更多的还是以人文情怀带领观众去感受自然奇观,我们从他们的解说词就能窥见一斑;如安徽电视台制作的《黄山之冬》,开头部分的解说词是这样的:

"黄山啊黄山!有人喜爱她春天的杜鹃,有人迷恋她夏天的飞泉,有人歌吟她秋天的红叶,而我,却喜爱黄山的冬天。雪,纷纷扬扬的雪,她飘进深谷,她散落枝头,她铺满山间小路,她融入游子的心底。雪啊,是这样的晶莹,是这般的纯洁,是这般的轻柔,是这般的甜蜜。我爱这山,我爱这雪。"

开头的语言就是一篇抒情散文,也定下了全片的抒情基调。这一类影片我们可以看作是早期风光片的延续,它用人文情怀去欣赏自然景观。

我国电视纪录片史上的里程碑之作《话说长江》(1983),是一部将人文与自然结合起来的纪录片,它从长江源头开始,顺流而下,介绍长江两岸的自然和人文景观,以及两岸城市的优秀人物。它在播出以后受到极高的评价,是 20 世纪 80 年代最受欢迎的纪录片。这部纪录片中,生态纪录片的元素尽管不多,但还是有的,如对长江的描述与介绍:

"长江发源于唐古拉山山脉的主峰格拉丹东雪山的西南侧。它从西到东,流淌在中国大地的中部,稍稍偏南一点。

在从前的地理教科书里,说长江的长度是 5000 多公里,近几年来,经过我国科学工作者千辛万苦的实地勘测,获得了比较确切的数据——长江的实际长度是 6380 多公里。

第一章 生态纪录片概论

从长度来讲，除南美洲的亚马孙河和非洲的尼罗河以外，长江就是世界上当之无愧的第三大河了。

长江的干流从青海出发，流经西藏、四川、云南、湖北、湖南、江西、安徽、江苏、上海一共10个省、市、自治区，最后注入东海。长江的支流洋洋洒洒分布在甘肃、陕西、河南、贵州、广西和浙江。整个长江流域的面积多达180万平方公里，占我国陆地面积的五分之一。"

这段介绍长江的解说词，非常详细地交代了长江的基本情况。然而遗憾的是，那个时代的纪录片更偏重于人文性和文学性，自然生态的展现仅仅占一小部分的篇幅。

应该说，将同一地域的自然生态和风土人情一起展现，是我国纪录片创作一直以来的传统。直到现在，许多生态纪录片仍然热衷于此。

1984年，出现了几部以自然生态为主要表现对象的纪录片，可以说，到此时，我国的生态纪录片类型开始露出端倪。例如《长白山四季》，尽管这部作品在解说词上仍然偏重于文学性。但它摒弃了上述将自然生态和人文景观相结合的做法，而以自然生态为主要表现对象；这部作品的第一集就展现了美人松、黄鹂、长尾山雀、灰喜鹊、紫貂、岳桦、高山红柳等多个物种，这在当时的纪录片中是非常难得的。同样还有《梵净山》，也介绍了山中的各种珍稀物种，并且解说词风格平实有趣，如其中对大鲵的介绍：

"大鲵，它的叫声很像婴儿的哭声，四肢活像婴孩的小手，我国南方都习惯地称它们为娃娃鱼。

不过说它是鱼，未免降低了身份。它身体裸露而不披鳞甲，四肢俱全而不长偶鳍，心肺具备而无鳔无鳃，有时也会登陆上岸。作为两栖动物有尾家族中的一员，它比鱼类进步得多，高等得多了。

它的嘴很大，不论食物大小，都是囫囵吞枣，一口咽下，然后在胃里慢慢加工消化。食物以蟹、蛙、鱼、蛇以及水生昆虫为主。它的耐饿性很强，只要饲养在清凉水中，一般两三年不给食物也不会饿死，在低温下，它也要进行冬眠。"

我们可以看到，比《长白山四季》更进一步，《梵净山》可以说是国产生态纪录片的发端。

20世纪90年代初期，我国纪录片的创作开始转型，从"教化指导"渐渐转为"客观真实地叙述"，同时，我国的生态纪录片也慢慢发展起来，生态纪录片的类型基本成型。这一时期出现了许多不同风格的优秀生态纪录片，如1991年的《家在向海》，展现吉林省白城市向海自然保护区里鸟类和居民的故事；1995年的《回家》，讲述四川宝兴蜂桶寨自然保护区里被救助的大熊猫放归山林的故事；1999年的《冬日里的眷恋》，讲述山东荣成天鹅湖保护天鹅的志愿者的故事；2000年的《平衡》，讲述西藏治多县西部工委书记扎巴多杰保护可可西里藏羚羊的故事；同一年的《潜水日记》，讲述三亚珊瑚礁自然保护区由于人类活动的影响环境遭到破坏的故事等。这一时期的生态纪录片有一个非常鲜明的特征，即绝大多数都是以人与自然的互动为主题，表现人对环境的保护或破坏，人与自然的联系等。可以说，这是我国生态纪录片的一大特色，也在一定程度上体现了"天人合一"传统思想；同时，在节目风格上受到当时非常受欢迎的电视深度报道栏目《焦点访谈》影响，许多影片都呈现出由记者采访当事人，挖掘表相背后的故事的形态模式。因此，我们从题材上将它们归类为生

态纪录片，同时从创作方式上，也可以归类为人物或调查类纪录片；从影像风格来说，这一时期的纪录片大多画面较为朴实，注重画面的真实感与客观性。

以《平衡》这部纪录片为例。观众对2004年的一部剧情片《可可西里》都比较熟悉，《平衡》和《可可西里》取材于同一事件和人物。《平衡》以扎巴多杰回忆的形式，讲述了索南达杰为保护藏羚羊而牺牲的故事，也同时表现扎巴多杰的保护工作，以及他遇到的种种困难。这部纪录片中以扎巴多杰为主要人物，展现了他所在的保护队"野牦牛队"面临的三重困难：资金极度紧张，但需要和带着枪支弹药的偷猎者展开殊死搏斗；要和可可西里变幻无常的天气抗争；还要为保障自己的基本利益和个别中饱私囊的既得利益者作斗争。这三重困难就是压在队长扎巴多杰和队员身上的三座大山，明显的力量悬殊使观众在整个影片的观看过程中都暗暗捏着一把汗，也为可可西里的保护工作之难而深深思考。可以说，尽管《平衡》是一部纪录片，且镜头风格极其朴实，但叙事性非常强，并且让人为之震撼。

在这一时期，自然科教片仍还有不少作品创作出来，如《中国熔岩地貌》《中国扬子鳄》《花》《企鹅大帝》等。

随着传媒产业化的进展，科教电影制片厂渐渐转向各电视台科教频道的运营，传统科教片已然式微，这一时期的生态纪录片越来越多，生态理念也越来越清晰，生态纪录片的创作越来越向商业化发展。

以2008年《森林之歌》的播出为分水岭，在此之前，生态纪录片在创作上相对个人化，编导的个人风格明显，如《农夫和野鸭》《萨马阁的路沙》等，尽管很多作品在国内外获得多项大奖，然而在国内的传播上没有形成太明显的效果；而《森林之歌》之后，生态纪录片创作的商业运作模式渐渐规范，并随着大众对生态的关注程度越来越高，生态纪录片的发展迎来了相对蓬勃时期，借助中央电视台纪录频道和网络平台，《美丽克什克腾》《自然守望者》《拯救查干淖尔》《生死洄游》《自然的力量》《萤火虫》等一大批优秀的生态纪录片为大众所熟知。这一时期的生态纪录片与之前相比较，大部分风格相对统一，尽管仍然秉承将人类活动与自然生态相结合的传统，但画面构图更为讲究，近距离展现动植物的场景越来越多，这说明国产生态纪录片的技术水平和创作水平在提升；影片的生态理念更为主动和自觉，依靠网络等新媒体平台传播范围越来越广；更值得一提的是，随着自媒体平台的发展，许多民间自然保护团体和个人也开始创作一些或长或短的生态纪录片，为生态纪录片的历史又开启了新的篇章。

## 第三节　生态纪录片影片推荐

观摩是创作的第一步，只有将生态纪录片的实例反复研读，从中找出一般生态纪录片的规律，并明确每部纪录片的特色与创新，才能给自己的拍摄带来借鉴的经验。

以下向大家推荐的生态纪录片，大部分是我们书中将要提到的——我们的例片基本上都是以陆上自然为题材，而没有太多关于水下摄影的；水下摄影更为复杂，很遗憾我们并没有相关的经验。我们在接下来的部分会对其中一些影片的段落做较为细致的分析，也希望大家在观摩这些纪录片的时候，对它们进行细致地分析，最基本的要求是拉片，也就是将镜头一个一个分解开来，将每个镜头的视听元素一一罗列出来；罗列完了之后，一定要再将镜头组合成的段落——包括大段落和小段落，甚至一个动作也可以成为一个微型段落——对着画面，分析这些段落是镜头如何组接起来的；再分析一下段落与段落之间又是如何组接起来的；最后再整体分析一部影片是如何开始和结束的。在分析完每一部影片后，我们可以将不同影片的同类段落做一个比较，看看在镜头的处理上有哪些相同之处和不同之处，就能明白同类段落的处理方式了。总之，在拉片过程中，一定要反复观摩分析，将影片分析透彻。我们这本教材中提到和分析的段落及案例也请大家仔细观摩原片再一边对照画面一边细读文字版的镜头分析。对于学习，我始终相信"量变引起质变"这句话，只有大量地透彻分析影片，大量地拍摄影片，才能提升自己的创作水平。

## 一、单集纪录片

**1.《微观世界》**(*Microcosmos*：*Le Peuple de L' herbe*，1996)

导演：克洛德·纽里德萨尼、玛丽·佩雷努；制片国家或地区：法国、瑞士、意大利；时长：80分钟。

"茂草变成了一片森林，石头如同高山，小水滴形如汪洋大海，时间以不同的方式流逝，一个小时就像过了一整天，一天就像过了一季，一季就像过了一生，要想探究这个世界，我们必须先保持静默，倾听这奇迹。"《微观世界》拍摄了近20年的时间，影片展现了这个我们保持静默后发现的美丽世界——它用微距镜头将昆虫的世界放大，不仅放大它们的体积，还放大它们细微的声音，让观众聚焦这微小的生命，窥探细微生命中令人惊异的美丽；昆虫漂亮的颜色、花纹，奇特的行走方式和生存智慧，百折不挠的精神，为我们营造了一个令人惊叹的微观世界：蜜蜂在一朵花上吸取花蜜时因为不断向内拱，使雌蕊向下触碰到蜜蜂毛茸茸的身体，将花粉沾到蜜蜂身上，而当蜜蜂飞到另一朵花上时，便自然而然为植物传播花粉了；七星瓢虫捕食蚜虫时，却遭到了蚂蚁的阻拦攻击，原来这些蚜虫会分泌出"蜜露"供蚂蚁食用，以这样"交保护费"的方式获得蚂蚁的帮助；小小的蜣螂用后腿推动着圆滚滚的粪球越过沟坎、高山一样的土堆，当被地上的小树枝插住了粪球，它竟然没有放弃，使用各种方式又是推又是拱，费尽九牛二虎之力才将粪球取下；影片还模拟了蚂蚁的主观视角，让我们感受到巨大的野鸡啄食它们的可怕；下雨了，雨滴对于这些小生命就像炮弹一样可怕，随时可能将他们砸得粉身碎骨；两只锹甲为了争夺领地互不相让，以大颚为武器展开了殊死搏斗；而印象最深的要数"蜗牛的爱情"的段落了，蜗牛柔软躯体的光泽度在镜头下质感十足，两只蜗牛随着优美的音乐交缠在一起，各种景别和角度让观众感受到它们的难舍难分，从而为这一场戏赋予了更多的情感。这部影片获得了1997年第22届法国凯撒奖最佳摄影、最佳剪辑、最佳音乐在内的8项大奖。

**2.《迁徙的鸟》**(*Le Peuple Migrateur*，2001)

导演：雅克·贝汉、雅克·克鲁奥德、米歇尔·德巴；制片国家或地区：法国、德国、

意大利、西班牙、瑞士；时长：98分钟。

《迁徙的鸟》跟踪迁徙的鸟类长达4年的时间，这些鸟秋天飞往南半球，春天又飞回到更高纬度的北半球的家；创作者们从北半球跟到南半球，飞越了所有的大洲。参与这部影片制作的多达600余人，拍摄胶片长达460千米。影片一开始就讲到："鸟的迁徙是一个关于承诺的故事——对回归的承诺。"我们看到它们飞越高山，飞越河流，飞越大海，飞越草地，飞越城市，他们历尽艰辛，仅仅是为了生存。影片中捕捉到许多有意思的鸟儿的动作，如丹顶鹤的段落中，丹顶鹤在雪中踱步，伸展着长长的脖颈，抖抖身上的羽毛，两只鸟儿几乎一样的步伐，如同舞蹈一般美丽；美国俄勒冈州的克拉克䴙䴘在水面踏步也像极了"水上芭蕾"；呆萌的雪鸮用圆圆的大脑袋埋头拱着自己的窝，它的幼鸟就像小老头一样弓着背踱步；大天鹅的幼雏从妈妈的背上钻出，普通潜鸟的幼雏将它们的妈妈当作小船，蹲在浮在水中的妈妈的背上；红蛇鹈在吞食鱼的时候，会将它抛向空中调转方向，让鱼头对准自己的嘴以方便吞下。但这部影片不仅仅是看到鸟儿不停地飞翔，还有很多故事在其中，尤其是这些故事几乎没有什么解说词，完全用画面给我们讲述。当加拿大黑雁落在沙漠地带休息时，却被一群奔跑中的野马惊飞，一只加拿大黑雁落了单，身影在茫茫黄沙中显得十分孤寂；爱德华州的雄性艾草松鸡胸前有两个黄黄的气囊，求偶时会鼓起，为了争夺配偶，两只雄性艾草松鸡从草滩上一直打到雪地上；红胸黑雁落在一个工厂，在排放的污水中行走，一只雁陷入乌黑黏腻的排放物，被粘住无法飞翔；黑浮鸥由于翅膀受伤，被沙滩上的螃蟹追赶捕食；被人类盗猎的紫蓝金刚鹦鹉用喙打开笼栓，从笼中逃脱；巨骥捕猎王企鹅的幼崽，失去孩子的王企鹅悲伤鸣叫……并没有太多的解说，却给我们展现了一个个值得回味的故事。这部影片提名2003年的第75届奥斯卡最佳纪录长片奖，获得法国凯撒奖最佳剪辑在内的5项大奖。

**3.《帝企鹅日记》(*La Marche de L'empereur*，2005)**

导演：吕克·雅盖；制片国家或地区：法国；时长：80分钟。

《帝企鹅日记》讲述了帝企鹅夫妇轮流捕鱼哺育小企鹅的故事。这部影片最大的特点在于使用了帝企鹅的第一人称独白。以帝企鹅夫妇和企鹅宝宝的语气，用诗意的语言温情叙述，表现在寒冷严酷的南极大陆帝企鹅的生存，并赋予它们动人的情感；就像影片一开始说到的那样："从某个方面来说，这是一个关于生存的故事，一个生与死的故事，但更是一个关于爱的故事。"影片在求偶段落配以空灵浪漫的法语歌，夕阳西下的时光给企鹅们披上了一层温馨的粉色，我们看到一对企鹅从企鹅群中走出，和谐的步伐，用喙相互试探，头部相互磨蹭，交颈缠绵，紧紧贴在一起，观众无不感受到它们之间的爱；这时男声独白说道："我们的舞蹈将在整个冬天持续，就像两个舞伴一样，就在今后的9个月，我们时分时合；如果我们的舞步很和谐，我们就会生活在一起。"接下来便是它们孵蛋、哺育企鹅宝宝的情节了：我们看到雌企鹅和雄企鹅交接企鹅蛋时的艰难，看到因为没有及时放到雄企鹅身下而被严寒冻裂的企鹅蛋，看到企鹅夫妇为了保护企鹅蛋做出的种种努力。接着雌企鹅在冰面上长途跋涉，到海边去捕鱼，不仅要喂饱自己，还要给即将孵化的小企鹅带来食物，"这个冬天我们走啊走却无门而入，多么残酷的讥讽啊，我们在寻找进入大海的入口；鱼在冰下游泳，而冰面上是呼啸的暴风雪；我们忍受着饥饿的煎熬；我们闻到了海的味道，海的入口应该不远了；我们到了，我们终于到了"，诗般的语言让我们体会到企鹅艰辛的内心；冬天剧烈的风雪冲击着孵化企鹅蛋的雄企鹅群，它们不仅要保护自己不被风霜刮倒，也要保护企鹅蛋不受到影响，"无尽的黑夜，越陷越深，长达一百天的黑夜，到处都是刺骨的寒风和暴雪，但是这一天早晨，空气中好像酝酿着什么，光明终于回来了；我们终于战胜了冬天"，地平线上初升的太阳显得特别温暖，小企鹅开始破壳而出，"生命，如此渺小却如此美丽，在咆哮的寒风中，令人难以置信，我们已度过了最痛苦的时刻；此后的每一天，太阳都会越来愈温暖，都会有小企鹅诞生；亲爱的，你们在哪里，你们走到哪儿了"；影片的最后，以小企鹅的口吻叙述着："将来终有一天，当一年过去了1/3，当太阳和月亮在天空相遇，我们也将从海里上岸，接着走下去，忠实于祖先的誓言，在最寒冷的冬天，我们会回到这里跳舞，然后继续帝企鹅的征途。"讲述帝企鹅生活的纪录片有不少，但这部影片凭借诗意的语言升华了影片立意，使它显得与众不同。这部影片获得了2006年第78届奥斯卡最佳纪录长片奖在内的22项奖项。

### 4.《白色星球》(*La Planète Blanche*，2006)

导演：让·雷米尔、蒂埃里·皮昂塔尼达、蒂埃里·拉格贝尔；制片国家或地区：法国、加拿大；时长：86分钟。

"经过漫长的数月，我穿越了地球遥远的边缘地带——北极，去寻找白色星球，经历了暴风雪和极夜，走过了冰冷的荒漠，我听着，我看着，白色星球告诉了我它的秘密。"《白色星球》从北极熊冬眠开始讲述，伴随着温柔的音乐，在冬眠的洞中，两只小北极熊出生，影片向观众呈现着熊妈妈和熊宝宝的冬眠生活。当三月的阳光照射到这片大地，北极熊从冬眠中醒来，带着熊宝宝走出洞穴。接下来，影片向大家展现了母熊为了养育小宝宝而做出的种种努力：一边要寻找食物，一边要提防其他动物猎食她的孩子，还要提防公北极熊跟她交配并杀死她的孩子们。除北极熊抚育孩子的主线以外，影片还向我们展现了北极地区其他动物的生活，如北极狼、海豹、驯鹿等。这部影片最大的特色在于它的解说词较少，在以解说词转场后，基本使用画面配以音乐表现动物的行为和活动。

### 5.《围困城堡》(*La Citadelle Assiégée*，2006)

导演：菲利普·考尔德隆；制片国家或地区：法国、加拿大；时长：82分钟。

《围困城堡》关注的是白蚁群和行军蚁。它从白蚁的婚飞开始讲述。婚飞是白蚁繁衍后代的开始，然而庞大数量种群的繁衍总伴随着大量白蚁被捕食；成功结合的白蚁开始选择地点筑巢，接下来70年的光阴再也不会离开，之后便会繁衍出成千上万只白蚁，形成庞大的白蚁王国。王国会受到来自方方面面的威胁，如蚂蚁和秃鹰的猎食，恶劣天气对婚飞的阻挠，烟尘、火灾、雨水对白蚁王国的破坏等。蚁后不知疲倦地产卵，而工蚁们不知疲倦地工作。行军蚁在整个家族迁徙的过程中，会一直保护着它们的蚁后，从酷热高温的巢穴迁移到湿润的平原。这部影片在蚁穴内部拍摄，给观众展示了各种蚁类王国之间的战役，如同一部精彩的战争大片。

### 6.《农夫和野鸭》(2008)

导演：李汝建；制片国家或地区：中国；时长：62分钟。

《农夫和野鸭》讲述在大连的农村承包农田的张立民和斑嘴鸭之间的故事。这并不是一个保护动物的故事，而是人与自然冲突的故事：张立民承包的1000多亩①稻田中有几百亩因为斑嘴鸭的啄食而颗粒无收；事实上，他承包的这块稻田以前是一片湿地，正是包括斑嘴鸭在内的许多鸟类的栖息地；湿地变农田后，少了很多鸟儿，仍旧飞来筑巢孵蛋的斑嘴鸭也面临着人类的威胁，总是有很多人来捡野鸭蛋，并且还有南方人跑来非法猎捕。张立民的农田也给周围的农民提供着工作，人类的生存和野生动物的生存之间的冲突似乎无法解决。影片并没有给出完美的解决方案，但却留给观众深深的思考：人类应该如何与自然保持和谐？因为环境使然，这种题材是中国纪录片中非常有拍摄空间的一类。这部影片也秉承了中国生态纪录片的特色，将人类放在自然中讲述，斑嘴鸭辛苦地为哺育后代而坚持，农夫们也为并不多的工钱而辛勤插秧；在对野鸭的拍摄中能看到许多比较好的镜头，如斑嘴鸭阿兰的巢穴就安放在稻田旁边，阿兰在孵蛋，一旁的农夫就在忙碌地插秧，拖拉机的声音也在旁边突突直响，声画关系制造了非常强烈的冲突。

### 7.《家园》(*Home*，2009)

导演：扬·阿尔蒂斯-贝特朗；制片国家或地区：法国；时长：118分钟。

《家园》是导演筹备15年，走遍全球50多个国家，拍摄周期长达21个月，拍摄素材超480小时，所完成的影片。这部影片最特殊之处是将人类放在与其他生物平等的角度，在讲述了地球百亿年的进化之后，将话题一转，尖锐地指出人类的贪婪："在地球上生命的伟大历险中，每个物种各司其职各有其位，没有多余或有害，它们相互制衡。然后你们——智人，'聪明的人类'在这里登场；你们人类从地球40亿年的遗产中受益。你们只有20万年的历史，但你们却改变了世界的面貌。尽管你们脆弱，但你们占据了所有的栖息地，征服了所有的领地，以往没有哪个物种做到过。"之后，观众看到人类对地球的种种破坏与影响，地球资源耗尽，各种动物灭绝，污染日益严重。它引发观众深深的思考，地球未来将何去何从？

### 8.《天生狂野》(*Born to Be Wild*，2011)

导演：大卫·里克雷；制片国家或地区：美国；时长：40分钟。

《天生狂野》不是一部单纯以动物为主角的生态纪录片，而是讲述了两位科学家在非洲草原和婆罗洲热带雨林为解救和保护非洲象和红毛猩猩的孤儿做出努力的故事。一位是格莱迪卡斯博士，她在野外和猩猩生活了几十年，从二十几岁的少女到如今白发苍苍的老太太，几乎以一己之力保护着当地濒危的红毛猩猩；影片中讲了她的救助中心如何救助被捕获的红毛猩猩，抚育它们，并最终放归野外，甚至有一些和她产生了深厚的感情，常常带着它们的猩猩宝宝回到博士的小木屋里看望她。

另一位是谢德里克博士和她的丈夫，他们在肯尼亚创建了大象救助中心，救助那些因为各种原因成为孤儿的大象。大象具有记忆，幼年受到的伤害会影响到它们的一生。在救助中心的救助下，这些幼年的大象从对人类的抗拒转变为渐渐接受救助员，它们在救助中心长大并最后放归自然。

### 9.《非洲猫科》(*African Cats*，2011)

导演：艾雷斯泰·法瑟吉尔、基斯·肖利；制片国家或地区：美国；时长：89分钟。

---

① 1亩≈0.0667公顷。

《非洲猫科》由迪士尼自然公司出品。这部影片讲述了6只母狮和它们的幼狮,雄狮獠牙组成的"大河狮群"以及雌性猎豹西塔和它的5个孩子的故事。狮群相依为命,母狮抚育幼狮,雄狮保护着雌狮和孩子们,保卫着自己的领土;西塔是单身母亲,独自抚育5个孩子,它不仅要捕猎以满足自己和幼狮的食物需求,还要保护自己的孩子免受其他猎食动物的觊觎。河流的北面由雄狮卡里统治,它还有它的4个儿子成为这片土地上最强的实力,它们对南边的大河狮群构成了威胁。

西塔在一次面临狮子的威胁时为了转移狮子对孩子们的注意力,将狮子引开,却丢失了它的两个孩子,并再也没有找到它们。

这部影片仍然使用迪士尼一贯的动物冒险电影的方式讲述故事,为我们展现了非洲草原上猫科动物为生存、家族而努力的激动人心的故事。

### 10.《小巨人》(*Tiny Giants*,2014)

导演:马克·布朗罗;制片国家或地区:英国;时长:44分钟。

影片《小巨人》用新奇的低角度视角,为我们呈现了小小花栗鼠和蝎子鼠的生活。花栗鼠为了度过没有食物的冬天,储存了一大堆橡子,可是它的橡子被其他花栗鼠偷走了,还有晚上的猫头鹰在时刻盯着它们;蝎子鼠以带毒的蝎子、蜈蚣等为食,被毒蛇、栗翅鹰捕猎,它们还面临着洪水毁坏家园的危险。花栗鼠历尽辛苦,终于找到了小偷的巢穴,与小偷展开殊死搏斗,最终找回了自己被偷走的橡果;小蝎子鼠出去闯荡世界,却为了躲避栗翅鹰的捕猎而迷路,靠着嗅觉才找到自己的家;小蝎子鼠独立捕猎,和蜈蚣搏斗后终于制服了它。这部影片展现这两个小小的物种面对周围巨大威胁的历险。

### 11.《熊世界》(*Bears*,2014)

导演:艾雷斯泰·法瑟吉尔、基斯·肖利;制片国家或地区:美国;时长:78分钟。

影片《熊世界》是迪士尼自然公司的代表作品之一,典型的迪士尼讲故事的风格,将主角棕熊妈妈和小熊拟人化,熊妈妈叫斯凯,它的两个宝宝分别叫安伯和斯高。尽管这种类型是否属于纪录片还有争议,但可以将它和其他风格影片比较,并借鉴经验。这部影片讲述阿拉斯加棕熊妈妈斯凯从冬眠中醒来,带着两个孩子下山寻找食物的历险故事。它们从洞里一出来,便遇上了雪崩,幸而没有受伤;观众看到它们跟着妈妈艰难地翻过雪山,眺望远处的大海,在雪地上撒欢,趴在妈妈背上把妈妈当作顺风车;它们到达山下,很多熊在吃草、挠痒、休息;影片从小熊斯高的角度描述它看到这些大家伙时的心理;它们遇到种种危险,被马勒斯、基努克驱逐威胁,遇到对两个宝宝虎视眈眈的狼提卡尼,后来斯凯为了保护幼崽,和基努克打了一架却被打败,幸而两只小熊藏得非常好,在斯凯离开后没有被基努克找到,妈妈回来后,和妈妈顺利汇合;斯凯带着孩子们在泥滩上挖掘蛤蜊,斯高玩得兴奋,累得在海滩上睡着,差点被海潮淹没,挣扎着回到陆地;猎捕三文鱼的时刻终于到了,所有的棕熊都在海里扑腾捕鱼,还有熊为了鱼而打起来;斯凯带着孩子们向上游出发,一路艰辛,终于来到了三文鱼洄游产卵的终点,那里的鱼特别多;存够脂肪,它们又将回到山上冬眠,为了新一年的开始做准备。这部影片最大的特点是模拟熊的语气的解说词,如"嘿妈妈!别用牙齿!""你们!快点!""其他熊?世界上还有其他熊?大家都知道这事吗?"尤其是当展现草地上熊们的各种活动,影片用小熊斯高的角度来解说:"但斯高

有点兴奋得睡不着,这个地方挤满了熊!斯高在寻找一个真正的榜样。它将会长成什么样的熊呢?它可以长成一头愤怒的熊,总是打架。看上去有很多事要做。不不,这些熊看上去太可爱了,它一定要长得比他们还强。斯高确定它至少会找到一头可以景仰的熊。嗯……也许那个……哦得了,来做点什么吧……嗯?哇,至少它看上去挺有趣。就一头熊,一头熊!一头看上去最强壮最酷的熊!有熊吗?!喂!就你了先生!想来追我吗?不,它只是想抓蚊子。我想一头熊应该……我不知道……更凶猛。算了吧,这可真尴尬!"解说词用这种巧妙的方法将草地上熊的不同姿态和动作展现出来,非常有趣。

**12.《萤火虫》(2018)**

导演:陈浩;制片国家或地区:中国;时长:52分钟。

影片《萤火虫》是2018年广西电视台制作的一部生态纪录片,在国内并不算太好的生态纪录片制作环境下,这部影片可以算是国内非常精良的制作了。中国从亚热带到温带,生活着大约130种萤火虫,这部影片从中国西南部的云南西双版纳,到广西中部的武鸣县(今武鸣区)、乐业县,再到东部的江苏南京,甚至泰国的安帕瓦,讲述了不同种类萤火虫的故事。其中,观众看到扁萤幼虫捕猎蜗牛、窗萤幼虫捕猎蜗牛、穹宇萤求偶、紫金山的萤火虫从水流中爬出、熠萤求偶、锯角雪萤求偶、曲翅萤求偶等不同种类的萤火虫的活动,了解到它们的特点;除了萤火虫,还能看到其他生物的活动,如妖面蛛用精致的小网捕猎、园蛛和眼斑螳捕猎萤火虫,还有不仅外观像兰花,连步态也如同兰花在微风中颤抖的兰花螳捕猎蜢;尺蠖的拟态,夜间会发光的真菌,紫外光下会发出荧光的蝎子,星虫幼虫捕猎马陆、棘腹蛛、长疣蛛、树蛙抱对,穴虻幼虫捕猎蚂蚁等。可以说,这部纪录片以萤火虫为主要线索,串起了萤火虫栖息地的生态环境,给观众建立了一个立体而有机联系的生境。美中不足的是,每种萤火虫的故事都不是特别丰满,情节上较为简单,戏剧性冲突不够,导致这个问题的主要原因还是拍摄时间和资金不足。因此,也只好用其他的一些物种的活动将影片丰富一些;另外,整个影片结构层次划分较为凌乱。结尾比较生硬地将主题拔高,谈到了生死和生命的轮回。

**13.《帝企鹅宝宝的生命轮回之旅》(*Snow Chick – A Penguin's Tale*,2015)**

导演:约翰·唐纳;制片国家或地区:英国;时长:58分钟。

影片《帝企鹅宝宝的生命轮回之旅》拍摄的是帝企鹅和阿德利企鹅,讲述了帝企鹅宝宝在南极的冬天成长故事。影片聚焦于一只脆弱却极萌的企鹅宝宝,从它破壳的一刻开始跟随着它的历险,直到它长成一个热情的少年准备去往海里。帝企鹅小时候要忍受-60℃的低温和可怕的暴风雪,而它的父母则要轮流跋涉50英里(约80千米)穿越冰面到海里去捕鱼来养育它们。它们的每个生长阶段都要对抗难令人难以置信的困难,而当它终于长到自己能够站在冰面上的时候,阿德利企鹅又来捣乱了。这些喧闹不安的小个子只有它们身高的一半,但是它们开始驱赶这些帝企鹅宝宝,因为到了夏天阿德利企鹅也要在这里养育后代,于是帝企鹅宝宝们继续为自己生存而斗争。

## 二、多集纪录片

**1.《地球脉动》第一季(*Planet Earth*,Season 1,2006)**

导演:艾雷斯泰·法瑟吉尔;制片国家与地区:英国;集数:11集。

《地球脉动》第一季是BBC自然历史部制作的经典系列纪录片之一,它呈现了我们生活的这个星球上令人惊叹的美丽。本剧集以地形地貌与当地动植物为主要内容,分11集为观众讲述了两极之间、雄伟高山、淡水资源、洞穴迷宫、奇幻沙漠、冰雪世界、辽阔草原、富饶丛林、多样浅海、季节森林及无垠深海等不同地貌的生态环境。

**2.《森林之歌》(2007)**

导演:陈晓卿等;制片国家或地区:中国;集数:11集。

《森林之歌》由中央电视台、国家林业局(现国家林业和草原局)和财政部联合摄制,2007年一经推出便被称为"中国首部大型生态纪录片",收视口碑双丰收。由于中国纪录片的制作传统和习惯,这部纪录片依然保留了政论式风格的第一集《万木撑天》与第二集《绿满天涯》,从第三集《容颜:绿色版图》才开始真正讲故事。这个系列纪录片在策划之初,请了美国国家地理频道的制作人员来指导,因此在情节的编排上还是比同时期的生态纪录片要成熟不少。它选取我国东南西北各个方位具有代表性的树木及森林环境,使用拟人手法讲述了其中的物种的故事;情节生动有趣引人入胜,主题具强烈的人文关怀。

**3.《地球脉动》第二季(*Planet Earth*,Season 2,2016)**

导演:伊丽莎白·怀特、贾斯汀·安德森、艾玛·纳珀、艾德·查尔斯、查登·亨特、弗雷迪·德瓦斯;制片国家和地区:英国;集数:6集。

纪录片《地球脉动》第二季分为6集,与第一季一样,它以地形地貌为区分,讲述岛屿、高山、雨林、沙漠、草原以及城市的不同生态环境中的物种。这一季除了在摄影技术上比第一季更为先进,展现更多我们从前难以看到的神奇的自然现象外,还将城市作为一个新的生态环境,讲述了其中的动植物,并反思了人类与自然万物的关系。

**4.《生命》(*Life*,2009)**

导演:玛莎·霍尔姆斯、西蒙·布兰克尼、斯蒂芬·莱利;制片国家或地区:英国;集数:10集。

我们的星球是大约3000万种动植物的家,每个物种都会为生存奋斗一生。这部系列纪录片讲述了自然界中100多个令人难以置信的为生存而战的壮观事例,这些事例显示出动植物奇特而又令人叹为观止的生存策略。对每一个物种来说,每天的生存都充满着挑战,必须克服困难才能生存下来,并保证后代的生存繁衍,一代一代将物种基因传承,这就是生命的意义。

**5.《冰冻星球》(*Frozen Planet*,2011)**

导演:艾雷斯泰·法瑟吉尔;制片国家或地区:英国;集数:9集。

《冰冻星球》聚焦于被喻为"世界尽头"的南极和北极地区,在5年的时间里捕捉了这两个地区的珍贵画面,不仅有壮丽的景色,还有动物为了生存而厮杀争斗的场景;为我们展现了极地壮美的景象。

**6.《植物之歌》(*How to Grow a Planet*,2012)**

导演:伊安·斯图瓦特、诺博托·阿森西奥、克里斯·奥斯汀;制片国家或地区:英国;集数:3集。

《植物之歌》分为《生命源自阳光》《花的力量》《挑战者》3集。这3集分别从植物的起源、开花植物的诞生、草的出现3个方面，为我们塑造一个植物的世界，让我们了解植物的起源和生命故事。

**7.《BBC：非洲》(*BBC：Afirca*，2013)**

导演：卡特里娜·巴特兰；制片国家或地区：英国；集数：6集。

横亘在赤道两旁，作为世界第二大陆的非洲大陆拥有着富饶的野生动物和自然风光。庞大凶猛的猎食动物咆哮着驰骋在众多的草食动物群中；而猩猩、猴子和蛇却占据着浓密幽暗的树林。镜头跟随主持人大卫·阿滕博勒一起穿越神奇的非洲大陆，探索那些从未被发现、被记录的生物物种和壮观的非洲奇迹。

**8.《自然的力量》(2016)**

导演：李文举、原媛；制片国家或地区：中国；集数：6集。

纪录片《自然的力量》历经5年的拍摄制作，拍摄了中国最有代表性的自然地区，从青藏高原到南海珊瑚礁，记录了数十种神奇的动植物生命历程和传奇故事，展现了中国自然的雄奇伟大。全片共分《纵横》《风起》《水流》《山峙》《共生》《追寻》6集。

**9.《王朝》(*Dynasties*，2018)**

导演：斯蒂芬·莫斯；制片国家或地区：英国；集数：5集。

《王朝》类似于单元剧，它将每一集聚焦于一个物种，讲述了黑猩猩、帝企鹅、狮子、杂色狼和孟加拉虎的故事，展现它们为了自己的家族和生存上演的惊心动魄的战争大戏。

**10.《家园：生态多样性的中国》(2018)**

导演：刘娜、王冠明、陈旭、韩思闲、郭莹；制片国家或地区：中国；集数：5集。

中国，拥有世界上最丰富多样的生态系统：海洋、森林、草原、湿地、沙漠……每一种生态系统，都有着自己独特的生态秩序。

《家园：生态多样性的中国》讲述发生在不同生态系统中物种的故事。5集分别展现了中国五大生态系统丰富的生物多样性以及人与自然之间不断改善的关系，并借助多样化的物种形象、罕见的动物行为以及拟人化的表现手法将有趣的故事呈献给观众。

众多中国特有的珍稀种属，还有那些起源古老的物种，给观众留下深刻的印象。而这一切都不在人迹罕至的边远地带。它们就在中国的长江中下游湿地、世界屋脊青藏高原；就在中国西南的喀斯特地区、美丽的中国南海；就在东北的原始森林；就在每一个普通中国人的身边。

## ☞ 推荐观摩 ☜

1. 国外：《大卫·阿滕伯勒野外探索60年》。
2. 国内：《话说长江》。

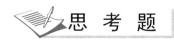

## 思 考 题

请思考英国、美国与我国的生态纪录片发展史的异同。

# 第二章

## 创作准备

# 第一节　理解自然生态

## 一、建立基本的生态学知识基础

尽管对于拍摄生态纪录片来说，专业的生态顾问团队是必不可少的，但是作为导演、摄像，乃至于剧组中所有的成员来说，建立正确的生态观、生态美学观非常重要，这基于创作者对自然生态的了解与理解，也是拍摄生态纪录片的必备基础。

在指导学生创作生态纪录片的过程中，我们深深感觉到他们作为创作者，具备一定的生态与自然知识与正确的观念有多么重要。有的学生在创作之前对一些生态和自然主题有了解，对精彩的选题有敏锐的直觉，很快找准选题方向；而有的学生对自然了解极少，身边的花草树木、飞鸟、昆虫一种也叫不上来名字，面对一个未知的自然世界无比茫然，更不用说去拍摄、去讲述其中的故事了。因此，在拍摄之前，除了观摩研究生态纪录片外，我会要求学生阅读相关书籍，关注相关的微博博主和微信公众号，了解自然万物的基本规律，尤其要对本地或者即将前往拍摄的地方的生态做足够的了解。

现在大多数人都知道保护自然生态的重要性，而我们拍摄生态纪录片的基本目的也是更为广泛地宣传这一理念。作为生态纪录片的创作者，我们必须明白，自然生态是如何生生不息，如何变迁发展，它又有着怎样的内在规律。我们并不要求严格按照生态学方式拍摄生态纪录片，但掌握基本的生态学知识是我们拍好生态纪录片的第一步。

生态学家研究自然界，一般将其划分为生物体、种群、群落、生态系统、生物圈等几个生态学系统范围，这些范围由小到大，前一个被后一个范围所包括。生物体是生态学的最基本单位，是基本生态学系统。

生物体在生命过程中必须从周围环境中获取能量和营养物质，排出不需要的废物。这样，它们改变了环境，并为其他生物体提供了可用的资源。例如，鸟啄食树叶和果实获得能量和营养，而它排泄的粪便可转化为土壤中的有机质，为树木提供养分，并将无法消化的种子排泄出体外，帮助树木播种。

种群由生活在一起的同类生物体组成，是某一特定地区内同一物种个体的集合。每一种群都生活在适宜栖息地的很多斑块①内。种群的个体数量取决于栖息地内的食物供应量、捕食率、营巢地的可得性和其他生态因素。任一生态因素被破坏，都有可能威胁到整个种群数量，甚至导致种群灭绝。人类诞生后，很多种群由于人类活动导致濒危与灭绝的例子

---

① 斑块：生态学名词，指由于人为或自然因素，使栖息地破碎后形成的不连续的空间区域。一般来说，斑块越大，种群越丰富，斑块越小，种群越少，并由于每一特定地点离栖息地边缘都较近，导致种群面临各种威胁。

屡见不鲜。上海自然博物馆有一面墙记录了自 1627 年以来部分灭绝物种，一直到 21 世纪；其中，大部分物种灭绝是由于人类的过度捕猎等原因造成的(图 2-1)。

图 2-1　上海自然博物馆物种灭绝墙(李慧勤，摄)

　　生活在同一地区的不同种群组成了群落。群落中的种群以不同方式相互作用着。例如，许多物种是捕食者，它们以其他生物为食；同时，它们自己也几乎都是被捕食者，谚语有"螳螂捕蝉，黄雀在后"，这便是种群的相互作用。再例如，微生物与动植物生活在一起，形成协作关系，互惠互利。群落没有明确的边界，没有可见的覆盖物把群落与周围环境分开，它是组织层次的抽象概念，并不是生态学结构的具体单位。

　　生物体的集合与其物理和化学环境组成了生态系统。生态系统是大而复杂的生态学系统，有时包括成千上万个生活在各种不同环境的生物种类。常见的生态系统名称有森林生态系统、草原生态系统、河口生态系统、湿地生态系统、热带雨林生态系统等①。

　　所有生态系统彼此联合成为一个生物圈，包括地球上的全部环境和生物体。相隔遥远的生物圈部分是通过气流、水流和生物运动带动的能量和营养物质流动来相互关联的。因此，气候变化也可能导致几千公里外的生态系统改变，类似于我们常说的"蝴蝶效应"。这也提醒着我们，地球是一个生态整体，再远的生态变化也和所有人都有关系。塑料对环境的影响便是典型例子之一。由于塑料这一不可降解材料被分解为大大小小的塑料块乃至微粒并在海洋中的扩散，洋流的运转将它们带到世界各地，没有哪个角落可以幸免；这些塑料或被动物误食，或困住动物，导致它们的畸形或死亡，也会进入我们人类取食的水产中，有些海盐中也发现塑料微粒的存在，它们转而进入人类的身体——2018 年 10 月 22 日，在维也纳举行的欧洲联合胃肠病学周学会上发布，人体内发现了多达 9 种不同种类的微塑料，其中就含有来自食盐和海产品的部分。

　　生物圈是终极生态系统，除了从太阳辐射来的能量和丢失到宇宙深处的热量以外，生物圈的全部转化过程都是圈内部的。全部物质都是生物圈固有的，我们生产出的废弃物也没有别的去处，也必须在生物圈内再循环。

　　水是生物生命的源泉所在。地球表面只有水这一种普通物质是液体，在生命中没有什么比水更为重要。

---

① 本教材中列举的生态系统名称仅为举例，并非生态系统的同一层次划分。

自然一直在变化，尤其在人类诞生后，自然受到人类行为的深刻影响，哪怕是地球上最遥远的角落。然而，我们应该清楚地意识到人类不是世界的主宰，人类不过是自然世界的一个组成部分；人类必定要与这里养育着我们的其他物种和生态过程保持平衡，才能安心地生存于此。这对于创作生态纪录片来说，是极为重要的观念。

**二、阅读自然科普书籍**

在拍摄生态纪录片之前，我们会给学生们布置两个任务，除了观摩生态纪录片外，还必须用两到三个月时间阅读自然科普相关书籍。这些书籍是通俗易懂的科普书籍，而不是艰深的动植物学科的专业书籍。这一方面是出于时间上的考虑，要啃完并且弄懂那些艰深的专业书籍在时间上并不允许——当然我们不是禁止阅读，倘若学生自愿额外阅读我们也是赞同的；另一方面是因为我们的纪录片也是面向普通大众的科普作品，那么科普读物中深入浅出和生动的语言能够帮助我们建立作品所需要的、考虑受众接受度的创作态度。

《看不见的森林：林中自然笔记》《花朵的秘密生命》《植物知道生命的答案》《消失的脚印》是要求学生必须阅读的。这几本书的共同特点是语言生动，深入浅出，用专业的眼光和有趣的语言给我们描绘了一个意趣盎然的大自然，不仅有生物学、生态学的知识，也有人文关怀和思考。下面给大家简单介绍一下这几本书。

**1.《看不见的森林》**

《看不见的森林》是由美国南方大学生物系教授戴维·乔治·哈斯凯尔撰写的，是他对田纳西州东南部一座森林的观察笔记，从1月1日至12月31日，一共43篇笔记。它令人难忘之处在于，他将观察的那块林地比作"坛城"，欲从渺小之物中寻找整个宇宙，将哲思融入自然的观察之中。哈斯凯尔在序中清晰地表明自己的观察态度：

"频繁到访，观察一年中的变化；保持安静，尽量减少惊扰；不杀生，不随意移动生物，也不在坛城上挖土或是在上面鬼鬼祟祟地爬行。"

这也是我们拍摄生态纪录片的原则和态度。作者在每篇文章中对动植物观察细致入微，我们常见的生命在他的笔下变得意趣盎然，这也是我们生态纪录片需要做到的——用我们的镜头展现生命不为人知的迷人而有趣的一面。例如，在观察蜗牛的时候，他写道：

"它的两根小胡须从下巴上戳出来，在空气中摇摇摆摆，然后伸到岩石下面，碰了碰石头。这些胶状的感觉器官就像盲人用来阅读盲文的手指一般，轻轻摸索着，浏览并解读镌刻于砂石中的文字所包含的意义。"

这样细致的描写在书中随处可见。再如，繁缕这种不起眼的小野花，花朵盛开时直径约10毫米，而哈斯凯尔在《花朵》一篇中将它细致地放大：

"一圈花药从繁缕盛开的花朵中拱起身子。高高擎起黄褐色花粉粒团块的奶油色细长花丝环绕着中间的圆顶，也就是子房。花丝从圆顶上赫然挺立出来，将花粉支托起来，远离花朵自身用来吸附花粉的垫子，也就是柱头。繁缕具有三个柱头，安插在子房洋葱头一样的圆顶上最高处。每个柱头都在翘首等待携带花粉的蜜蜂擦身而过。"

这就像生态纪录片中的微距镜头一样，放大并聚焦常见的事物，用不同寻常的视角去感受常常被我们忽略的美好。

哈斯凯尔还通俗易懂地让读者感受到动植物的生存智慧，这些生存智慧有时让人类也自愧不如：

"春天的野花利用树木的惰性，在树冠劫走赋予万物以生机的光能之前，争先恐后地生长繁衍。……只有当叶片长出后，光合作用才能给这些植物的资产债务单带来进账。这种策略有助于它们在坛城上光线紧缺的拥挤环境下艰难求存。"

总而言之，这是一本非常值得生态纪录片创作者们仔细研读的书，它向我们展示了一座森林中种种个体的生存以及它们之间的联系，让我们不再单独审视每一个生命个体，而是放眼整个生态系统，用更广阔和更精细的眼光去打量并认识自然中的每一种生命。

**2.《花朵的秘密生命》**

《花朵的秘密生命》是美国知名自然写作作家沙曼·阿普特·萝赛的著作。这本书的语言既有科学的严谨又有诗人的情怀；她探讨花朵这一自然美物之所以讨人喜欢的原因，既从自然科学的角度去读解花朵的美，也从人类的情怀去读解这份美。第一章中作者先问道：

"为什么我们将鲜花献给逝者？为什么我们把它送给哀伤的人、生病的人、我们所爱的人？……我们献上的究竟是什么？"

接着她分析了美的物理属性，强调宇宙间的规律是构成美的元素，也是花的元素。而后的篇章中，作者用拟人的手法给我们展现了花朵的"招数"和"策略"，让花朵灵动而富有生趣，也从科学的角度解释了它们为什么长成我们看到的样子。第五章《花间情事》生动的开篇令人印象深刻：

"三叶天南星打算要变性。紫罗兰有件心事。蒲公英正得意扬扬。水仙已经意乱情迷。制造了百万颗种子后，兰花终于满意了。倒挂金钟还不满足，弯下它的柱头去碰花粉。三色堇抬起阴门般的脸朝向天空，满怀期待地等候着。月见草关心的只有一件事——也不过就是那档子事。在花园里散步简直会让人脸红。"

接下来萝赛用浅显的语言向读者分析了花朵为了繁殖所进化出的各种策略：如有些植物和动物一样，分为雌性和雄性，异体受精；有些雌雄同体的花在不同时间形成不同的性别，有的先是雄性阶段，让花药制造花粉，然后进入雌性阶段，柱头做好了接受花粉的准备；有的则相反，先是柱头后是花药；有的除了雌花和雄花，还会多一种两性花，三者混生在同一个花序里；有的能够针对土壤的含水量和养分以及光照和温度，在不同年份选择不同的性别；有的把自体受精当作备选方案，有的却是常态……"花很灵活，但也有主见。"[①]萝赛在此又举地中海地区某种兰花的例子，这种兰花长得很像某种雌蜂，它们被发情的雄蜂抓住，进行传粉；而这种蜂在西欧绝迹以后，这种兰花便演化成自体受精了。

读罢我们发现，植物竟可以为了种族繁衍根据环境进化出如此丰富而有效的策略，这不得不让人啧啧称奇。

在第九章里，萝赛将花粉比作"旅人"：

"花粉的脚痒了。有任务在身，它踏上漫长孤寂的高速公路。得走了，朝荣耀迈进。你留不住的。上路吧，兄弟。花粉是个旅人。"

---

① 【美】沙曼·阿普特·萝赛，《花朵的秘密生命：一朵花的自然史》，钟友珊译，北京联合出版公司，2017年第1版，第59页。

萝赛将一份研究报告里的句子改成了一句诗放在书中：

"在产地上方

亲代树降下一层

薄薄的

独家的

自己"

像这样如诗人般的情怀弥漫在整部书中，使自然科学也笼罩在美的情愫之中。而有时如果我们也能在纪录片中展现这样的诗意，也能为片子增色不少。

**3.《植物知道生命的答案》**

《植物知道生命的答案》一书的作者丹尼尔·查莫维茨是遗传学的哲学博士——看，这应该又是一个能够将自然科学和哲学生动结合的作者。的确如此，这本书从视觉、嗅觉、听觉、感觉和记忆5个方面分析植物的生存策略，而每一章节的引言均摘自文学作品，如：

第一章：她的根紧紧地束缚着她，但她总是向着太阳转动；她的外形已经改变，爱却永远不变。——奥维德《变形记》

第二章：据说石块曾经自己转动，树木曾经开口说话。——莎士比亚《麦克白》

第三章：我会触碰一百朵花，却不摘一朵。——埃德娜·圣文森特·米雷《山上的下午》

第四章：寺钟已停撞/但我仍然能听到/声从花中来。——松尾芭蕉

第五章：我从未见过一棵心怀不满的树。它们紧握大地，仿佛深恋着大地；虽然根扎得很深，却行进得和我们一样迅速。它们随着所有的风儿向着所有方向信步，像我们一样有去有来，每天和我们一起绕着太阳行进两百万英里①，上天知道这空间中的穿梭是何等快速而遥远！——约翰·缪尔

第六章：栎树和松树，以及它们在林中的兄弟，已经看过了如此多的日出日落，如此多的寒来暑往，如此多代人归于静寂。我们不禁想知道，如果它们有语言，或者我们的耳朵灵敏到足够理解这些语言的话，它们为我们讲述的"树木的故事"会是什么样子。——毛德·凡布伦《供特殊情景之用的引言》

虽然这本书语言较为平实，更接近科学语言，但一方面引言的文学出处赋予科学以浪漫色彩；另一方面作者将植物的感知与人类感觉相类比，从一个新鲜的角度为我们提供了别样的思考方式。而书中展示的研究结果，更让我们感受到令人惊奇的植物世界。

在讲到植物"视觉"的章节中，查莫维茨告诉我们植物能感知光的存在，并根据光受体的信息生长活动。植物能"看到"什么时候是正午，什么时候太阳将要落山，知道光线是来自哪个方向，它甚至能看到紫外线、红外线，能知道周围的灯光究竟亮了多久。他将植物对光的感觉与人类的视觉类比：

"植物没有神经系统，不能把光信号转化为图像，但是能够转化成调控生长的种种指示。植物没有眼睛，正如我们没有叶子。但是我们和植物都能察觉到光。"

在论述听觉的第三章中，查莫维茨幽默地批评了一向认为植物能听见音乐的说法，他

---

① 1英里≈1.609千米

认为植物没有听觉:

"我们该怎么解释这些实验结果和雷塔拉克后来的研究之间的矛盾呢?要么克莱因和埃德萨尔的万寿菊和雷塔拉克的植物有不同的音乐口味,要么雷塔拉克的研究和主流科学界有重大的方法论和科学上的差异,导致了不可信赖的结果。后一种情况看来更有可能。

……

也许植物并不是不喜欢摇滚乐,也许它们只是不喜欢被'摇滚'。"

书中写道,在历史上引起过热议的实验要么没有规范操作,要么样本太少,要么没有足够的支持证据;而严肃的可重复的科学研究已经得出结论,音乐的声响确实对植物没有影响;并且现代基因测序实验中发现植物含有一些和已知能导致人类耳聋的基因相同的基因;在演化过程中植物不需要有这种感觉。

创作者通读以上3本书便会意识到,生态纪录片也应该像它们一样,既要有科学严谨的知识普及,又必须描述得生动活泼以紧紧抓住观众的心;既能细心发现身边的生态美,也能从细微处观照到整个自然世界。

**4.《消失的脚印》**

《消失的脚印》是由资深自然摄影师约翰·艾奇逊撰写,约翰·艾奇逊为BBC等知名广播公司拍摄过很多脍炙人口的作品,如《冰冻星球》《生命》《大猫日记》等。这本书记录了艾奇逊20年来拍摄野生动物的历程。在书中,能看到拍摄野生动物时的种种意想不到的突发状况,感受到拍摄野生动植物时所需要的非同一般的耐心、勇气与敏锐的洞察力,理解作者热爱自然、尊重自然的态度。艾奇逊在前言中写道:

"我选择写下这些故事,是因为每一个故事都传递出保护自然的重要性。我希望这些故事能让大家明白:通过自然纪录片了解野生动物,有时会为我们的生活带来一些不同,有时也会为动物们的生活带来改变。

……

最为重要的选择,并不是我们是站在捕食者的一边,还是猎物的一边,而是我们要站在大自然的一边,还是它的对立面……"

不言自明,创作者应该站在大自然的一边。拍摄自然生态必须具备正确的生态观。只有这样才能用生态纪录片"传递出保护自然的重要性"。

书中尽管大部分在讲述关于动物们的故事,并且很多都是离我们非常遥远的自然,但其中不少描述拍摄的经验教训仍然能提供给我们参考,也能让初学者发现,即便为BBC、NGP等一流媒体服务的拍摄团队也会遇到和我们一样的困扰,他们也会为了克服困难想出很多简便有效的方法。

例如,在黄石公园拍摄狼群的时候,艾奇逊也遇到了限制——打扰濒危物种是违法的,他们只能在路边进行拍摄;由于严寒,以及很长时间并未等到他们想要的画面,团队收好器材准备离开,而这时突然冲出一头雄鹿,整个狼群在后面紧紧追赶,他们遗憾地错失一段极其精彩的内容。然而,他们接下来的举动是值得我们学习的,也是所有纪录片创作者的必备准则——不放弃任何可能的精彩,他们选择重新开始拍摄和等待;而这次,"念念不忘,必有回响",艾奇逊终于捕捉到了错过的场景。

在一次拍摄北极熊的过程中,艾奇逊的团队也差点经历了对于所有摄制组来说几乎是

灾难的事情——素材丢失，那是他们拍摄的独一无二的北极熊游泳的素材。后来发现硬盘数据丢失的原因是因为他们的船是自己发电，而当大功率设备启动时供电就会波动，供电一波动，便有可能损坏硬盘中的数据。幸而他们的素材做了两份拷贝，另一份拷贝完好无损。可以说，素材丢失对于摄制组来说并不是新鲜事，尤其对于初学者；初学者常常因为各种各样的原因导致素材丢失，甚至丢失存储卡。而艾奇逊他们的经历也提醒大家，素材的备份极其重要，拷贝至少要做两份，以做到万无一失。

《冰冻星球》在阿留申群岛周边海域拍摄期间，他们需要把摄影机固定在摇晃不定的船上，但是船主却要求他们不要用钻孔方式固定，最后他们只能使用胶水将这台价值300万人民币的机器粘在甲板上，在恶劣的海况下，必须随时注意它会不会被晃松。令人莞尔的"神操作"，然而确实起效了。

当然，有趣且能给生态纪录片拍摄带来启发的相关书籍还有很多，如《怎样观察一棵树》《森林的奇妙旅行》《我与大自然的奇妙相遇》等；甚至一些孩子的科普读物，也能给我们带来启发，我们可以从中寻找一些拍摄生态纪录片需要的例证，如DK系列的《动物行为大百科》等。如果有时间，建议学生多阅读这类书籍，能够帮助学生更好地理解自然生态，用更多不同的视角和方式去拍摄我们面对的自然。

另外，还有很多微博和微信公众号也能为学生提供各种关于自然生态的素材和知识，如物种日历、博物、动物世界、推鸟、守护荒野、山鹰的自然行记、大自然杂志、西南山地SWILD、环境保护、植物图鉴等微信公众号。

公众号提供的是碎片知识，比较适合用来在平时保持对自然生态的好奇心——这些公众号的文章都非常有意思；有时候也可以用来做一些素材的积累和资料的查找。

### 三、田野调查

读书只是一个方面，拍摄之前必须要做的第二个任务就是带着摄像机去做野外探索和田野调查。

我们制作纪录片的时候，在选题策划阶段也要进行调研，但对于初学者来说，对内容进行策划之前就必须进行探索和调查，这和选题策划开始之后的调研是不同的。最开始的田野调查主要是熟悉自然生态，熟悉将要拍摄的自然环境，并从中发现题材。

田野调查是诸如人类学、民族学等社会科学必备的研究方法之一，同样也是做纪录片所必须的研究方法，生态纪录片也不例外。对于初学者，这一步骤常常会被忽略，甚至到现在还有很多人认为纪录片就是逮到什么拍什么，我们的学生也常常因为想节约时间跳过田野调查这一步，急于求成，结果因为对拍摄对象缺乏了解反而给整个影片带来毁灭性灾难。一定要记住，任何影片，无论是剧情片还是纪录片，对相关题材和拍摄对象作深入的了解是保证影片质量的基础。也许镜头画面等形式上的质量可以弥补一些内容的不足，但没有做过田野调查的生态纪录片如无源之水、无本之木，要么华而不实，要么两三分钟后便会遭到观众的质疑。所以，一定重视田野调查，做好田野调查将会使策划与拍摄事半功倍。

对于人类学民族志等题材的纪录片来说，田野调查不仅仅是观察，对"田野"上的人进行访谈也是非常重要的内容之一。但是生态纪录片有时候并不以人为拍摄对象，而主要是以动植物为拍摄对象，那么观察就成为最主要的调查方式。但不要以为观察是轻松的，在野外观察极其需要技巧和耐心。

**1. 田野调查需要的装备**

在野外进行探索调查必须要做好装备上的准备。我们拍摄大自然一般是在没有太多人类居住的山野等无人地带，或者说，其实就是一次户外的徒步探险。进入这些地方一定不会像在人类聚居的城市那般舒适，甚至会有危险，所以保护好自己是首要条件。保护好自己，给自己一个安全的拍摄环境与氛围是对影片质量最基本的保障。

山林是我们常见的生态纪录片拍摄地。不同季节的山林有不同的防护装备，但无论什么季节进山，一般来说，要选择速干材质的贴身衣物，这是因为爬山容易出汗，普通的棉质贴身衣物吸汗，但不容易干，一直穿着并不舒适，非常容易着凉。在夏季，山林多蚊虫，有时我们拍摄甚至要钻过树丛，为了防止蚊虫叮咬或者被树枝划伤，尽量穿上长袖衫和长裤，减少皮肤的裸露；裤子注意选择稍有弹性的运动长裤，绝对不要穿着硬而不利于活动的牛仔裤。城市周边的小山温差变化不大，最多早晚会较为凉爽，可以视自己情况带上一件薄外套；大山里的天气多变，有时会突降大雨或大幅降温，即使是夏季也一定要带着外衣，可以选择轻便的防水冲锋衣；要佩戴有帽檐的帽子，以便挡雨和遮阳；要穿登山鞋上山，一方面它的抓地性更牢，另一方面良好的减震系统能够使爬山的时候脚部更为舒适，缓解疲劳感；袜子选择易干的聚酯纤维或腈纶材质，不要选择吸汗易湿的棉袜。

秋冬季节，山里的气温比城市要低，这时候需要做好防寒的准备。一些防寒小物件是必备的：手套要选择既不透风还防水的涤纶面料，手掌位置具有防滑功能的更好，有助于抓握；围脖可以防止热量从颈部流失；可以选择抓绒套头围脖，不容易被树枝等挂住；帽子要选择保暖材质的帽子，帽子上不要有附着装饰物，以防止被树枝等挂住；袜子选大小适中的厚毛袜。

除了服装，我们还需要准备一些基本的物件装备，以下是当天来回的基本装备：食品和水方面除面包、饭团等，还可以准备一些高热量的食品，如巧克力、能量棒、糖果等；水可以装在保温杯中，温热的水有助于驱寒；急救包可在意外受伤时用来急救；树林中往往比开阔地带暗一些，无论是观察还是拍摄，头灯不仅可以照明，还能解放双手，是低成本剧组的好帮手；在一些山林中，手机常常没有信号，这时候指南针和地图就成了辨别方向的神器；小刀和便携铲子在遇到挡路或者需要挖掘的情况，作用就会凸显；另外还可以携带备用衣服、抽纸及雨衣（雨伞并不合适，显然它会占用你的双手并且使用需要较大的空间，这在树林中非常不方便）。

除了山林，还有比较特殊的环境是沙漠。沙漠属于极端气候地区，会给调查者带来各种各样的问题，如缺水、气候炎热、温差过大、沙尘暴侵扰等。但如果创作者理解了沙漠的环境气候，准备正确的防护装备，沙漠的田野调查会相对安全一些。

沙漠阳光直射，紫外线非常强烈，所以并不是穿上长袖就可以的，一定要挑选抗紫外线能力强的衣物，如防晒服；浅色衣物吸收的热量更少，在沙漠环境下选择卡其色、土色等颜色的衣物会更合适。材质上，尼龙晾干得快，并且比聚酯纤维更为防风，所以尼龙衬衣是非常好的选择；长裤同样需要有防晒功能，比较轻的尼龙材质最好；另外，要注意裤管口应有抽绳，可以防止小动物爬进裤管或者皮肤沾上沙尘；沙漠里常常会有风沙，防风大衣和雨裤也是需要准备的；上衣和裤子都要有足够的口袋，用来放置随身需要的小物件，如小刀、相机电池等；为了隔热以及防止沙尘进入鞋子，准备一双结实的高筒靴是非常有必要的；千万不要穿着棉袜，潮湿的棉袜不隔热，羊毛、聚酯纤维、尼龙材质的都可以；戴手套能减少紫外线的辐射，可以选择较轻的聚酯纤维或者羊毛手套；在沙漠中，帽子是必备装备，一定要选择宽檐的防晒型帽子，或者再加上一条户外防晒头巾，头巾可以包裹住脸部，帽子需要有系绳，防止突然起风被吹走；沙漠的沙子反射的阳光容易灼伤眼睛，防风太阳镜能够抵挡紫外线对眼睛的伤害，并防止风沙进入眼睛；即便全身防护，我们有时还是会有一些皮肤暴露在阳光中，那么就必须在这些可能暴露的部分涂抹防晒霜，要选择防晒系数（SPF）在50以上的防晒霜，并且一到两个小时就必须补涂；另外，非常重要的一点，为了不惊动要拍摄的动物，着装颜色要和周围环境颜色差不多，或者选择灰色、卡其色等色系。

**2. 找到自然向导**

自然顾问是野外探索必不可少的向导，对于缺乏野外经验的人来说，不带上向导去野外无异于"睁眼瞎"。记得在拍摄《紫金山的秘密生命》的时候，有一组同学的选题是蜘蛛，第一次没有自然顾问带队，一整天也没有发现蜘蛛的踪迹。

紫金山（南京市中心的一座山林）当然不可能没有蜘蛛，事实上这种生命力顽强的小小生物在我们身边极其常见。之所以没有见到，是因为找的地方不对。若沿着人来人往的游客步道一路寻找，自然难以发现。后来在自然顾问的带领下，制作组进入相对僻静的区域，突然发现原来蜘蛛到处都有，而且品种很多，有颜色鲜艳且个头不小的络新妇，也有将网织成盆子一样的皿蛛，还有不织网只在地上爬的掠狡蛛（图2-2）等。于是素材一下子丰富起来，策划和拍摄思路也开阔起来。

图2-2 掠狡蛛（吴海纳，摄）

千万不要独自贸然进入不熟悉的拍摄地，你所以为的那些调查前的准备常常会在自然面前被毫不留情地挫败，自然的迷人之处就在于无法完全套用书本上的经验，总是出其不意地给你惊喜或者惊吓；自然的喜怒哀乐只有经常和它打交道的人才能够判断。因此，当地的自然向导是每个剧组必备的顾问和领队。自然向导熟悉当地情况，在野外有非常丰富的自然经验，他们或是研究当地动植物的学者，或是当地动植物观察爱好者，或是护林员，甚至是当地的农民，均具有丰富的野外经验，不仅能够在出发前给你很多装备上的建议，还能为拍摄内容提供启发。有一次我们在新疆本地自然老师带领下在阿尔泰山脉地区进行野外探索，尽管他们已经在这一带探索过很多次，仍然找了一名当地的牧民作为向导带领我们进山，向导在路上为我们提供了很多帮助，包括登山的路线、与山上牧民沟通等。

### 3. 内容与方法

对于不同的工作和专业学科，田野调查有不同的目的，也就会有不同的内容与方法。对于拍摄生态纪录片来说，调查的目的在于熟悉环境，以便寻找合适的纪录片选题和拍摄地，我们可以从认识和熟悉各种有趣的动植物开始。

全世界的动植物种类繁多，然而生物的习性和规律有很多是相通的，如同我们前文所讲过的生态系统，全世界同样气候条件的生态环境中的物种非常相似，我们仅举一些有代表性的物种为例，以便创作者能够举一反三，去发现和理解大自然的千奇百怪。

以四季分明的紫金山为例，因为它坐落于南京城市中心，人类活动频繁，尽管植被茂盛，却也难见大型动物，近几年人们见到过的最大型的动物便是麂——一种小型鹿科动物，可能还有野猪，仅仅是偶尔见到；时常能见到的只有一些昆虫和小型两栖爬行动物等。时令不同，紫金山内物种也大有不同。

春天是紫金山复苏的季节。经过一冬，山里的落叶乔木都已光秃秃地收敛沉睡着，早春的气温还不足以唤醒它们，但这时，山中的春生短命植物却已经开始争夺温暖的阳光。之所以叫作"春生短命植物"，是因为它们的生命灿烂都是在高大的乔木生长出新叶之前的一段短暂时间，它们抢在这短短的早春时节开花结果、繁衍后代，等到树木长出树叶遮蔽了温暖的阳光，它们就归于沉寂；在前面提到过的哈斯凯尔的《看不见的森林》一书中专门讲到过春生短命植物。

紫金山的春生短命植物常见的有婆婆纳、繁缕、泽漆、延胡索、刻叶紫堇、伏生紫堇、黄堇、毛茛、鹅掌草、老鸦瓣、活血丹、野豌豆、宝盖草等（图2-3）。它们在早春的阳光下竞相生长，开出色彩缤纷的花朵吸引昆虫们为它们传粉。婆婆纳是亮蓝色的四瓣小花，星星点点洒在绿色的叶丛中；延胡索、刻叶紫堇、伏生紫堇、黄堇同属于紫堇属，它们花的形状非常相似，看上去就像挂在枝头的一个个小勺子，颜色从淡红色、紫色、蓝色到黄色——对，黄色的花便是黄堇，它开花的时间比前3种要晚一些；鹅掌草的花见光打开，光线暗淡时便闭合，花瓣内里是白色，合上后外部呈现出淡粉色，形状犹如一株迷你的荷花；老鸦瓣是国家二级保护野生动物中华虎凤蝶的蜜源，开着白色的花，被称作"中国郁金香"。其他植物不再一一赘述。春天的紫金山非常美丽，这些春生短命植物功不可没。

昆虫对植物的繁衍有非常大的帮助作用，在野花争相开放的时候，常常能看到各种蜂蝶穿梭其中，上文提到的中华虎凤蝶便是其中之一，仔细观察，会看到蝴蝶们吸取花蜜时把蜷曲的口器伸直，喝饱之后再把它卷回；各种蜂毛茸茸的身上会沾着不少花粉，从一朵花到另一朵花，将花粉传播开来，帮助野花们繁衍；还有一些蝇类也会加入进来。

春天是各种鸟雀欢唱的季节，我们可以看到沐浴着春日暖阳活泼跳跃的喜鹊、灰喜鹊、乌鸫、树麻雀、斑鸠，还能听见大斑啄木鸟、星头啄木鸟咄咄地啄着树干。当然，这些鸟大部分一年四季都能看到。

图2-3　黄堇(左)和野豌豆(右)(冯俊苗，摄)

夏天，紫金山的迷人之处不仅仅在于它的蔽日浓荫，还有生机盎然的黑夜。夏夜是山林中我们与小动物偶遇的好时机，借着黑暗的掩护，很多白天藏匿的小动物开始出来觅食、求欢、玩耍。我们有时可以邂逅鹿、刺猬、貉、黄鼬等哺乳动物，而更经常看到的是草丛树枝上的各种昆虫。千万不要觉得昆虫没有什么稀奇，哪怕是最常见的昆虫都有它求生的特殊技巧。竹节虫的拟态十分逼真，若不仔细观察那就是一节树枝，枯叶蝶也是，犹如枯黄的叶片落在树杈间；有种凤蝶的幼虫会在身体一端长着两个大大的圆形斑点，乍一看犹如两只大大的眼睛，这是用来吓唬天敌的招数；有一种长得有些像蝎子的节肢动物，叫作鞭蝎，它感到危险时会喷出浓烈醋酸味道的液体……闭上眼感受山林，我们就能听到树丛草地里的虫鸣，水塘下小溪边的蛙叫(图2-4)，还有高高的树梢上东方角鸮等的鸣叫。

图2-4　镇海林蛙(吴海纳，摄)

秋天的紫金山是色彩最绚丽的时节，银杏、槭树、悬铃木、梧桐、乌桕等开始层层叠叠地为山林染色，从浅黄、明黄、金黄到橘红、深红，紫金山处处能看到令人愉悦的鲜亮。不仅仅是色彩，秋天的果实也是让人欣喜的部分，栾树、银杏、板栗、麻栎、乌桕都坠着漂亮的果子，常常可以看到在树下啄食果子的乌鸫；捡起一些橡子，若能发现小洞眼，可能就有栗实象鼻虫的幼虫酣睡其中。

冬天，紫金山沉寂了下来，但并不意味着所有生物都没了踪影。南京地处亚热带地区，冬天的紫金山仍可以看到许多常绿阔叶树，如广玉兰、木樨等，还有很多留鸟和冬候鸟栖息于此——冬天是个观鸟的好季节，没有了树叶的掩护，落叶树枝间的各种鸟儿非常容易辨认，连跳跃速度非常快的柳莺都能被发现。

对于不熟悉自然的人来说，策划前的调研就在于亲身体验自然的乐趣和美好，只有自己体会到了自然，熟悉了自然，才能将自然的美传递给观众。在创作者了解和研究自然生态的过程中，自然便向他们打开了一扇精彩的大门，他们会发现自然生态不仅仅存在于非洲草原和南美洲雨林那些遥远的地方，自然生态其实无处不在。他们会发现不仅身边的麻雀，甚至一只小小的蚂蚁，一株生命短暂的小草，也有令人讶异的生存技巧；郊区一座山，一条小溪，一片树林，甚至住宅小区的一片灌木，都有许多可以讲述的自然生态故事。

当然，一两天的调研实际上并不能真正了解将要拍摄的主题，时间和精力的投入越多，创作者对自然的了解才能越深入，对选题策划的把握也才能越大。

## 第二节　选题与调研

### 一、找到合适的选题

一般拍摄生态纪录片，无论是多集还是单集，都会有一个明确的主题方向，有的是以地域为拍摄范围，讲述这一地域范围内独特物种的故事，如 BBC 的"狂野系列"——《狂野非洲》《狂野欧洲》《狂野南美》《狂野缅甸》《美丽中国》①等，国产生态纪录片《美丽克什克腾》《家园：生态多样性的中国》《森林之歌》等；有的是以物种为拍摄对象，讲述一个或多个物种的故事，如《帝企鹅日记》《迁徙的鸟》《大猫》《萤火虫》等。这两类方向因为主题明确，特别符合生态和物种的特征，最为常见。在创作者敲定选题的时候，也可以从这两个方面去考虑。

地域实际上是一个空间单位，从生态的角度来说，每一块地域，无论大小，都可以成为一个生态系统。因此，创作者可以如 BBC 那样以大洲或者国度为一个主题范围去拍摄，也可以一座城市、一片山林、一方水域为范围去拍摄，一般来说，选择多大范围拍摄，关

---

① 《美丽中国》为 BBC 与中国合拍作品，英文片名为 "Wild China"，中文版本翻译为《美丽中国》。

键取决于资金、时间和经验,以及受众。事实上,没有足够的资金和时间作为支撑时,身边的生态环境也是很好的选择;很多人认为生态物种最有意思的都在远方,实际上我们身边就有很有意思的物种,我们的身旁也是他人的远方。在教学生态纪录片制作时,一方面是考虑到资金和时间成本,大部分会选择身边的地域和物种,如《万物有灵》主要讲述南京及周边的生态环境和物种故事、《紫金山的秘密生命》主要围绕紫金山的物种来拍摄;另一方面也是想告诉大家,身边的物种同样很有意思。

以地域为拍摄范围非常重要的一点是要搞清楚这片地域的生态环境特征,以及其中的代表性物种和其他物种之间的联系,这些代表性物种才能勾勒出这片地域的独特生态环境,如说到南极,它的代表性物种就是企鹅、海豹等;说到塞伦盖蒂草原,必须提到的便是狮子、非洲象、长颈鹿、斑马等;说到南美雨林,那便是狐猴、鳄鱼、河马、犀鸟等;说到青藏高原,那就是藏羚羊、雪豹、牦牛等——这些独特物种成为这片地域的代表,拍摄以上地域的纪录片常常绕不开这些物种。

在以物种为拍摄对象的选题方向中,观众常常看到很多类似的物种在不同的生态纪录片中被展现,如帝企鹅,有法国的《帝企鹅日记》、BBC 的《帝企鹅宝宝的生命轮回之旅》、韩国的《小企鹅南极历险记》等。为什么同一物种反复被讲述,观众还百看不厌呢?一方面,这和帝企鹅这一物种的观众关注度有关——帝企鹅是观众喜爱的物种;另一方面,这和讲述主题的方式有关。《帝企鹅日记》使用了帝企鹅自述的方式结构故事,而《帝企鹅宝宝的生命轮回之旅》是以小帝企鹅出生到成年为线索来讲述故事……不同的选题侧重点,或者说不同的故事讲述方式使我们可以从不同的角度去了解帝企鹅的生活。

所以,在选择物种的时候,如果选择了具有较高关注度的物种,也就是被生态纪录片频繁讲述的物种,那么就一定要仔细考虑如何去讲述它,如何才能让反复讲述的物种还能够吸引观众;如果选择了关注度不那么高的物种,就要思考这一物种关注度不高的原因,如果只是因为大家太熟悉或者没人关注,那么就只需要好好去挖掘它的故事就可以了;如果是因为不利于用画面讲故事,那可能就要考虑一下是否需要更换选题了。

还有一类选题相对来讲并不多见,但也有经典案例,如 2018 年 BBC 制作的《王朝》,以黑猩猩、帝企鹅、狮子、杂色狼、老虎这 5 个物种为代表,讲述他们的首领为了自己的地位和生存、族群的安全与未来等与强敌抗争的故事;这些物种看上去不相干,却容纳在了同一个抽象性主题之下;这也决定了每一集故事讲述的侧重点——也就是说,同样是讲述狮子,《王朝》的讲述方式和侧重点与《地球脉动》非常不一样。再如,同样是 BBC 出品的《猎捕》,就是将不同动物猎捕时惊心动魄的戏剧性时刻集中展现在观众面前,让观众从中思考生存与死亡,感叹生命的伟大。

在国内,原创的生态纪录片与国外有一个非常明显的区别——或者可以称作国产生态纪录片的特色,那就是常常将自然和人文主题相结合,甚至有时以人和自然的关系来表达生态主题。例如,《自然的力量》第五集《共生》,讲述了包括小喇嘛喂鱼、藏民与旱獭、制香师用植物制作熏香、布依族人开垦梯田种植水稻、当地人在澜沧江干热河谷晒盐制盐等故事,以此来表达自然的力量的主题;《家园:生态及多样性的中国》的每一集选题都有人类与自然的连接与互动。这一特色的形成其实有多方面的原因:从历史的角度来说,与人文纪录片相比较中国生态纪录片起步较晚,甚至历史上的生态纪录片都带有极大的人文成分，如《话说长江》《沙漠散记》《泰山》《长白山四季》等；再有就是国内的生态纪录片制作环境使然，生态纪录片相较于其他类型纪录片需要更长的准备与拍摄周期，更多的资金支持，而收益率却并不高，甚至短期之内无法收回。因此，在国内的制作条件及环境下，以人文情怀来补充自然故事的缺失是弥补短板的做法。然而，这也渐渐成为国产生态纪录片的特色，将人类纳入自然生态之中体现着更为宏观的自然生态观。在BBC与央视合拍的《美丽中国》一片中，原本BBC仅仅是想展现中国的自然风光和物种，但是中方要求将中国的人文风情加入其中，在经过详细的商讨之后，BBC摄制团队同意了这一要求，并且在后来回顾拍摄的采访中，肯定并赞扬了中方的想法，认为这一想法为生态纪录片的拍摄提供了新的途径。

因此，在做选题的时候，创作者可以拓宽思路，将人文故事与物种相结合，这可能会产生不同的灵感。在一个"中国传统园林动植物"的选题探讨中，有人认为中国古典园林的动植物的选择是从审美的角度出发，与生态没有关系。显然他们的思路狭隘了，并没有理解到中国古典园林中"师法自然"的原则其实就是与自然生态的联结。恰恰这很重要——任何选题的创作都必须建立在创作者的认同上才有可能做好。教学过程中的作品《万物有灵》就是以人物的故事为主线而带出物种故事的方式去选择与策划选题的，并且总体上来说很成功。

国内甚至还有好些讲述与自然万物相关的人物的纪录片，如《自然守望者》，讲述那些为保护自然而努力着的人们；再如2017年广州长隆曾经投资过一部叫作《我的朋友不是人》的纪录片，2021年腾讯新闻与南京红山森林动物园合作了一部《开园啦萌友》的系列微纪录片，都是讲述饲养员、兽医等动物园工作人员与动物之间的故事，尽管拍摄主体既有人物也有动物，但生态主题使他们都可以归类为生态纪录片当中，这些也是生态纪录片的拍摄角度之一。

## 二、调研

在策划选题的过程中，必须要围绕选题做调研。调研包括寻找文字及图片、视频资料，也包括实地踩点调查。这一过程必不可少，甚至需要花费大量的精力，以此保证能最大限度掌控拍摄和剪辑，减少拍摄和制作过程的不确定性。调研做得好，整个片子的制作才能做到事半功倍，反之则是事倍功半了。

如果决定策划一个选题，创作者通常可以列出可选范围之内的5~10个选题进行调研，这样也方便审题人进行挑选，也给自己留下回转的余地。这些选题可以有侧重，例如，若直觉这是一个非常有可看性和价值的选题，可以着重进行调研，而其他备选选题的调研则可以稍微简单一些。在教学中，通常以PPT的形式展现和汇报自己的选题及调研情况，然后来评估这些选题的可行性。

筛选出合适选题之后，可以先围绕选题做资料的搜集。如果是一个地域的选题，就要有对这一地域代表性物种的资料搜集，通过对资料的研读，来判断选题的可行性，并不断筛选选题，确定选题方向甚至全片结构。必须要明确在这一选题中，可以讲述哪些物种的故事，并且以什么样的方式去讲述，如何串联起整个影片。例如，在创作《紫金山的秘密生

命》这一纪录片时，创作者围绕紫金山做了许多物种的调研；因为是以体型微小的物种去表达"秘密生命"这一主题，创作者通过对《华东地区华东鸟类物种和亚种分类名录与分布》《华东野外识花手册》等参考书以及相关论文进行调研，筛选出蜘蛛、蜗牛、天牛、盲蛛、马陆、叶甲、紫堇、三叶草等物种作为拍摄对象；原本打算用悬疑的方式结构全片，但是在调研之后感觉每个创作者的风格不一，难以统一，于是放弃了这一方式。

如果是一个物种的选题，那么就要有对这一物种详细和深入的探索，要拍摄萤火虫，就要对萤火虫的种类、栖息地、行为方式、生活习性、食物、天敌等进行深入的探究，才可能从中找到可以讲述的情节和故事。每一个物种都是这样。

在向审题人进行选题汇报的过程中，无论是以PPT的形式还是其他形式，最重要的是必须展现出选题的可行性，不仅需要包括选题的方向、内容、结构，还要阐明选题的独特之处，吸引观众的兴趣点在哪里。另外，为了让审题人对影片的执行感到放心，还应该展现技术支撑、自然顾问团队的支撑。总而言之，要让人看到该选题和团队的可靠性。

在选题通过后，接下来则是针对选题进行实地调研——实际上如果时间允许，拟选题的时候就开始实地调研以增加可靠性也是非常有必要的，而选题通过之后的调研针对性则更强一些。如果说开拍之前为了熟悉大自然的调研是没有明确目的的"探险"，那么现在的调研则是目的性非常明确的实地踩点了。这一次踩点，一方面，要找到和确认可以拍摄选题的具体地点、具体时间——每一个物种甚至每一个群体都有其活动的规律，并至少实际试验拍摄一次；另一方面，为接下来需要细化的策划案找到精彩的情节线索。

## 第三节 《家园：生态多样性的中国》选题分析

随着"生态中国"的理念越来越受到重视，我国拍摄的生态纪录片数量每年也有攀升的趋势，尤其是大型系列生态纪录片。继2017年《自然的力量》之后，又一部5集系列生态纪录片《家园：生态多样性的中国》（以下简称《家园》）于2018年4月在中央电视台纪录频道播出。《家园》一片纵横我国东西南北，通过对我国5个典型的生态系统——海洋、森林、草原、湿地、城市的展现，来表达我们国家国土辽阔、物种丰富的主题。虽然题材相同，结构方式也有些相似，然而仔细分析，我们仍然会发现，相较于国内其他生态纪录片，《家园》一片在选题处理上的独特之处，以及由此体现出来的理性的生态观。

### 一、将人类囊括其中的生态整体观

所有的生态纪录片基本上都在向观众传达生态之美，《家园》一片也是如此。绝大部分相似题材类型的生态纪录片总是以动物为主角，在片中创造出一个不受人类打扰的、原始的自然界；《家园》一片并没有刻意回避人类和自然的连接，在展现自然万物的同时，有意识地将人类放在自然中去讲述，体现出自然是我们和其他生物的共同家园这样一个主题。

这样的做法在每一集中都有展现。

在全5集中，第一集《海洋》和最后一集《城市》里出现的人类活动最为频繁。第一集主要选择珊瑚礁、海草、水母、海参等我国不同海域的代表物种来讲述，每一个物种都有人类的参与和连接。珊瑚礁段落呈现的是科学家对珊瑚礁修复的研究，海草段落是海边居民使用海草建造海草房，以及科学家对海草的移植，水母段落是渔民对爆发水母的捕捞，海参段落是人类对海参有节制的索取。这些无一不和人类活动紧密相关。

《城市》一集所展现的城市，原本就是人类营造的空间，因此人类出现的场景也较多。这一空间被生态学家当作地球上最新的生态系统来进行研究；人类是城市中的主角，这一集没有仅仅将人类作为背景呈现，而是通过对人类行为的描述，体现出人类的主动性。例如，天坛公园段落爱猫人士对流浪猫的投喂，北京猛禽救助中心对生活在城市中的猛禽的救助与放归，贵阳公园中游客给猴子投喂，南京艺术家创作的以虫子为灵感的书等。

其他3集虽然更多的篇幅给了动物，也并没有忘记讲述人类和生态系统的联系：《森林》一集中出现了两个人类活动的情节，一个是工人采摘红松果，另一个是森林巡护员的日常工作；《草原》中人类活动的情节是草原牧民种植碱蓬以恢复查干淖尔的生态；《湿地》中科学家和饲养员研究江豚的物种保护，农民开展有机农业种植，海边的渔民用独特的方法抓捕乌塘鳢。

通过对以上情节的罗列我们不难发现，《家园》一片有意识地将讲述人类活动穿插在展现动植物的段落中，这样的处理方式自然而然将人类囊括进整个自然生态系统。一般来说，生态纪录片大致可以分为两类：以观察和记录自然为主要叙述方式的生态纪录片和以揭露生态问题为主的生态纪录片；前一类以展现为主，后一类以分析探索实践为主；前一类纪录片常常是以无人干扰的原生态自然之美唤起观众对自然的保护之心，后一类纪录片常常向观众揭示人类行为对自然造成的破坏而引起观众的自省。而《家园》一片既表现了自然之美，也正视了人类对自然的影响的体现，有助于让观众更理性地看待生态环境和人类的关系：我们必须保护那些不受人类干扰的大自然，同时也应该以更整体的眼光将人类视作生态系统的一份子，不妄断人类对自然的正当需求，也不刻意回避人类对自然的破坏，以更好发挥人类在自然生态系统中的积极作用。

除了正视，《家园》一片中也不乏对人类不当行为的批评，只是由于主题相对积极正面，批评方式比较委婉。《城市》一集由于讲述的生态系统即人类的生活空间，其中除了各种人与动物互动的场景，也是对人类不当行为的批评细节最多的一集。在讲述天坛公园的野生动物段落，不仅有野生的刺猬，还展现了流浪猫。这是国产生态纪录片第一次将流浪猫纳入生态系统进行展现，这也体现出影片中生态观的客观与理性：流浪猫作为人类社会的产物，仅仅出现于城市之中；它虽然在许多学术论文中被认定为"野生动物"，然而并不同于普通意义上的"野生动物"；鉴于流浪猫绝大多数是由于人类的弃养而导致其存在与繁衍的事实，对于流浪猫这一群体的态度也有诸多不同，有爱猫人士对其进行投喂，也有人从城市生态系统的角度建议对其进行管理和扑杀；无论舆论和学界的态度如何，该片对流浪猫的正视体现出对城市生态系统的正视，也是对人类弃养这一不当行为造成的流浪猫困境的委婉批评。

而在救助长耳鸮的段落里，解说委婉点出有时城市对于野生动物并不友好："长耳鸮属于黑夜，但是城市的夜晚对于长耳鸮来说充满了危险。这只长耳鸮就是在城市的冒险中受

了伤,被送到了北京猛禽救助中心。""希望这段城市的冒险经历,能够让它找到一个更安全的家。"这让观众明白,对于便利而又舒适的城市,有时会成为对野生动物的伤害。之后在对贵阳黔灵山的猴子的讲述中,观众看到一群从动物园逃逸后繁衍壮大的猴子,游客会和它们拍照,给它们投喂,对于这些行为,解说则直接指出:"人类出于爱心给猕猴投喂食物,殊不知这些造成人类三高的食品也会给猕猴的身体带来影响。人类与动物可以生活在一个空间中,但彼此应保持适当距离,也许这才是一种更合适的相处方式。"

其他几集中虽然批评并不算多,但在叙事的细节之处,也能看到人类对自然破坏行为导致的生态失衡。例如,《海洋》中讲到珊瑚礁退化的原因就是人类对大法螺的滥捕导致长棘海星的爆发,而后者正是珊瑚礁的克星;《湿地》中讲到江豚生活了十万年的长江:"轮船密集往来,采砂船日夜不歇,鱼类越来越少……"这直接威胁到了江豚的生存。

这些细节都表明,《家园》并不是一味赞扬人类对于自然保护和修复作出的努力,它赞赏自然的美丽,同时不回避生态环境的各种问题,也对人类破坏自然的行为有所批评,呈现出一种较为理性的生态观。

## 二、人文情怀的蕴藏

人文情怀的蕴藏是我国纪录片中的常见特点,生态纪录片中也是如此。从叙事角度来说,人文情怀的蕴藏实际上更多地体现在叙事性的弱化和抒情的强调上。

2010年,纪录片学者单万里在《纪录片也要讲故事》一书的序中指出,让国内纪录片善于讲故事是当务之急,"这不仅仅是一种拍摄手法,更是符合现代人审美需求的一种表现形式"[①]。是否能讲故事常常是衡量一部纪录片是否成功的标准之一。"讲故事"实际上就是指纪录片的叙事性。商业纪录片的确要注重叙事性,然而纪录片自身的局限性和文献性又决定了纪录片不能一味追求叙事性,相反,有时候叙事的相对弱化,或者说直接的说理和抒情,反而有助于纪录片主题意义的突出,引导观众思考。

《家园》的每一集开头和结尾,都是对该集主题的直抒胸臆。表2-1所列是每集开头和结尾部分画面及解说词。

表2-1 《家园》分集画面及解说词

| 分集 | 开头部分画面 | 开头部分解说词 | 结尾部分画面 | 结尾部分解说词 |
| --- | --- | --- | --- | --- |
| 海洋 | 海洋的远景、大远景,海底生物的各种景别镜头 | 海洋,世界上最大的生态系统。因为它的深远莫测,人类对它的研究开始得较晚。中国拥有近三百万平方公里的海洋国土,跨越了热带、亚热带和温带。面对这个复杂而又具备高度多样化的生态系统,还有很多未知需要我们去探索,而很多已知,正在教会我们懂得,如何有节制地索取才能得到更多 | 海洋的俯拍远景、大远景 | 面对海洋,人们无法获得陆地上的亲密,但是只要我们懂得有节制地索取,维护物种间微妙的平衡,让海洋保持健康的系统环境,深不可测的大海就永远会是美丽而且富饶的宝库,等待给予我们惊喜 |

---

① 【美】希拉·柯伦·伯纳德,《纪录片也要讲故事(第2版)》,孙红云译,世界图书出版公司,2011年,序第33页。

第二章 创作准备

(续)

| 分集 | 开头部分画面 | 开头部分解说词 | 结尾部分画面 | 结尾部分解说词 |
| --- | --- | --- | --- | --- |
| 森林 | 森林的远景、大远景，森林动物的各种景别镜头 | 森林，地球陆地上最大的生态系统。它具有最强大的生产力。中国，辽阔的国土让它拥有类型丰富的森林，许多珍稀的物种在这里上演着生存的奇迹 | 森林的俯拍远景、大远景 | 这一切都是人类正在学习有节制地利用森林，与森林中的居民分享自然的馈赠，让所有物种都能在它们自己的森林家园中安心地生活 |
| 草原 | 草原的远景、大远景，草原动物的各种景别镜头 | 草原，地球陆地上第二大生态系统。中国的草原，是欧亚大草原的重要组成部分。它是阻止沙漠蔓延的天然屏障，也是人类游牧生活的发源地。这个脆弱但是宝贵的生态系统，是生活在这里的所有居民必须珍惜的最后的家园 | 草原的俯拍远景、大远景 | 这就是草原，虽然它面临着很多的挑战，但只要能让它能恢复自身的修复力，草原不仅能为生活在这里的居民提供一个满意的家，还是为其他生态系统挡住风沙的生态屏障 |
| 湿地 | 湿地的远景、大远景，湿地动物的各种景别镜头 | 中国拥有全世界十分之一的湿地，从平原到高原、从热带到温带、从沿海到内陆、从地下到山顶，这些类型多样的湿地承托着丰富的生命，并与它们休戚与共、生死相关 | 湿地的远景、大远景，湿地动物的各种景别镜头 | 这就是中国的湿地。水或咸或淡，在这里潮起潮落，荣枯交替；生命也在这里默默承受着各种挑战，绚烂多姿地努力绽放 |
| 城市 | 城市的远景、大远景 | 城市，地球上出现最晚的一个生态系统，从一开始它就是为了人的需要而建造。今天的中国，正在推进人类历史上最大规模的城市建设，但其他的生物也在这里努力寻找自己的空间。当这个最不自然的生态系统学会了如何与自然相容，这里才能成为更宜居的家园 | 黄昏和夜晚的城市各种角度的大远景，远景 | 城市，这里是人类专门为自己建造的家园，但也是很多物种的家。因为它们的存在，城市才能变得更加生机盎然，只有学会如何与其他物种和谐相处，人类才能将城市建造得更加宜居 |

由表2-1可以看出，《家园》每一集的开头和结尾用说理和抒情性较强的解说词配合空镜及动物镜头，形成直抒胸臆的表达。这种结构形成首尾呼应的美感，并能够让观众清楚地理解这一集的主题。

除了开头与结尾，在每集的其他部分，《家园》也没有只顾叙事性，而是叙事和抒情相结合，在有些部分抒情性甚至比重更大。例如，《城市》中讲述了获得"世界最美的书"称号的《虫子旁》的诞生过程。这一段落不仅在题材选择上带有极强的人文关怀。其表达方式也极力贴合散文的特性。它使用了作者朱赢椿朗读书中内容的声音："有时候一看就是半天，仿佛自己变成了一只小虫，在小虫们短暂的一生里，时常为了一粒米，一个粪球，一只同类的尸体去争斗、掠夺、伪装、残杀。看到这些，自己争强好胜的星火也会慢慢地熄灭下来。以什么样的角度来看虫子间的各种争斗呢？这一直也是我犯难的地方。织网的蜘蛛、带壳的蜗牛，还有齐心协力的蚂蚁，到底该去帮谁？我也知道，自然自有它的平衡法则，这一切应该由自然去决断；不过，我还是常常倾向于弱势的一边。虫的世界，就像镜子一样不时地照见我自己。有时候还会想到，当我趴在地上看虫的时候，在我的头顶上，是否还有另一个更高级的生命？就像我看虫一样，在悲悯地看着我。"画面则是以朱赢椿的近景、特写、虫子的近景等为内容的抒情性和情绪性的镜头的组接，画面的运动也极为缓慢，甚

至使用了一些抒情性慢镜头效果,再加上音乐的配合,这一段长达1分22秒的段落虽然弱化了叙事性,却给人一种娓娓道来感,并以人文情怀的抒发带给观众更多的思考。

和一些国家相比,我国的生态纪录片起步较晚,相较之下有很多不尽如人意之处。《家园》一片也仍然存在着我国生态纪录片的一些通病,如画面叙事力弱、过分依靠解说词等,然而我们依然可以看到,在不断的实践与学习当中,我国的生态纪录片并没有一味模仿,而是在努力探寻具有中国特色的叙事方式。

☞ **推荐观摩** ☜

1. 国外:《冰冻星球》。
2. 国内:《家园:生态多样性的中国》。

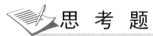

请思考你即将创作的选题,做一篇包含5~8个选题的PPT报告进行展示。

第三章

# 故事架构

# 第一节　故事是基础

## 一、纪录片也要讲故事

我们不要认为只有剧情片才需要讲故事，纪录片都是讲道理的。事实上，绝大多数好的纪录片都是用真实发生的故事和情节让观众产生思考：著名的纪录片开山之作《北方的纳努克》呈现了因纽特人捕猎海豹、售卖皮毛、搭建冰屋等情节；获得第77届奥斯卡最佳纪录长片的《小小摄影师的异想世界》讲述了几个生活在印度加尔各答市红灯区的孩子，用照相机记录他们生活的故事；获得第85届奥斯卡最佳纪录长片的《寻找小糖人》是讲述南非的歌迷寻找神秘歌手罗德里格斯的故事，它有典型的故事开端、发展、高潮、结局的模型，叙事链非常清晰；国产纪录片的里程碑式作品《舌尖上的中国》名为拍摄美食，实际上也是通过一个个寻找和制作美食的故事去挖掘美食的意义；网红纪录片《我在故宫修文物》通过故宫工作人员对文物的修复、日常生活等情节，展现出故宫人的精神面貌……

在接触纪录片的初期，大家都认为纪录片是如同说明文一样的说明展现，于是从策划选题的时候就没有故事意识，而去选择一些无法构成故事的选题策划。例如，一座园林，仅仅从园林的布局去结构策划；一个人物，仅仅罗列他有哪些成就和事迹……这样一来，创作完全没有了讲述故事的意识，也就无从吸引观众。这可能是大众对纪录片的刻板印象所造成的；所以，在创作纪录片前，一定要树立自己的故事意识，用故事去打动观众。

讲述故事的时候有哪几方面是需要注意的呢？事实上，同样的故事如果使用不同的方式讲述出来，效果可能完全不一样。例如，《寻找小糖人》的主人公是歌手罗德里格斯，但是罗德里格斯在影片进行到一半以后才出现，也就是这个影片着重于对罗德里格斯的"寻找"。影片首先强调了他的神秘性——这位美国歌手在南非曾是一代人的精神偶像，他的歌点燃了他们对自由的向往，然而没有人找得到他的信息；于是几位歌迷开始了他们的寻找之路；寻找的过程就像解谜，有线索的发现与消失，悬念引发了观众强烈的兴趣；而在找到罗德里格斯之后，故事着重讲述他的过去与现在，为我们塑造了一个有血有肉的不同寻常的歌手形象。这就是导演讲述故事的高明之处，他知道如何发掘整个故事的趣味点，如何讲述才能吸引观众。倘若换一种方式讲述，一开始就告诉大家这是罗德里格斯，他的歌曾经多有影响力，而他却默默无闻等，就会失去故事情节的趣味性，而丧失可看性；没有人看，发人深思就无从谈起。

也就是说，事实上纪录片所展现的真实的故事和虚构的剧情片是同样的道理：要么做到"人生如戏"，也就是真实的故事具有强烈的戏剧性，像《寻找小糖人》那样，包含着悬念、冲突、巧合等戏剧性元素；要么做到真情实景的塑造，用真实动人的细节去塑造人物，以此打动观众。2002年有一部国产纪录片《靖大爷和他的老主顾们》,讲述了老剃头匠靖大爷给他的老主顾们剃头的故事,情节并没有太多冲突,仅仅是展现靖大爷蹬着三轮车穿梭在狭窄的老胡同里,给和他差不多大的老大爷们剃头的情节,但却因为展现出的生活细节的真实,如靖大爷那年代久远的剃头工具,剃头要刮脸、修鼻毛、掏耳朵等,老人们聊天时对年轻时候的回忆等,塑造出一个个动人的人物形象。

## 二、生态纪录片也要讲故事

常有人问:某某动物可不可以拍出故事?某某植物要怎样讲出故事?以人为拍摄对象的纪录片,我们寻找故事的时候会非常明确思路和方向,找到人物,跟随他,采访他和相关人物,去探索和挖掘人物身上的故事;那么以动物和植物为拍摄对象的生态纪录片,故事如何寻找呢?

事实上,动物和植物穷极一生,都是在为生存与繁衍这两个终极目的而忙碌;细心寻找动植物的故事你会发现,所有的故事,都是围绕着——生存与繁衍。看上去很简单是不是?但实际上围绕着这两个主题,可以延伸出各种情节,因为每个物种都有自己的生存繁衍策略,形式千奇百怪、多种多样,而它们为了生存与繁衍,势必有争夺、竞争等冲突,这就可以构成强烈的戏剧冲突;所以我们寻找选题的时候,一定要带着这两个主题去寻找。

那么,是不是和这两个主题相关的选题都可以拍摄呢?当然不是。如果都能拍摄,就没有"选"题的必要性了。下面来看看带着这两个主题,哪些选题是可以拍摄的。

人是社会性动物,由社会性可以产生各种不同的情节;实际上,动物界也有很多社会性动物,如灵长类;社会性所产生的复杂故事是值得讲述和发掘的,它往往包含着强烈的竞争和冲突。若在动物园看过猴山,就会发现:每个猴群都有一个雄性首领,它强壮有力,领导着猴群,具有绝对的食物优先权和交配权;如果有小猴子拣到食物,当猴王向它走过来,它就会立刻丢掉手中的食物躲到一边;猴王则慢慢踱过来,气定神闲地捡起食物;猴群基本上只有猴王走路是竖起尾巴的,它也常常占据最有利的位置休息;在不起眼的角落会有向游客讨要食物的雄性猴子,常常位置很低,它们只能待在那里,因为它们都是被猴王驱逐的公猴;这些复杂的社会关系必然会表现出精彩的故事。BBC纪录片《王朝》的第一集便讲述了灵长类动物黑猩猩的社会。这一集的主人公是黑猩猩首领大卫,本集一开始就告诉大家它已经带领整个黑猩猩族群3年了,并且族群中有更年轻力壮的黑猩猩成为它的威胁。这就形成一个悬念,大卫能不能保住它的首领地位。大卫向年老但并不衰弱的雄性黑猩猩卡尔示好,以结成同盟,对付可能向它挑战的黑猩猩,进而巩固它的权力;果然卡尔教训了狂躁中的对权力产生渴望的简普金;但是矛盾继续激化,更年轻的雄性黑猩猩在一个夜晚袭击大卫得逞,夺取了它的首领位置,大卫奄奄一息,被迁徙的族群抛在了身后;然而几经挣扎,大卫顽强地站起来,慢慢跟上了它的族群,并通过激烈的对战夺回了王位。这个故事冲突激烈、悬念迭起,戏剧性非常强烈,一方面是导演的讲述方式使然,另一方面也是社会性动物的复杂性使然。

再如《森林之歌》中《家园:云横秦岭》一集的主线是金丝猴群的故事,同样也是围绕着猴群王位的争夺展开的。它有非常明确的"人物"关系:猴王甲板、母猴圆圆和孩子小圆以

及对手八字头;有关系就能够展开情节,而矛盾冲突就围绕着它们的关系形成;故事从圆圆刚刚生下小圆开始,新手妈妈的身份使它不太会照顾自己的孩子,所以小圆一直比其他小金丝猴要弱小;八字头则一直觊觎着甲板的地位,时不时挑衅甲板,却总被甲板打败驱赶;矛盾随着季节变化导致食物的减少而激化,甲板受到家族成员的反抗,同时八字头也集结一批公猴伺机出手,甲板被赶下王位;圆圆带着小圆跟随猴群离开了甲板。基本的故事线索便是这样,在这里我们同样看到金丝猴的社会性所带来的故事的矛盾与冲突。

除了灵长类动物,蚁类也是社会性动物之一。蚂蚁的社会等级分明,分工明确,常常为了集体的利益牺牲自我。《森林之歌》中讲述了黄猄蚁的故事:一只黄猄蚁发现猎物竹节虫后,向空中发射化学物质召唤它的同伴,它们用镰刀一样的大颚紧紧夹住竹节虫,然后释放蚁酸,越来越多的黄猄蚁赶过来增援,庞大的猎物就这样死在它们的群攻之下;它们还碰到了更厉害的对手胡蜂,胡蜂闯入黄猄蚁的地盘,黄猄蚁们为了保卫家园,不顾力量单薄依然全部冲向前,但是单只的黄猄蚁很容易被胡蜂咬死,阵亡的蚂蚁越来越多。突如其来的大雨使战事暂时中止,雨后黄猄蚁倾巢出动,与胡蜂决一死战;胡蜂的翅膀被大雨打湿,行动迟缓,最终被黄猄蚁们团团围困,失去了抵抗的能力。黄猄蚁的社会性与群体性,使得即便是微小的蚂蚁的故事,也具有了强烈的冲突。和蚁类相似的还有蜂群,也常常成为生态纪录片故事讲述的对象。

除了社会性,围绕着生存与繁衍,创作者还能找到许多有趣的情节,大到哺乳动物,小到昆虫。创作者熟悉的老虎是独居性动物,雄性老虎之间对领地的争夺会危及幼兽,换句话说,如果一只雄性老虎打败了领地中原有的雄老虎,那么它会和领地中的雌性交配产下自己的后代,并铲除其他雄性的幼兽。而带着幼兽的雌性老虎为了保护它的幼兽,常常以交配为借口将雄虎引诱远离它的幼兽;有的时候策略没有成功,幼兽仍然会被杀死;有的时候策略成功,但是毫无捕猎经验的幼兽可能面临独自照顾自己的局面,这样的处境同样令人担忧。同样的现象也发生在其他猫科动物身上,如狮子和豹子。

再如松鼠。大部分松鼠都是以橡子和松子为食,在果实成熟的秋季,松鼠会为了度过食物缺乏的冬季而储存口粮,它们会将果实塞满颊囊进行搬运;在搬运的过程中,也会有相互之间的偷袭和抢夺,而且非常有意思的是:它们到处储存冬粮,但是一半以上会被它们遗忘。

在创作者眼里非常可爱的企鹅也是"有故事的鹅"。帝企鹅不用说,在南极低至零下四五十摄氏度的隆冬时节产卵育雏,雌性企鹅产下企鹅蛋后便把它交给雄性企鹅,拖着疲惫的身躯冒着严寒奔赴几十千米的大海去捕鱼,不仅要喂饱自己,还要给刚刚孵出的小企鹅带来口粮;而在等待雌性企鹅的日子里,雄性企鹅要对抗严寒,保证顺利孵出小企鹅,一个不小心将企鹅蛋掉在冰面上就可能导致胚胎死去;而孵化出小企鹅后,雄性企鹅要用自己咽部分泌的"乳汁"喂养小企鹅;如果雌性企鹅没有按时回来,小企鹅就有可能饿死;等到雌性企鹅归来,雄性企鹅们要排成队等待自己的雌性伴侣认领;将小企鹅平安交给雌性企鹅后,雄性企鹅又踏上了觅食的征程;如果有失去幼崽的雌性企鹅,育雏的急切心情会驱使它们争夺其他企鹅的幼崽,在争夺中,有时会使小企鹅在混战中被压死;小企鹅再长大一些,父母一起出去觅食,它们就要自己抵抗严寒,甚至躲避天敌贼鸥、巨鹱的袭击……这些为了生存而需要面对的严苛环境和困难都是构成故事的有利条件。再如观众可能不太熟悉的阿德利企鹅,阿德利企鹅的身高只有帝企鹅宝宝的一半,但是胆大而"社会",

能够把巨鹱赶跑；它们还会两面三刀地出卖队友，英国科学家乔治·莱维克曾经观察到，阿德利企鹅要下海捕鱼的时候会一起聚集在海边，站在最前面的企鹅会冷不丁被其他企鹅踢下海，如果被踢下海的企鹅立马被海豹吃掉，其他企鹅便一哄而散，如果它安然无恙，那么其他企鹅也会跳下水捕鱼；阿德利企鹅不像帝企鹅是在冰面上孵蛋，它们会用石子建筑巢穴用来孵蛋，但是当石子不够时阿德利企鹅便会偷盗其他企鹅的石子，而且这不是它们的个别行为，几乎每只阿德利企鹅都干过这事。

《万物有灵》的自然顾问小怡曾经讲过铁线虫寄生螳螂的故事。雌性铁线虫会将卵产在水源地，这些卵孵化后容易被螳螂等昆虫吞食，于是幼虫便寄生在螳螂体内，从昆虫体内吸取营养，铁线虫便在昆虫体内慢慢长大，并分泌一种物质入侵螳螂的神经系统，等到铁线虫生长成熟，它便会控制螳螂的神经系统，迫使其前往水边自杀，等到螳螂死后，铁线虫便从其身体钻出，继续繁衍后代。螳螂身体里的铁线虫可长达 1 米！

以上这些故事都具有强烈的戏剧性，包含着故事所必需的叙事链，以及悬念和冲突等元素，对于观众来说十分具有吸引力。再仔细分析就会发现，很多吸引观众的物种的故事和情节都能够找到人类情感和行为的投射，如前面讲到的社会性，为了利益的争夺，以及反映母爱的故事等。做得比较极致的是迪士尼自然出品的一些自然电影，也就是前文提到的"真实生命历险"电影，如《猴子王国》《我们诞生在中国》等，这些自然电影至今仍比较有争议，很多学者并不把它们归类为纪录片，一个重要的原因是它们用不同的个体组成了一个虚构的主角。例如，《猴子王国》的主角兰卡猕猴玛雅，它从一只地位低下的雌性猴子变为猴王的"宠妃"，这个如莎士比亚戏剧般的故事，实际上是创作者根据猕猴的社会性编写的故事，玛雅也由不同的猕猴所"扮演"；《我们诞生在中国》中的雪豹达娃也是如此。这些赚足眼球的影片都是利用了观众对母爱、权利争夺等人类情感和行为的认同与投射。

而同样是讲述生存与繁衍的故事，不同物种呈现出来的惊奇点也是吸引观众的因素之一。同样是求偶，我们熟悉的雄性孔雀会在雌性面前展示自己亮丽的羽毛；而威尔逊天堂鸟会给自己搭建一个表演的舞台，又唱又跳，以博得雌性的青睐；园丁鸟则会尽心尽力用色彩鲜艳的饰物搭建自己的巢穴来吸引雌性的注意——它们甚至被称为鸟中的建筑家和雕塑家；而招潮蟹则会装修好自己的洞穴，然后挥舞大螯吸引雌性的注意，而雌性可能要视察一百多个洞穴才会挑中它的新郎；对于雄性藏羚羊来说，用尖利的角互殴，就是争夺交配权最直接有效的办法，这一办法同样适用于其他长角的动物，如梅花鹿、野牛等；雄性蜘蛛在求偶时可能面临的压力是最大的，色彩美艳的孔雀跳蛛会在雌性面前跳起复杂的舞蹈，但是如果跳错一步，它可能就会被雌性蜘蛛无情地吃掉……这些与众不同的方式都是吸引观众的情节，那么我们在选择和讲述故事时，就可以有意识地寻找这些情节点。

以上大多数是以动物为例，实际上对于植物来说，也是这样，生存与繁衍是它们一切的目的。植物由于几乎看不出动作，用画面讲故事有一定的难度，但可以借助外力的帮助，就像它们在现实中借助外力帮助繁衍一样。《森林之歌》中有一集讲述胡杨的故事，它将胡杨拟人化，塑造成一个等待风、等待水的老人的形象。由于《森林之歌》的故事讲述非常倚重解说词，特此将解说词节选在下，大家可以一窥它故事的讲述方式：

"一百公里之外的沙漠深处，雌树依然等待着，脚下经年累月堆积起来的沙子，一直在试图埋过它的头顶，它竭力把根扎得更深，支撑自己的身体站得更高，天气转暖，风从东

北方吹来，雌树开始等待花粉的来临。花朵滋润而富有黏性，会让随风而来的花粉停住脚步。但它的花期只有7天，在干燥的空气中花瓣上的水分很快就会蒸发，那时即便有花粉飞来，也无法孕育新的生命。在沙漠和绿洲交界的地方，独臂大树把花粉托付给风。风会带着生命的希望去寻找开花的雌树。肉眼看不到的花粉跟着风在荒漠中四处飘荡，终于雌树嗅到生命的气息，穿过绿洲和沙漠的花粉来到它的身旁，这是金风玉露相逢的时刻。温度的回升使空气更加干燥，独臂大树在7天的时间里，完成了传播花粉的使命。每一个春天都会有一些老树不再发芽。

……

独臂大树和它的伙伴平安度过了风季，但是这一次他头顶的树梢没有长出叶子，衰老正在向它逼近。绿色的夏天隐藏着危机，每一片树叶都要消耗水分，而在洪水到来之前，水只会越来越少。

气温达到43摄氏度，独臂大树的树皮在每一次干旱中都要死掉一层，厚厚的树皮像一件蓑衣，阻隔着阳光的灼烧。树叶表面长出一层厚厚的蜡质，帮助它锁住水分。

……沙漠的夏天永远比绿洲来得早。雌树正在孕育着下一代，这棵胡杨在塔克拉玛干生存了将近两百年，它已经学会适应沙漠强烈的阳光，但几乎每一天都是它生命的极限。

午后的沙漠的地表温度接近80摄氏度，沙子和太阳一起制造了一个巨大的烤炉。像动物一样，喘息可以帮助胡杨降低体温，但是每一次喘息都会失去水分，让它的身体越来越干燥，它让自己停止呼吸，休眠可以让胡杨度过一天中最热的时间。

……

独臂大树头顶的树叶宽阔厚实，便于吸收阳光制造能量，同时它又在低处长出又细又小的叶子，减少水分的蒸发，降低消耗。这样的生活环境让同一棵胡杨树上长出不同宽度的树叶。

……

从开花到现在，5个月过去了，胡杨的种子挂满雌树的枝头，在等待一个机会。

最炎热的季节还在持续，但风在不知不觉中改变了方向。春天，风从东北方带来花粉，现在它要把孕育成熟的种子送回花粉来的地方。

雌树已经过了最佳生育年龄，但她仍然有上亿颗种子。早熟的种子已经急切地准备起飞了。

种子离开母亲的怀抱，它的生命力每天都在下降。7天后它将失去一半生机。一个月后，它将没有任何生存机会。种子找到一条大河，但这里没有水，只是塔里木河的一条故道。

……

风掌握着种子的方向。任何一次小小的逗留都可能结束这次旅行，终止生命的可能。热气迅速消散，靠太阳提供能量的风停了下来。这是种子离开母树的第一个夜晚，寒冷的沙漠上，体内的水分每一分钟都在丧失，这些先飞的种子不会知道，他们已注定不能发芽。清晨的微风带来一丝潮湿的气息，此时种子们已经变得万分轻盈。

这是塔克拉玛干沙漠的种子，只有万分之一克的重量，这亿万颗种子中的某一颗却有可能长成沙漠中最高大的树。风突然刮了起来，种子启程向远方飞去。一些种子掠过独臂

## 第三章 故事架构

大树,没有丝毫停留,继续寻找有水的地方。

……

离开母亲的上亿颗种子,总有一些能穿过沙漠穿过树林,发现沙漠上突然出现的大河。种子在6秒钟的瞬间就吸饱了水。正午,太阳使水温升高,种子已经在水中悄悄地萌芽。它还需要冲上河岸,在沙滩上扎下根来。长长的绒毛帮助它抓住了岸边的泥沙,落叶为它盖上了一层厚厚的被子,种子争分夺秒地向泥土中伸展。如果明天太阳毒烈,河漫滩就有可能被烤干。如果洪水退去,它也将失去长大的机会。

……

河水没有来到独臂大树身边,第41年它依然没有见到洪水。这片土地被塔里木河遗忘了。独臂大树开始用另外一种方式延续生命。在它脚下通过根蘖发芽,一棵小树苗正在成长。但它还很脆弱。为确保小树得到足够的水,大树必须作出选择。

大树的独臂由于水分减少,末端的叶子开始脱落。

……

塔里木河的漫滩上,种子开始向下生长,已经发芽的种子要先抓紧时间长根,它的根追逐着河水向四面八方伸展,长度很快超过了身体的几十倍。在它的旁边,去年活下来的小苗第二次见到了塔里木河。

漫长的炎热渐渐走远,短暂的秋天到来。这一年水分充足,秋天的树叶不再是上一年枯败的黄色,而呈现出灿烂的金黄。

河水没有光顾独臂大树脚下的土地,它的叶子显得有些灰暗。借助独臂大树的根系,小胡杨已经粗壮了很多。地面比高处温暖,它的叶子还带着一丝绿色。大树的独臂很久没有得到水,一场秋霜之后,干枯的叶子再也坚持不住,纷纷坠落。

为延续新的生命,大树折断了自己的独臂。这个过程,它用了一个秋天的时间。"

从上面的解说词中可以清晰地看到胡杨故事的讲述方式,它确立了两个主角——独臂大树和一棵雌树,强调了它们面对的困难——干旱,尽管胡杨是静止的,仍然借助风和水,为观众描绘出一个非常有张力的故事。

另外,关系构成故事。对于虚构剧情片来说,角色之间的关系是一切情节展开的基础,角色关系的变化,是导致情节变化发展的原因;那么对于有情节的生态纪录片来说也是如此。在寻找故事的过程中要找到有关系的角色,如捕猎者与猎物、父母与孩子等,这些关系实际上一直是在变化的。例如,捕猎者还没有开始捕猎的时候,它与猎物之间是没有关系的,当它准备捕猎,它的猎物就和它产生了联系,也就是关系的开始,而在捕猎的过程中,它们的关系是在一步步地进展中加强的,捕猎成功,猎物成为它的食物,它们的关系就完全建立起来,如果捕猎失败,它们的关系就终止了。父母与孩子,或者说繁衍这一条情节线也是这样。例如,自然界繁衍后代一般从求偶开始,求偶就是雄性向雌性要求一段关系的建立,求偶成功,皆大欢喜,求偶失败,就成了悲剧;而成功之后,繁殖就是父母和孩子之间关系的建立;有些动物是父母双方抚养后代,有些是母亲单独抚养,无论哪一种,成年动物和幼崽之间就建立了关系,如果到这里结束,那么就是一个温情的结局;如果关系再发展下去,孩子长大离开父母,它们的关系也就结束,某种程度上这就变成了一个有些忧伤的结局。

在创作的时候，尽量去找到这样能够建立关系的角色，从这个角度出发，能够比较快地寻找到情节线索。

## 第二节 结 构

结构，即构造；对于一部影片来说，故事的前因后果、发展顺序的编排就是一部影片的结构；现实中，事件是按照时间和逻辑顺序发展的，而当事件成为影片中的故事时，它的发展顺序就可以根据影片的需要进行重新编排，创作出一个更为有效的故事。毋庸置疑，结构对于一部影片来说是非常重要的，生态纪录片当然也不例外，合适的结构能够让纪录片看起来精彩纷呈，发人深省。

一般来说，多集生态纪录片的宏观结构是并列的，也就是每集的主题或主要内容通常呈并列结构来反映整部纪录片的大主题。例如，《地球脉动2》的分集为《岛屿》《山脉》《雨林》《沙漠》《草原》和《城市》，它按照地球上不同生态环境划分不同集数的内容，共同表达地球生态这一个主题；再如《王朝》的分集为《黑猩猩》《帝企鹅》《狮子》《杂色狼》《老虎》，它们统一于"王朝"这个主题之下，讲述这5个物种为了生存、地位和族群而奋战的故事；《森林之歌》则是分为《万木撑天》《绿满天涯》《容颜：绿色版图》《家园：云横秦岭》《雪国：北国之松》《长歌：大漠胡杨》《凌云：雪域神木》《竞生：雨林回响》《孑遗：森林隐士》《清影：竹语随风》《听涛：碧海红树》。这11集中前两集是政论式风格，主要介绍我国森林的形成和1949年以来对森林的保护政策及先进人物等，第三集是全景式介绍第四到第十一集里讲述的森林；从第四集开始则是划分不同区域，并列式展现不同地域的森林生态的故事，总体上来说，这也是并列式的一个变体。

比并列式更进一步的是递进式，从第一集开始每集的关系呈逐渐递进的形式，有时分集间在递进的同时有并列关系在其中，《种出个地球》就是这样一个例子，它分为3集，分别是《生命之光》《花的力量》和《挑战者》，这3集有着时间上的递进关系，第一集《生命之光》主要讲述原始植物的出现，以及裸子植物的进化，第二集《花的力量》讲述裸子植物之后，开花植物的产生和进化，第三集《挑战者》则讲述草本植物的进化，进而诞生了人类，发展了农业，产生了村庄、城市和国家。3集的递进关系勾勒出地球上植物的进化发展史，以及植物如何影响地球，也就是如何"种出个地球"的。在创作《万物有灵》时，6个分集也呈现出意义上的并列与递进关系，创作者将《森林的诗篇》《鸟类的家园》《长江的精灵》《自然的日记》放了前面，讲述现实中存活的物种，而《生命的印记》则是讲述孩子们寻找化石的故事，从主题上将生命的力量做了一个小小的升华，最后一集《诺亚的方舟》则是更高的升华，这是因为前面几集无论是现存的还是化石，都是野外的存留，而最后一集则讲述动物园的物种，动物园的存在在某种意义上可以说是"原罪"——人类将本应属于自然的动物圈养起来；然而动物园发展到现在，却成为保护野生动物非常重要的科普、保育和科研

第三章 故事架构

场所，对于日渐被破坏和侵蚀的大自然，动物园似乎负担起"方舟"的作用，而我们人类也只有承担起"方舟"的责任，才能使赖以生存的地球平稳前行。

多集纪录片的宏观结构基本为以上两种，相较于单集片或者每一分集的结构来说比较简单；单集纪录片或者每一分集，甚至每一段落都有很多种不同的结构方式，下面列举了其中较为常见的几种。

## 一、并列式结构

并列式结构实际上是生态纪录片最为常见的结构方式，它最常见于以空间划分单元或段落的影片当中；或者也可以这样说，空间并列结构是生态纪录片中常用的结构方式之一。

为什么会这样呢？实际上空间并列结构与生态环境"不谋而合"，生态环境实际上就是一个空间，其中的物种随着生态环境的变化而变化，当影片中空间转换，生态环境也随之转变，空间中呈现出来的环境样貌、代表物种也就都有了改变，从故事的角度来讲，就是故事发生的地点和主角都产生了变化，自然就开启了另一段故事情节。如常常看到的"狂野"系列、《地球脉动》系列、《家园：生态多样性的中国》等国内外生态纪录片不仅是以空间命名全集，更是在分集和段落中不断使用空间并列结构形式；这样的形式使片中总体的自然生态呈现出全景式的讲述，地点的明确转换也使故事的开始和结束层次分明，让观众清晰地了解不同地域的自然生态。

下面以《地球脉动2》为例，来看看空间并列结构是如何运用的。

前面讲到，《地球脉动2》首先从分集上便是以空间为分集依据，分为《岛屿》《山脉》《雨林》《沙漠》《草原》和《城市》，而每一集中同样是以空间为单元来划分，见表3-1所列。

表3-1 《地球脉动2》空间与情节划分

| 分集 | 空间 | 主要故事情节 |
| --- | --- | --- |
| 岛屿 | 巴拿马埃斯库多岛 | 雄性侏三趾树懒求偶 |
| | 印度尼西亚科莫多岛 | 科莫多巨蜥争夺食物、领地与交配权 |
| | 马达加斯加岛 | 冕狐猴带着幼崽寻找食物 |
| | 费尔南迪纳岛 | 海鬣蜥宝宝逃离游蛇的追捕 |
| | 新西兰亚南极地区岛屿 | 雄性信天翁等待分别6个月的妻子，一起筑巢育雏 |
| | 非洲塞舌尔群岛 | 白燕鸥的蛋被塞舌尔福迪雀偷袭；学飞的幼鸟需要对抗腺果藤树的种子带来的重力 |
| | 圣诞岛 | 入侵物种黄疯蚁攻击本地物种红蟹 |
| | 扎沃多夫斯基岛 | 南极帽带企鹅对抗严苛的气候和环境 |
| 山脉 | 阿拉伯半岛山地 | 努比亚羱羊跳下陡峭的崖壁寻找水源，躲避赤狐的追捕 |
| | 阿尔卑斯山脉 | 金雕在猎物匮乏的冬季争夺食物 |
| | 北美洲落基山脉 | 冬眠醒来的灰熊下山觅食；冬日的山猫在雪地里捕食 |
| | 非洲肯尼亚山 | 火烈鸟冲破冰层，觅食求偶 |
| | 喜马拉雅山脉 | 雌性雪豹为保护幼崽与雄性雪豹妥协 |

(续)

| 分集 | 空间 | 主要故事情节 |
|---|---|---|
| 雨林 | 南美雨林 | 蜘蛛猴幼崽练习攀爬的时候差点掉落，它父亲及时相救；飞蜥争夺领地 |
| | 厄瓜多尔雨林 | 刀嘴蜂鸟凭借长喙吸食更深处的花蜜，但也有麻烦 |
| | 巴西雨林 | 美洲豹争夺领地，捕猎水豚和凯门鳄 |
| | 哥斯达黎加雨林 | 雄性玻璃蛙保护正在孵化的蛙卵 |
| | 夜晚的雨林 | 磕头虫寻找配偶；火车虫用灯光诱捕千足虫 |
| | 某雨林 | 两种不同的天堂鸟求偶 |
| 沙漠 | 非洲纳米布沙漠 | 狮群狩猎 |
| | 美国西部沙漠 | 栗翅鹰狩猎；伯劳悬挂它的战利品 |
| | 马达加斯加西南部 | 蝗群对植物的吞噬 |
| | 卡拉哈里沙漠 | 沙鸡为雏鸟带回饮用水，躲避苍鹰 |
| | 美国内华达沙漠 | 野马争夺水源和权力 |
| | 某沙漠 | 金毛鼹鼠在夜晚狩猎 |
| | 以色列沙漠 | 中东尖耳蝙蝠捕猎以色列金蝎 |
| | 纳米布沙漠 | 拟步甲和蹼趾虎到沙丘顶端汲取水分，获取水分后下来的拟步甲却被变色龙捕获 |
| 草原 | 南非奥卡万戈三角洲 | 狮群捕猎水牛 |
| | 某草原 | 巢鼠躲避仓鸮的追踪 |
| | 非洲稀树草原 | 红喉蜂虎借助大型动物捕食昆虫，薮猫捕猎非洲沟齿沼鼠；杰氏巧织雀求偶 |
| | 东非草原 | 非洲切叶蚁采集草叶养菌 |
| | 澳大利亚南部草原 | 白蚁面临严酷的环境及天敌 |
| | 北美草原 | 野牛和狐狸在冬季觅食 |
| | 北极苔原 | 北美驯鹿躲避北极狼的捕猎 |
| 城市 | 印度焦特布尔 | 雄性长尾叶猴争夺领地 |
| | 美国纽约 | 游隼捕猎 |
| | 印度孟买 | 金钱豹在夜色中捕猎 |
| | 意大利罗马 | 欧椋鸟在城市中栖息 |
| | 澳大利亚汤斯维尔 | 园丁鸟筑巢求偶 |
| | 加拿大多伦多 | 浣熊妈妈带着幼崽们搬新家 |
| | 印度斋普尔 | 恒河猕猴偷抢人类的食物 |
| | 埃塞俄比亚哈拉 | 村民投喂斑鬣狗 |
| | 法国阿尔比 | 六须鲇鱼捕猎鸽子 |
| | 中国香港 | 刚孵化的小玳瑁因为灯光迷失了方向，惨死路面 |

表3-1列出了《地球脉动2》每集的空间转换以及故事情节的转换。从中可以看到，每一集的每个空间都对应一个或多个不同生境中的故事和情节，这些不同生境中的故事并列在一起为我们展现出一幅幅岛屿、山地等地形的全景，让观众对不同的地形生境有更为全面的了解。

除了像《地球脉动》系列或"狂野"系列等表现不同生态系统的纪录片适合使用空间并列结构外，表现一个小型生态系统的纪录片也可以使用空间并列结构，以不同生境划分空间，如讲述一座森林，创作者可以划分为溪流、湖泊、草地、林地等生境，讲述不同生境中物种的故事。这样做的好处是可以将一个生境中不同物种有机地联系起来，并让观众体会到这样一座森林里生物物种的多样性。

空间并列比较容易被理解与学习，而在空间并列结构中容易被忽略的是不同空间之间的转换如何显得流畅自然而不生硬。常见的方式是以解说词转折。仍然以《地球脉动2》为例来分析。表3-2所列是《地球脉动2》第一集《岛屿》的空间转换部分的解说词。

**表3-2　《岛屿》的空间转换部分的解说词**

| 空间转换 | 解说词 |
| --- | --- |
| 巴拿马埃斯库多岛转至印度尼西亚科莫多岛 | ……地球上所有的侏三趾树懒都生活在这片不及纽约中央公园大的岛屿上，岛屿的面积极大地影响着生活在这里的动物。这里是印度尼西亚的科莫多岛，龙的巢穴。体长3米，重达68千克，它们是地球上现存体型最大的蜥蜴。大型食肉动物在岛屿上并不常见，然而四百万年来，科莫多巨蜥一直在这里称霸。这么小的岛屿似乎不可能为这种庞然大物提供充足的食物来源。但冷血爬行动物只需要肉食性哺乳动物1/10的食物量…… |
| 印度尼西亚科莫多岛转至马达加斯加岛 | ……胜者出现。只有最强壮的巨蜥才有权利交配。<br>岛屿上有限的食物和空间时常激起激烈的竞争，但有些岛屿却幅员辽阔，更像是一块小型大陆。这位不同生命的进化与实验。<br>马达加斯加是地球上最大的岛屿之一，也是最古老的岛屿之一…… |
| 马达加斯加岛转至费尔南迪纳岛 | 岛屿生态迫使动物们另辟蹊径；在某些岛上，这是必备的生存技能。<br>由于火山运动，现在仍有岛屿不断形成，有些火山喷发剧烈，有些则融化岩石，化作岩浆。在近50年内，已经形成了10个新的火山岛。由于形成时间晚，又十分偏远，这些岛屿鲜少有生命踏足。即使有，环境也极其不适合生存。<br>这是费尔南迪纳岛，太平洋加拉帕戈斯群岛的一部分，这座年轻的活火山岛屿一片荒凉，然而环岛的海洋中却孕育着丰富的生命。而这两个不同世界的交界处，生活着最奇异的爬行动物，海鬣蜥。 |
| 费尔南迪纳岛转至新西兰亚南极地区岛屿 | 尽管海鬣蜥是游泳的行家，它们也无法横渡广阔的大海。但再汹涌的海水也无法阻挡鸟类。<br>阵阵烈风加上低温，让新西兰亚南极地区的这座岛屿在冬天变得极其不友好，但当短暂的夏日来临时，这里将变得风和日丽。正是游客到访的好时节，它们都趁着冬天来临之前到这里繁殖。 |
| 新西兰亚南极地区岛屿转至非洲塞舌尔群岛 | 如果它们(信天翁)还打算在冬天来临前养育孩子，要做的事情还有很多。但当你和某人分开大半年，有些事需要慢慢来。<br>地处温暖热带海域的岛屿，无法体验极端的季节变化。位于非洲东海岸的塞舌尔群岛，是海鸟们全年的庇护天堂。塞舌尔白燕鸥是这里的永久居民。 |

（续）

| 空间转换 | 解说词 |
| --- | --- |
| 塞舌尔群岛转至圣诞岛 | 等它（白燕鸥幼雏）羽翼丰满之时，腺果藤树种子已经传播完毕，它们带来的危险也将不复存在。<br>*再诗情画意的岛屿，岛上的动物也要面临挑战。但它们眼前的最大威胁已经改变。*这是印度洋上的圣诞岛，数百万年以来这块遥远的陆地一直被蟹类统治着，它们的祖先来自海洋，但绝大多数品种现在已经适应了陆地上的生活。鉴于它们数量众多，彼此之间还算和谐。它们是这个小小蟹类乌托邦的守卫和园丁。每年它们都会回到海洋中繁殖，而红蟹大迁徙，是地球上最伟大的自然奇观之一，迁徙的红蟹数量多达50000万只，这一景象让这座岛屿举世闻名。但近些年来，数以百万的红蟹未能成功抵达海洋。一种入侵物种占领了这座岛屿——黄疯蚁，它们搭乘来访的船只来到岛上。 |
| 圣诞岛转至扎沃多夫斯基岛 | 近来濒于灭绝的物种之中，大约80%是岛屿物种。人类对地球所造成的影响，比以往任何时候都要深远。然而有些岛屿是如此偏远，以至于几乎没有人类踏足。扎沃多夫斯基岛就是一例。它地处南太平洋，不仅被最猛烈的海洋风暴所环绕，而且本身就是座活火山。 |

注：斜体是空间转换的解说部分。

从表3-2中的解说词部分可以看到，并列的空间与空间的转换尽量找到上下空间之间的相互关联，才能显得流畅；或者说在安排空间并列的时候，可以将比较相关的空间安排在相邻的位置。

除了空间并列结构，在并列中还有比较常见的是物种并列式结构。物种并列结构也很容易理解，就是以物种为单位划分影片单元或段落；这种结构比较适用于表现同一生境或者生态系统的影片，不同物种的罗列可以让观众感受到这一生态系统中物种的多样性，《微观世界》就是这样一部影片，它讲述昆虫世界的故事，由于大部分时候使用微距镜头来表现情节，因此它没有采用空间结构方式，而是直接使用物种与物种的切换，对于这样一部仅有极少解说词的影片，物种之间的转场常常利用空镜、画面相似性、事件承接等方式进行。

## 二、三幕式结构

典型的三幕式结构是从戏剧中发展出来的，但它对于整部生态纪录片或是其中的一个段落同样适用。三幕式结构主要和事件相关，可以划分为以下几个阶段：

（1）第一幕（开端部分）

主要人物出场，建立人物关系，人物所处形势，以及主要人物面临的主要问题。这一部分占整个影片时长的1/4左右。这一幕必须让观众明白影片是关于谁的，主要人物是谁，它面临什么样的困难或问题。这一部分必须发展到目前为止影片在情感上的最高峰，促使影片向第二幕发展。

（2）第二幕（发展部分）

第二幕是影片中篇幅最长的部分，占影片的1/2左右。在这一幕中，要出现更为复杂的状况，主要事件的发展出现更多纠葛或者朝相反的方向发展，困难还在不断出现，问题不断升级，故事节奏也越来越快。在第二幕的结尾部分，情感的高峰必须超过第一幕结尾的情感高峰，并促使影片向第三幕继续发展。

（3）第三幕（高潮及结局部分）

这一部分占据影片时长的1/4左右。在这一幕中，事件可能逐渐走向失败，但是在最后结局的时刻用戏剧化的方式将第一幕中主人公面临的主要困难或问题克服或者解决。并且情感在这一幕中达到了高潮，使观众达到精神上的满足。

虽然看起来这三幕式结构非常戏剧化，更适合虚构剧情片使用，但是在纪录片中，这种结构也非常常见，如上文提到过的《寻找小糖人》，还有批判揭露式生态纪录片《海豚湾》《黑鲸》《象牙的游戏》等。在展现式生态纪录片中，无论是全片还是段落，三幕式结构也可以很好地运用。

《森林之歌》第四集《家园：云横秦岭》中讲述了金丝猴猴王甲板、母猴圆圆和幼猴小圆、公猴八字头之间的故事，这一故事虽然在讲述过程中穿插了其他物种的故事，但仍然可以辨认出三幕式结构：第一幕将猴王甲板、母猴圆圆、幼猴小圆、公猴八字头的人物关系介绍出来，观众知道了八字头是被驱逐的公猴群首领，它一直觊觎甲板的王位，而母猴圆圆是新手母亲，为甲板生下小圆，却没有太多抚养幼猴的经验，小圆十分瘦弱；第二幕展开叙述，小圆遇到危险，甲板营救，八字头时不时骚扰甲板的母猴们，随着秋天的来临，果实越来越少，猴群开始为食物而争夺，猴群开始不那么太平；第三幕开始将情感慢慢推向高潮，猴王甲板的独断专行使猴群成员不满并开始反抗，八字头抓准时机，在"猴心"涣散之际攻击甲板，甲板腹背受敌，被抢走王位，逐出猴群，圆圆不忍心离开甲板，却也无可奈何，带着小圆跟随猴群远去。在故事的最后，为了情感的延宕，创作者加入了一个结尾：瘦弱的小圆没有挨过寒冬，冻死在雪地里；第二年圆圆生下了八字头的孩子。

这个故事非常富有戏剧性对不对？甚至看上去像是一个虚构的故事，但实际上，这样的故事在现实自然中是经常发生的。前面讲过，猴群的社会等级非常分明，而这分明的社会等级就暗含着各种矛盾，矛盾激化就会导致冲突；每一个猴群都有觊觎王位的公猴，一旦时机成熟，便会开始争夺王位的战争，而新的猴王夺取王位之后，不仅收编了所有的"后宫"，甚至可能杀死非亲生的幼猴。在自然界中物种之间的矛盾冲突无所不在，我们要做的就是筛选和提炼这些矛盾冲突，使之形成三幕式戏剧结构，讲好关于生命的故事。

另外需要注意两点：第一是在创作时没有必要拘泥于工整的三幕式结构，有时候三幕式会有一些变体，也许变成四幕或者五幕，也许在第三幕的最后加入一个结尾，或者产生新的问题；第二是无论段落长短或大小，只要涉及开端、发展和结局，都可以考虑使用三幕式结构，哪怕仅仅一分钟的片段，也是可以考虑使用的。

# 第三节 《自然的力量》与《森林之歌》空间叙事分析

## 一、空间结构策略

纵观国内外生态纪录片，会发现一个常见的结构模式，那就是生态纪录片往往以地域空间为基本组织结构展开叙事，而时间线索则隐藏于每个具体的空间结构之中。这一模式在跨地域叙事的大型生态纪录片中尤为常见，《森林之歌》与《自然的力量》正是如此。事实上这一常见模式并非偶然，这源于生态纪录片的视听叙事本质和内容特征的双重需要。

视听叙事的基本单位是画面，而画面本身就是一个空间载体，它甚至"赋予空间某种优于时间的形式"①，从这一意义上说，视听叙事首先是空间的叙事，无论是远景还是特写，只要展现在画面中，必定携带着大量或大或小的空间信息。同时，生态纪录片的内容特征使空间结构成为它的优先选择。生态学的研究层面一般可以分为生物体、种群、群落、生态系统和生物圈，每个层面都是一个完整的生态学系统，也是一个空间的能指，这决定了生态纪录片无论展现其中的哪个层面，空间是其首要内容。《森林之歌》与《自然的力量》中所展现的地域空间，可以与生态学研究中的生态系统层面的研究对象相对应，如森林、湿地、湖泊、荒漠等，它们包含生存于其中的生物体、生物种群乃至群落，并且在外观上展现出各自独特的表征。这些独特表征作为影像呈现于画面当中，能够在视觉上形成较大的区分；当它们作为这两部纪录片叙事的基本结构单位时，也可以构成清晰的叙事脉络。

《森林之歌》共有 11 集，除第一集《万木撑天》与第二集《绿满天涯》为政论式风格外，其余 9 集紧扣不同地域森林生态系统进行讲述。第三集《容颜：绿满天涯》为概述，如解说词所说："按照中国不同植被类型的分布，深入原始森林内部，开始我们的绿色旅程"，它以浏览的方式呈现其后 8 集中分别讲述的海南清澜港红树林、尖峰岭热带雨林、川贵交界的亚热带原始森林、武夷山地区中亚热带原始森林、秦岭、长白山、藏东南南迦巴瓦峰不同地域地貌的森林和塔克拉玛干沙漠中的胡杨。接下来的 8 集便以地域空间为划分，分别讲述这 8 个不同的林地生态。这样的结构非常清晰，将我国的森林版图一目了然地呈现出来。

在分集中，时间线索成为主要结构形式。如第四集《家园：云横秦岭》中，主要叙事线

---

① 【法】安德烈·戈德罗，弗朗索瓦·若斯特，《什么是电影叙事学》，刘云舟译，商务印书馆，2005 年第 1 版，第 104 页。

## 第三章 故事架构

索围绕金丝猴群猴王甲板、母猴圆圆和敌对者八字头展开：春季四月圆圆怀孕临产，它产下儿子小圆，哺育小圆；夏季食物充足，猴群悠闲度日，暴雨下猴王和公猴群境遇天差地别，八字头挑衅甲板未果；冬季猴群争抢食物，八字头终于赶走甲板当上猴王，小圆死于严寒；第二年圆圆生下八字头的孩子。再如第五集《雪国：北国之松》，解说词就点明了它叙事的时间线索："从现在开始，40天时间里，是森林居民储藏冬季食物的季节……森林里黄叶开始飘落，这是天气进入晚秋季节的标志……深秋时节，森林里来了不速之客……九月底，长白山顶峰降下了第一场雪……雪线一天天从山顶下降，长白山的森林里已经听到了冬天的敲门声……十月上旬，红松林里降下了头一场雪……在一年中最寒冷的日子里……时间到了四月，红松王身上的积雪开始消融……"从秋天到冬天再到春天，我们看到长白山森林里生物的活动与变化。

《自然的力量》同样是以地域空间为单元结构全片，除去最后一集为拍摄花絮之外，第一集《纵横》也是浏览式讲述，选择我国的高原、沙漠、海洋、山峦等地貌中有典型物种的区域进行呈现，以表达自然的力量为主题；而后的《山峙》《水流》《风起》3集，分别以山、水、风为地域空间特征或线索，并连起不同的地域空间；第五集《共生》从人和自然相处的角度，再次综合呈现不同地域的故事。以下按顺序列出《自然的力量》前5集中涉及相对完整情节的地域空间：

《纵横》——藏北荒野、吐鲁番盆地、南海、藏北荒野、西南山区、藏北荒野；

《山峙》——喜马拉雅山区、天山山脉、四川盆地边缘山区、云南景东无量山、长白山、大兴安岭；

《水流》——新疆伊犁河谷、渤海辽河入海口、库木库里沙漠、广西南部、乌梁素海、青海湖、渤海辽东湾；

《风起》——大兴安岭、金沙江干热河谷（攀枝花）、长白山、藏东南色季拉山、东海韭山岛、新疆卡拉麦里荒漠；

《共生》——四川西部藏区、横断山脉河谷哈尼族梯田、拉萨、四川小凉山、淮河流域蒙洼蓄洪区、澜沧江干热河谷盐田、内蒙古苏尼特、辽河入海口红海滩。

包括同一空间的多次呈现在内，这5集中一共呈现了33个地域空间，每集时长50分钟左右，空间转场6至8个。这样的结构以空间为单位却不拘泥于特定空间，从南到北、从东到西展现出我国疆域的广袤。风起云涌，百川归海，《水流》和《风起》更是利用水和风的流动感串联相隔千里的地域空间，传递出生态环境全球性的理念，也让全片显得灵动富有意蕴。

## 二、空间参与叙事功能

绝大多数情况下，生态纪录片中的空间并不仅仅作为一个事件发生的场所存在于背景当中，它常常被主题化并参与叙事。生态纪录片的空间一般多为自然环境，它的地貌、植被等诸多景观因素作为生态系统的不同部分均参与到生物的生命活动之中，它甚至决定了何种动物生存于此，这就是生态学中常说的"生境"；这导致空间必然成为叙事的一部分。米克·巴尔认为，空间在故事中以两种方式起作用，一种是作为背景存在，另一

种是一个"行动着的地点"（acting place），"事情在这里的存在方式"使得事件得以发生①，对于生态纪录片来说尤为如此。于是，大多数生态纪录片在开头便会介绍故事发生的空间，不仅仅是背景式介绍，更是为片中故事的发生铺设最根本的原因；空间的介绍也常常穿插于叙事进程中，一方面仍然是为情节铺设因果关系，另一方面也是为增加生态纪录片的知识性。

《森林之歌》第六集《长歌：大漠胡杨》的主角是生长荒漠中的胡杨、以胡杨叶子为食的尺蠖以及在胡杨上筑巢的黑鹳，这3个主角的故事线索结构起整集。表3-3所列为这一集中空间介绍的部分。

表3-3 《长歌：大漠胡杨》空间介绍解说词

| 时间段 | 画面内容 | 解说词 |
| --- | --- | --- |
| 00：54~01：28 | 沙漠，被风吹起的沙粒 | 塔克拉玛干有世界上最细最小的沙子，一点点风就可以让它们翩翩起舞。三月，太阳一出来，温暖的东北风就刮起来，沙子们开始了新的旅程 |
| 02：16~02：49 | 动画展现从地球到新疆到塔里木盆地再到塔里木河的地貌 | 在亚欧大陆的中央，塔里木盆地像一只黄色的眼睛，这是世界上流动性最强的沙漠——塔克拉玛干，四周高山的雪水流向盆地内部，汇成沙漠中的生命之源，塔里木河水系。沙漠不能形成固定的河床，塔里木河去过最远的地方离现在的河道130公里② |
| 19：15~20：21 | 动画新疆地图，阿尔泰山的泰加林景观，落叶松、白桦树，天山西部景观，云杉林 | 占中国国土1/6的新疆，是世界上离海洋最远的地方。在高山和沙漠、戈壁的缝隙中，森林之覆盖了这片土地的2.1%。大西洋的暖湿气流越过6900公里的陆地来到阿尔泰山，带来每年600毫升的降水，养育了中国最大的西伯利亚泰加林。新疆落叶松是泰加林的主要树种。白桦树也在山谷中找到了自己的家。天山西部的迎风坡，是新疆降水最丰富的地区，最多的年份可以达到1000毫米，天山云杉聚集在这里，形成新疆面积最大的森林。但所有的湿润空气都无法越过天山 |
| 22：03~22：16 | 树梢上站着黑鹳，干涸的河床 | 塔里木的蒸发量是降水量的一百倍，降水对生物的作用微乎其微。一年一度的洪水是一切生命的源头 |

这4处对胡杨生长地或多或少的介绍，从不同层面解释了决定片中胡杨生存于此且生存如此艰难的根本原因，同时也是尺蠖生存策略、黑鹳一家迁徙于此的原因。

然而空间参与叙事并不仅仅是以介绍的方式呈现在生态纪录片中，根据上文所阐述的生态纪录片的空间特点，它是可以直接参与到叙事进程当中的。仍然以《长歌：大漠胡杨》为例，在讲述花粉传播的情节中，画面上一望无际的沙漠里只有一棵雌胡杨的身影，几乎可以想象到要得到花粉有多困难，而沙漠刮起的大风却可能带来希望。解说词更进一步将空间融进叙事："100公里之外的沙漠深处，雌树依然等待着，脚下经年累月堆积起来的沙子，一直在试图埋过它的头顶……在沙漠和绿洲交界的地方，独臂大树把花粉托付给

---

① 【荷】米克·巴尔，《叙述学：叙事理论导论（第3版）》，谭君强译，北京师范大学出版社，2017年，第131页。
② 1公里＝1000米。

风……肉眼看不到的花粉跟着风在荒漠中四处飘荡……"在这些夹杂描绘沙漠语句的解说词中，空间的距离成为花粉传播这一情节的障碍，空间中的元素——风又成为花粉传播的推动力。再如尺蠖幼虫蚕食胡杨叶的情节，荒原刚刚绽放绿色，尺蠖幼虫便开始它们的大餐，因此一个月后，"荒原上的绿色消失得无影无踪"，画面中又只剩下满目褐色的枝干，主体行为直接导致了空间的改变。

《自然的力量》中同样有空间直接参与叙事的例子。《山峙》一集的长白山段落中，有一条叙事线索是林蛙要寻找合适的冬眠场所，途中随时可能掉落的松塔对林蛙来说像是巨型炮弹，威胁林蛙的生命。在这里，空间元素——松塔成为主体行为的障碍，使叙事充满悬念。《水流》一集中，讲述湟鱼洄游产卵的情节时，河流这一空间元素也成为湟鱼洄游的障碍，因为水流减缓了湟鱼的速度，这给了鸟群极好的机会捕食湟鱼；人们在洄游路上修建水坝引水灌溉，拦住了湟鱼的路线，湟鱼一次次试图跳过一米高的水坝，直至精疲力竭，有很多湟鱼因此结束生命。这种空间直接参与叙事的形式，让自然环境成为左右动物命运的关键因素，更突显出纪录片"自然的力量"这一主题。

当然在其他国产纪录片中也有很多类似的例子，2008年的《农夫与野鸭》直指人类与动物的生存矛盾，造成矛盾的核心因素就是空间——一块原本为野鸟们栖息的湿地，却被围成种植人们口粮的农田。

## 三、作为空间叙事的主题—并置叙事形式

在叙事学中，有一种被称为"空间叙事"的结构形式。这里的"空间"一词和上文意义不同，上文的空间是指涉性的，而这里的"空间"一词是一种隐喻，它表示一种主题—并置叙事①。这种叙事方式一般有几条叙事线索，由一个共同的主题联系在一起，故事的意义更多地存在于所有叙事线索的关系中。从某种意义上说，《森林之歌》在整体结构上也可以称为主题—并置叙事，但显然，《自然的力量》无论分集结构还是整体结构都更符合主题—并置叙事的特征。关于《自然的力量》的整体结构上文已有分析，这里不再赘述，下面以分集《水流》为例阐述生态纪录片中的主题—并置叙事形式。

《水流》这一集开篇为主题阐述段落，画面主体是各种形式的水及相关动植物，有高山雪域、冰川、湍急的水流、水中游动的湟鱼、冒出水面的海菜花等。其相应的解说词为："我们生活的星球，充满了无数不可思议的自然奇观。水，一种拥有无限力量的神奇物质，塑造和滋养着我们的星球。它不断变换着自己的形态，从一个地方到另一个地方。地球上淡水的循环都是从海洋开始，在大气中停留一段时间，直到以雨雪的形式降落大地。水聚成河，创造着辉煌的生命，是万物赖以生存的根基，与温度一起决定了地球上物种的分布。"这一开篇首先将水的特点说明，"从一个地方到另一个地方"，为之后的地域空间跨越做好铺垫；最后一句"水聚成河，创造着辉煌的生命，是万物赖以生存的根基，与温度一起决定了地球上物种的分布"，直接点明本集主题：水的力量。表3-4所列为接下来的段落结构。

---

① 龙迪勇，《空间叙事学》，三联书店，2015年第1版，170页。

表 3-4 《水流》段落结构及内容

| 段落 | 地点 | 内容 |
| --- | --- | --- |
| 1 | 新疆伊犁河谷 | 疣鼻天鹅在此过冬，戏水、觅食、求偶，繁育后代 |
| 2 | 渤海辽河入海口 | 斑海豹哺育后代 |
| 3 | 库木库里沙漠 | 野牦牛群警惕掠食者，藏棕熊寻找雌性藏棕熊的踪迹 |
| 4 | 广西南部 | 靖西海菜花展现独特的繁衍策略 |
| 5 | 乌梁素海 | 疣鼻天鹅哺育幼鸟，幼鸟练习飞行 |
| 6 | 青海湖 | 鸟群捕鱼，湟鱼为产卵溯流而上 |
| 7 | 渤海辽东湾 | 斑海豹晒太阳、游泳 |

除去第三段库木库里沙漠，这些叙事段落的空间都是水域，水流的主题不言自明，而库木库里沙漠一段的解说词点明了这一段与水的关系："库木库里远离海洋，水汽又受到重重山脉阻隔，降水稀少，对于这片干旱的地区，一切生活都围绕着水展开。并非每个地方都是美好的水世界，生命的展开有时会在极限环境中以极致方式呈现出来。水以各种可能的方式滋养着生命。388 条冰川，8 条河流，1200 平方公里的湖泊，组成了高原盆地中的水世界。水脉成就了高原物种的基因库。阿尔金，蒙语意为有柏树的山，生命得以在严苛荒野存活，是因为周围的冰川融水提供了水源。"空气中的水汽被阻隔，冰川融水汇成河流和湖泊，这正是生态学中关于自然界水循环理论的实例；而伊犁河谷的温泉对疣鼻天鹅的滋养，辽河入海口适宜的水温给斑海豹的便利，库木库里沙漠冰川融雪给沙漠生命的希望，靖西海菜花清晨出水开花引虫授粉傍晚闭合入水，乌梁素海成为疣鼻天鹅的繁育地，青海湖大群的湟鱼为产卵拼命溯流而上等情节都诠释着水作为生命之源的宝贵，它们并连在一起，让观众看到在我们广袤国土的任何角落，水都拥有着滋养地球万物的力量。

这样的主题—并置叙事方式在十年来的国产生态纪录片中并不少见，其中一个很大的原因在于，生态纪录片由于拍摄对象的特殊性，对情节的编排比人文类纪录片要困难得多，主题—并置叙事可以相当程度地简化情节，用多个相对简单的叙事一起丰富内容，达到深化主题的目的。不过受制于所拍摄题材的地域性限制，大部分的主题—并置叙事的生态纪录片并不是以地域空间作为结构形式来构成，而是以不同物种的相似故事作为结构形式。如《美丽克什克腾》中第二集《家园》，就是以达里湖畔湿地白枕鹤、黑琴鸡、大鸨、银鸥、蓑羽鹤，以及生活于附近的牧民的生活为几条线索并置叙事，诠释家园的主题。

## 四、画面空间叙事功能的弱化

与单一的文字叙事不同，视听叙事的叙事载体是双重的，即画面与声音；两者的共同承担才能完成一部影片的叙事；然而如前所述，画面是视听叙事的基本单位，相对于声音，画面在叙事上占有绝对的优势：很多没有声音的画面我们仍可以理解其叙事内容，如早期无声片，没有画面的声音甚至不能被称为影片。但由于纪录片画面的即时性与片段性，单纯用画面进行纪录性叙事有很大的局限，这就使得纪录片对声音叙事，尤其是对解说词叙事的依赖比虚构影片来说更大。但这并不能成为纪录片叙事完全依靠解说词的借口，作为视听叙事的纪录片，画面仍然是基本单位，它在叙事中的作用不应该被忽视，《北方的纳努克》就是一个很好的例子，作为一部无声纪录片，它仅依靠画面和少量字幕便为我们树立了一个纪录片叙事的典范。

国产电视纪录片自20世纪80年代以来，倚重解说词叙事是一直以来的传统，尽管90年代之后有所改善，但与国外同类纪录片相比较这一特征仍很明显，生态纪录片也是如此。一个明显的例证是：尽管经过了十年，《自然的力量》仍然与《森林之歌》一样，抛开画面，仅用解说词便能构成一个表意非常完整的叙事文本。

《森林之歌》中金丝猴家族的故事是整部纪录片中情节性最强的叙事段落，然而情节的推动大部分时候并不是依靠画面，而是解说词。限于篇幅，仅举八字头打败甲板夺得猴王地位一节为例，文本中这一情节的相关解说词如下：

"树木凋零，甲板带着妻儿跟随猴群不时下到地面。枯黄的树叶已经无法食用，它们在落叶中寻找果实充饥。坠落的果实毕竟是有限的，家族之间常常因为争夺果实而发生摩擦，甲板四处大打出手。它的霸道招致了一些家族成员的反抗。八字头的时机到了，它纠集了一帮公猴作为自己的盟友。失去其他家族成员支持的甲板腹背受敌，八字头趁乱给了它致命的一击。在短暂的争斗中，甲板的腿被严重咬伤。"

这段解说词非常完整，没有画面完全可以让人明白情节如何发生。这样一来，画面的叙事能力势必被弱化，视听叙事的画面优势受到冲击，在一定程度上违背了纪录片的视听叙事本质。如果说这一情节中的画面尚在与解说词一同构成叙事，而接下来的例子中画面在叙事功能上完全处于被解说词"牵着鼻子走"的状态了。表3-5所列为《森林之歌》第六集《长歌：大漠胡杨》中讲述胡杨种子寻找发芽机会的画面与相应解说词。

表3-5 《长歌：大漠胡杨》部分解说词

| 画面 | 解说词 |
| --- | --- |
| 沙漠大远景及远景 | 种子离开母亲的怀抱，它的生命力每天都在下降。7天后它将失去一半生机。一个月后，它将没有任何生存机会 |
| 干涸河床的移动镜头组合；种子在沙漠里被风吹动 | 种子找到一条大河，但这里没有水，只是塔里木河的一条故道。在风的蚀刻下，河床已呈现出雅丹地貌。曾经的河泥被吹成细尘，加入到滚滚流沙中。风掌握着种子的方向 |
| 种子挂在爬动的昆虫腿上；种子被风吹动 | 任何一次小小的逗留都可能结束这次旅行，终止生命的可能 |
| 各种景别的沙漠，种子在沙漠里微微晃动 | 热气迅速消散，靠太阳提供能量的风停了下来 |
| 月球、星空 | 这是种子离开母树的第一个夜晚，寒冷的沙漠上，体内的水分每一分钟都在丧失，这些先飞的种子不会知道，它们已注定不能发芽 |

通过画面与解说词的对应我们能够看到，画面的部分几乎不承担任何叙事功能，而整个段落的叙事完全依靠解说词；如果仍然是这些画面，而将解说词换成其他意思的语句，叙事仍然可以成立（表3-6）：

表 3-6 《长歌：大漠胡杨》部分画面替换后的解说词

| 画面 | 解说词 |
| --- | --- |
| 沙漠大远景及远景 | 沙漠永远如此宁静，但只要有风，种子就有发芽的机会 |
| 干涸河床的移动镜头组合；种子在沙漠里被风吹动 | 这是塔里木河的一条故道；由它的宽度我们能够想象，曾经有多少种子依靠它得以生根发芽 |
| 种子挂在爬动的昆虫腿上；种子被风吹动 | 昆虫的助力相对于风来说实在是微乎其微，种子轻盈的身体注定是为风而起舞 |
| 各种景别的沙漠，种子在沙漠里微微晃动 | 太阳即将落下，风渐渐消失，种子将在这里停留，休息一个夜晚 |
| 月球、星空 | 第二天，它又将在风的鼓舞下，继续踏上寻找水源的路途 |

表 3-5 与表 3-6 画面不变，解说词完全更换了一个叙事方向而丝毫不受到影响。这样的情形在《自然的力量》中也时常出现，甚至有过之而无不及。如花栗鼠争夺松子的段落，既然有"争夺"，那么在情节上必定有相对大的冲突，这一段的解说词如下："一觉醒来，花栗鼠发现有什么不对，另一只花栗鼠正在偷吃它的松子。森林里的食物没有主权，规则是先到先得。这个不速之客竟然开始挪动整个松塔，准备整个搬走。必须出手保卫自己的果实。闲散的午后时光顿时变成搏杀时刻，谁都希望自己的冬粮储备再充实一点。"从解说词文本可以很轻松地判断出情节顺序：①花栗鼠在睡午觉；②醒来发现，另一只花栗鼠在偷吃它的松子；③偷吃松子的花栗鼠搬动整个松塔；④花栗鼠阻止它，它们打起来。情节发展的因果关系也很明确：因为第二只花栗鼠偷吃第一只的松子并整个搬走，第一只花栗鼠为了保卫自己的果实，出手阻止，于是他们打了起来。但是当考察画面时，叙事却发生了混乱：①画面中出现的花栗鼠只是蹲在岩石上一动不动，眨了眨眼睛，并没有睡觉；②画面中没有显示出第一只花栗鼠看到第二只搬动松塔；③对峙画面中第一只花栗鼠在右方，偷盗者在左方，而下一冲突画面是从左至右的追逐；④争夺画面中毫无提示地出现了第三只花栗鼠。

很明显，这一段的画面并不具有因果关系，叙事完全是由解说词对画面进行编排和组织的，画面的漏洞导致原本因果性极强的解说词变得令人费解。由此可以看出，过分倚重解说词承担叙事功能会弱化生态纪录片的画面效果，伤害纪录片的视听本质。

通过上述分析能够发现，国产生态纪录片所呈现的空间叙事策略表现出近十年来向国外纪录片学习叙事的成果，同时又带着鲜明的中国特色，即纪录片叙事的文学性；在主题呈现上常常将生态与人文相结合，注重探索人与自然的审美关系。由于我国生态环境的多样性，不同的生态纪录片在空间上能够呈现出不同的样貌，表达不同环境中同样的生态美学主题。而在空间叙事上的不足，很多时候并不是叙事策略能够解决的问题，相反，这种不足常常是叙事策略妥协的表现。

## ☞ 推 荐 观 摩 ☜

1. 国外：《王朝》。
2. 国内：《森林之歌》。

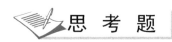

请思考，除了文中所列出的结构方式，生态纪录片还有哪些可行的结构方式。

# 第四章

# 拍 摄

# 第一节　拍摄前的准备

## 一、器材准备

对于很多初学者来说，纪录片似乎仅仅是扛着简单的摄像机就可以拍摄的，不需要任何辅助器材，对画面没有太多要求。在数码产品普及的今天，甚至一部手机就可以拍摄视频。然而如果想提高自己所拍摄的生态纪录片的质量，建议和剧情片一样讲究自己的器材。对于大部分学生来说，各种入门级辅助器材是一笔不小的开销，不过对于开办了影视专业院校的学生来说，本专业一般都有不少可以免费借用的器材。

以下介绍一些拍摄时需要的器材，以及在生态纪录片中拍摄哪些场景时需要用到它们。

（1）航拍器

航拍器在生态纪录片中是必备的器材之一，由于生态纪录片大部分时候需要展示整体的生态环境，无论是草原、沙漠、森林还是城市，航拍器都特别适合展现大环境；另外，在追踪动物迁徙或奔跑的时候，航拍器的大远景拍摄可以获得壮观的景象。例如，几乎所有拍摄塞伦盖蒂草原角马迁徙的纪录片都用到了航拍器。

（2）长焦镜头

长焦镜头适合用来追踪拍摄不可接近的物种，如草原上的狮群、森林中的老虎等凶猛的掠食动物，也可以用来追踪拍摄天空中飞翔的鸟，或者栖息在高处的鸟；但要注意的是，由于长焦镜头视野范围狭窄，拍摄运动物体时容易失焦甚至主体会滑出画面，因此需要大量练习，或者选择其他器材拍摄。

（3）微距镜头

在拍摄如蚂蚁、蜘蛛、蜗牛等体积非常小的物种时，微距镜头是不二的选择；它能将微小的主体放大至整个画面，甚至拍摄局部特写，用完全不同于常规的视角给观众带来极具冲击力的视觉效果，甚至改变我们对身边熟悉生物的看法。例如，《微观世界》中使用了大量微距镜头拍摄微型生物，当这些生物放大在观众面前时，观众们才发现原来有些蛾子的幼虫具有水果软糖般的颜色和质感，十分讨人喜爱；原来蜗牛交配的时候那么缠绵。这些都是微距镜头的功劳。有学生在拍摄《紫金山的秘密生命》时，主要的拍摄对象是蜘蛛、马陆、叶甲、天牛等体型微小的生物，他们也大量使用了微距镜头去表现它们。

（4）广角镜头

广角镜头在生态纪录片中的作用和其他纪录片无异，一般都是用来拓展空间、增强透视、增加主体运动速度。

（5）红外摄像机

在一些动物经常出没的地方设置红外摄像机，可以捕捉到一些不易接近的动物的自然状态。

（6）手持稳定器和三脚架

稳定器和三脚架的作用都是用来稳定镜头的，由于拍摄生态纪录片的时候常常要翻山越岭、长途跋涉，很多学生不太愿意携带，尤其是手持稳定器，很多学生认为有没有稳定器手持效果都一样，这是大错特错。在山上拍摄跟踪镜头时，山地不平会影响到手持效果，这时手持稳定器就能发挥较大作用。其实在平地上手持摄影也应尽量使用稳定器，现在的摄像机都比较轻，而在拍摄生态纪录片时为了更好地追踪动物，我们也偏向于选择轻便的机型，一个称手的稳定器就十分必要。从轻便的角度考虑，手持稳定器可以使用便携式稳定器，而不一定非要背心式小斯坦尼康。三脚架不用多说，在拍摄固定镜头时是必备辅助器材，要强调的是不要嫌麻烦而不携带。

（7）滑轨

单反滑轨比较轻便，无论是拍摄推镜头还是平移镜头都能产生很好的代入效果。

（8）补光灯与反光板

有些初学者会认为纪录片的拍摄对画面要求不高，因此不太注重灯光的设计，事实上我们看到的很多精美的生态纪录片都是经过灯光设计的，补光灯和反光板是拍摄时必需的辅助器材。例如，森林由于被树冠遮盖了光线，相对会比较阴暗，在城市中三四点钟可能还是明亮的天空，而森林里已经暗淡下来了，这就会影响到拍摄；另外，很多生物是夜行性的，如猫科动物、一些沙漠中的生物、猫头鹰等，在夜间拍摄的时候没有补光灯是完全无法拍摄的；还有拍摄一些穴居动物时，地下洞穴光线也非常暗，我们使用微型摄像机放入洞穴中拍摄时也是需要光源的。

（9）录音设备

很多初学者在拍摄影片时——不仅仅是纪录片，甚至是虚构剧情片，很容易忽略声音的造型作用，完全不会考虑准备录音设备。声音对一部影片来说非常重要，它能增强一部影片的真实感，甚至能推动影片的戏剧性冲突。这对于拍摄现场中声音的录制就显得十分必要，我们需要录制现场的环境音，如拍摄森林水塘边等待猎物的林蛙，这只林蛙身处的环境可能会有风扫树叶声、五六种甚至更多的鸟叫声和虫鸣声、水流声等。在摄影师约翰·艾奇逊的《消失的脚印》一书中记录过他们团队在拍摄班达迦老虎的过程中录音师对声音的录制："下午我们要做一个选择：水坝中的水可能会把老虎引来喝水，但这将是一个较长的拍摄过程。另外，虽然各路游客会蜂拥而至，但此前我们拍摄到的虎妈妈和两只幼虎很有可能会出现。安德鲁需要一个安静的地方录音，于是我们把他留在水坝旁。我很欣赏他的做法，他知道如何对待车上的其他人，他会给他们一人一个耳机，这样他们可以聆听自己喜欢的音乐，而他也可以获得异常安静的录音环境。"可见，对于生态纪录片来说，现场录音是多么重要。

以上简单罗列了一些拍摄中需要用到的器材，在拍摄中可以根据需要选择合适的型号和规格。除了以上这些现成的设备外，拍摄中可能还会用到许多自制的工具，有时候自制工具是可以派上大用场的。BBC自然历史部的摄影师常常根据自己的需要设计器材或对现

有器材进行改装,《迁徙的鸟》剧组也为了追踪鸟的飞行,自制了不少摄影器材。不仅是这些"高大上"的创作与设计,一些不起眼的"山寨"工具也能帮上不少忙:《地球脉动2》摄制组在印度拍摄城市中穿梭的猴群时,就使用橘子系住绳索投掷,完成了滑轮的安装。器材能够为一部纪录片增色,然而更多时候决定一部纪录片好坏或者事情成败的是自己的头脑。

### 二、装备准备

在调研的时候需要的装备,都是为确保创作者不受到自然环境的侵扰。事实上,拍摄时的装备准备和调研时大致相同,只是有几点注意事项。

在进入山林或者荒漠时最好穿着长袖长裤,防止蚊虫叮咬或烈日炙烤等;拍摄时要选择相对柔软的材质,不能摩擦出声,否则一方面很容易惊动所拍摄的主体,另一方面会影响到现场同期声的录制。

为了保护娇贵的摄像器材,创作者需要带一套防水遮罩保护摄像机。

很多时候,一个隐蔽的伪装帐篷也是必需的,这是为了遮住移动的创作者,迷惑拍摄对象的视线,让它不轻易注意到创作者——要知道有些动物的视力是非常好的,尤其是鸟类。伪装帐篷的颜色要根据拍摄地的色调而改变,如果在山林中,墨绿色或者迷彩色是常见的选择,如果是冰天雪地的地方,要尽量使用白色。

## 第二节 开拍

### 一、拍摄时的注意事项

一切准备就绪,当明确拍摄的主体之后,就要开始拍摄了。

生态纪录片和其他类型纪录片非常不一样的地方在于,创作者需要长时间的等待去捕捉需要的画面,即便有自然顾问的指导与前期的调查研究,那些在纪录片中看来极其精彩的捕猎争斗等画面,也很可能需要等上好几天甚至更长的时间——毕竟拍摄对象是野生动植物,它们是摄影师公认的最难缠的拍摄对象。

因此,对于拍摄生态纪录片来说,要做好长时间蹲守的准备,很可能好几天都拍不到想拍摄的主体,更别说设计精彩的画面了。有学生在拍摄生态纪录片的初期常常备受打击,他们常常跑了一整天却什么收获也没有。一方面,初学者经验比较少,自然收获不多;另一方面,国内的生态环境并不算太好,尤其是东部地区,别说接近,就是想要找到拍摄对象都并非易事。创作者的心态一定要放正,绝大部分时候,苦心的守候一定会得到丰厚的回报,只需要记住,耐心地寻找和等待。《王朝》的花絮中也讲到过摄制组在班达迦拍摄老虎时,寻找了两周的时间才找到要拍摄的雌虎洞穴。当等待获得回报时,终于拍摄到精彩画面时,那份欣喜是不可言喻的。就像一些学生们,最开始对生态纪录片拍摄的不易并不理解甚至抵触，而当真正坚持下来拍摄到好的画面的时候，收获的则不仅仅是那些画面了。

有些创作者因为实在不愿意等待，会人为干扰动物的行为，想以此快速获得想要的动作和画面，殊不知这样对于拍摄生态纪录片来说并不是正当的行为。拍摄生态纪录片的目的是为了唤起人们保护自然生态的意识，而人为干扰行为和自然保护意识是相违背的，如为了表现昆虫的死亡而故意制造其死亡等行为是绝对不允许的。

除了长时间的蹲守，初学者常常忘记在拍摄时需要保持安静。一些学生们一开始拍摄的时候下意识认为拍摄的对象不会说话，没有台词，那么他们一边拍摄一边交流也是可以的。这就忽视了同期声的重要性。请大家在拍摄时记住，保持安静，这不仅能够为影片留下完美的同期声，也能使自己在拍摄时集中注意力。

多景别拍摄也是容易被初学者忽略的要点。一方面，由于初学者或者学生拍摄纪录片时成本低、机位少，常常使用单机记录画面；另一方面，由于没有将拍摄的画面纳入一个完整的叙事当中，而忽略了不同景别的不同功能。一些初学者拍摄的画面，要么全是平平无奇的全景，要么全是构图精美好看的特写，前一类创作者只顾着记录过程，而后一类创作者只顾着画面的好看而忘记了叙事的完整性。大家在拍摄的时候一定记得，要将拍摄的内容和主体当作一个完整的叙事段落来对待，用远景展现事件发生的环境及规模，用全景展现事件或动作的全貌，用中景和近景展现主体的半身动作和表情，用特写去展现主体的情绪，动物也是有情绪的，也许表情上看不出来，但当和全景剪辑在一起的时候，情绪就有所体现了。

准备拍摄时还要注意一些动物的活动规律，按照它们的活动规律去拍摄会事半功倍。例如，主动预测一些动物的行动路线和目标，能够在拍摄时及时跟踪目标，尤其是一些追踪的捕猎镜头时，在速度很快的情况下，对被拍摄主体做出预测可以减少拍摄失误和跟丢主体；再如猫科动物在夜间比较活跃，而白天活动较少，创作者如果选择白天拍摄，尤其是炎热季节的午后，猫科动物大部分是懒洋洋的，甚至难觅踪迹，如果清晨和傍晚去拍摄会收获更多，就像很多人抱怨在动物园看到的总是睡觉的老虎和狮子，那正是因为它们在夜间才活动频繁，为此有些动物园会开设夜间探索的活动。

在整个拍摄过程中，还需要注意的是及时对素材进行整理。拍摄时会产生大量的素材，一般会要求创作者每晚整理好素材，将素材备份，观看并命名归类，这样一边拍摄一边整理可以减轻在拍摄完成之后面对无边素材的无力感。另外，也可以根据拍摄到的素材及时调整思路。例如，在拍摄紫金山的生物时，有一组学生原本打算拍摄飞蛾，但由于拍摄期间并不是飞蛾大量出没的季节，并没有拍到多少飞蛾的素材，但是他们坚持每天整理素材，过了一段时间他们发现有很多精彩的夜间昆虫的素材，于是及时调整思路，将飞蛾的选题改成了夜间昆虫的选题，并且最后成片的效果非常精彩。

## 二、生态纪录片的画面构图

### （一）景别

我们都知道，画面叙事的基本景别有远景、全景、中景、近景、特写5种，再加上大远景、大特写，一共7种主要的景别，几乎在所有影视创作的教材中都会提到。在教学的

过程中，大部分同学都对5种景别的定义了如指掌，但是在运用当中，却经常会出现景别使用混乱的问题，导致纪录片"词不达意"或节奏混乱；究其原因，是初学者没有意识到画面语言就像写文章时使用的字词句，它不仅有一定的语法规则，在情感感染力的侧重点上也有不同。需要强调的是，在叙事的过程中，一定要选择恰当的景别，使用恰当的景别才能使表意清晰，情绪感人。

（1）大远景

大远景的视野范围较为广阔，人物或动物主体在画面中占极小的面积，画面的环境气氛占主要地位，因此我们一般用大远景来表现地域的广袤、气势磅礴、宏伟等感受；生态纪录片中常常使用大远景作为一个地域空间的开场镜头，让观众了解接下来的故事情节发生的地点；或者使用小面积的人物和动物主体与大面积的地域空间做对比，以表现主体面对广袤大自然的渺小感或无力感；在追逐过程中我们常常使用俯拍追踪动物捕猎的整个追逐过程，其中俯拍大远景是必须使用的镜头方式，它可以使我们看到追逐过程的环境全貌和事件气势，并调节追逐过程的节奏。

在《地球脉动2》第五集《草原》中，有一段北极狼追猎小驯鹿的场景，这段场景用到很多俯拍大远景，我们既看到北极苔原的广袤，也看到这只北极狼和一大群驯鹿在数量上的对比；当小驯鹿和鹿群跑散之后，我们又从大远景中体会到这只小驯鹿的无助之感，对它的命运感到紧张。

（2）远景

远景的视野范围相较于大远景要小一些，人物或动物主体与整个环境的面积比也较大。因此，远景适用于表现一个场景或事件的要素，即事件发生的地点（在哪儿发生的）、事件行为的主体（谁干的这事）以及主体动作（发生了什么事）；远景可以展示事件的规模和气氛，并为一场戏定下基调。

《狂野北美》第三集《幼学壮行》中讲述的第一个故事是冬眠醒来的北美灰熊下山觅食。在用大远景航拍展现了白雪茫茫的山脉之后，灰熊出现的第一个镜头就是从巢穴探出头的远景，6秒之后，又是一个远景，一只雌性灰熊带着两只小熊走出洞穴准备下山。这向观众表明接下来就是关于灰熊下山的故事了。

（3）全景

全景是主体全身占据画面2/3以上的景别，它适合表现主体的全身形体动作和事件的全貌，交代事件发生的时间、地点和时代特征等，有利于表现主体和环境的关系。正是由于其能够记录事件全貌和主体全身形体动作的特性，全景成为初学者最常使用的景别。需要注意的是，拍摄全景的时候要注意将主体全身入画，而不要将脚或头的一部分忘在了画外。

（4）中景

以站立的人为主体的话，中景一般是从膝盖以上至胸部以下开始，至头部的景别。因为中景既可看清主体半身动作，又可看到主体表情，并且还有主体所处环境的细节。因此，有利于交代主体与主体之间、主体与物之间的关系。中景一般也是用作叙事性描写。

（5）近景

近景表现的是主体的面部表情，上半身动作或手势；近景能让观众产生与主体的亲近感和交流感，产生置身事中的感受。

（6）特写

特写完全把主体从环境中推选出来，展示主体细节；当展示的是面部时，它能细腻刻画主体性格，让观众强烈感受到主体的面部表情，体会主体情绪，这就能让观众和主体之间建立一种非常亲密的互动关系。

（7）大特写

大特写展示主体的面部或局部细节，在展示情感以及触动观众情感方面表现卓越，极具感染力；经常用于提升紧张、神秘或者情绪波动的气氛场景当中。

相较于非哺乳动物，哺乳动物尤其是灵长类动物的面部和人类更为接近，因此在拍摄这两类动物时，特写和大特写在渲染动物情绪和塑造动物性格时更为有力。在《王朝》第一集讲述黑猩猩的故事中，黑猩猩的首领大卫受到年轻黑猩猩的攻击倒地的段落，导演用大量特写和大特写镜头表现大卫受到攻击之后的情形：首先是受伤的手的特写，然后是低机位平拍倒地的手臂和头的近景，接下来又是3个受伤部位的特写与大特写，最后是画面落在它闭着眼睛微微喘息的面部特写。这一段特写和大特写将大卫受伤的惨烈无声地渲染出来，并且极其感染观众，让观众为大卫的伤势而感到揪心和悲伤。

总结来说，大远景和远景注重于环境氛围的描写，全景和中景偏重于叙事，从近景开始，更注重于情绪情感的表达，景别越小情绪和情感越强烈——一个事件或动作的展现一般来说需要用大远景和远景展现事件发生的规模、时间、地点，用全景和中景进行事件的叙事，近景、特写和大特写渲染事件中人物的情绪；它们的顺序可以变换，但大部分时候展现一个事件和动作这些景别都是需要的。

理解了不同景别的表意作用，还要注意不同景别有不同的节奏感。从大远景到大特写，每种景别的节奏依次加快。因此，在景别切换的时候，要注意保持一个事件或一个段落的节奏感，不能随意切换景别。

为了让大家更好地理解多景别如何展现动作和事件，接下来我们分析一下《王朝》第五集《老虎》中的景别变换。这一集中有几段捕猎场景，我们挑选其中几段来分析捕猎场景的景别运用。

第一段：4分02秒开始，老虎拉吉贝拉捕猎斑鹿的段落，见表4-1。

表4-1 《老虎》中老虎捕猎斑鹿的景别分析

| 镜号 | 景别 | 画面内容 |
| --- | --- | --- |
| 1 | 大远景 | 草原上有斑鹿群在吃草 |
| 2 | 中景 | 两头雄鹿用犄角互顶 |
| 3 | 中景 | 主角拉吉贝拉从左入画至中景 |
| 4 | 近景 | 斑鹿警惕地伸出头 |
| 5 | 全景 | 树丛中斑鹿朝向左方警惕地站着，叫了一声 |
| 6 | 特写 | 拉吉贝拉的脚步向画外走来 |

(续)

| 镜号 | 景别 | 画面内容 |
| --- | --- | --- |
| 7 | 全景 | 斑鹿从右跑出画 |
| 8 | 全景 | 拉吉贝拉从左至右 |
| 9 | 近景至特写 | 拉吉贝拉脸部 |
| 10 | 大特写 | 斑鹿的鼻子 |
| 11 | 大特写 | 斑鹿的眼睛 |
| 12 | 全景 | 躲在草后的鹿群 |
| 13 | 全景 | 受惊吓呆住的鹿群 |
| 14 | 特写 | 草丛后拉吉贝拉的脸 |
| 15 | 中景 | 斑鹿叫了一声 |
| 16 | 全景 | 草丛后的鹿群 |
| 17 | 全景 | 草丛后拉吉贝拉的身影 |
| 18 | 特写 | 草丛后拉吉贝拉的脊梁 |
| 19 | 全景 | 草丛后一只斑鹿的全景 |
| 20 | 特写 | 草丛后拉吉贝拉身上的斑纹在移动 |
| 21 | 全景 | 草丛后一只长尾叶猴在觅食 |
| 22 | 近景 | 草丛后拉吉贝拉模糊的身影 |
| 23 | 全景 | 草丛后一只开屏的孔雀 |
| 24 | 中景 | 草丛后拉吉贝拉慢慢移动从右出画 |
| 25 | 全景 | 草丛后站着两只斑鹿 |
| 26 | 全景 | 草丛中的拉吉贝拉朝画面深处张望的背影 |
| 27 | 中景 | 草丛中拉吉贝拉的侧脸 |
| 28 | 远景 | 拉吉贝拉在画面深处盯着前方的鹿群 |
| 29 | 全景 | 草丛中一只斑鹿看见了前方的什么，转头向后跑 |
| 30 | 远景 | 拉吉贝拉追逐猎物的身影 |
| 31 | 全景 | 斑鹿向画右奔跑 |
| 32 | 远景 | 拉吉贝拉追逐猎物的身影 |
| 33 | 远景 | 斑鹿逃进树林 |
| 34 | 远景 | 草丛中的拉吉贝拉停下脚步 |
| 35 | 中景 | 拉吉贝拉望向画右的侧脸 |
| 36 | 全景 | 蹲在树上的长尾叶猴嘶了一声 |
| 37 | 中景 | 拉吉贝拉望向画右，转身离开向左出画 |

这段时长4分27秒的场景，一共有1个大远景、5个远景、15个全景、7个中景、3个近景、5个特写、2个大特写。

第二段：13分06秒开始，拉吉贝拉捕猎孔雀的段落，见表4-2。

表 4-2 《老虎》中老虎捕猎孔雀的景别分析

| 镜号 | 景别 | 画面内容 |
|---|---|---|
| 1 | 远景 | 雄性孔雀鸣叫着从右入画 |
| 2 | 远景 | 拉吉贝拉在水坑里休息 |
| 3 | 全景 | 孔雀开屏 |
| 4 | 远景 | 孔雀在草坪边展示自己的羽毛 |
| 5 | 特写 | 草丛中孔雀张开的尾羽 |
| 6 | 大远景 | 孔雀在草坪边展示自己的尾羽 |
| 7 | 全景 | 拉吉贝拉在水坑里休息 |
| 8 | 特写 | 孔雀靓丽的尾羽 |
| 9 | 全景 | 孔雀展示着自己的尾羽 |
| 10 | 全景 | 空空的水坑 |
| 11 | 近景 | 鸣叫的孔雀,背后是靓丽的尾羽 |
| 12 | 全景 | 拉吉贝拉从草丛后偷偷窥视前景中开屏的孔雀,慢慢向前移动,突然扑向孔雀,孔雀飞走 |
| 13 | 远景 | 孔雀飞上树 |
| 14 | 远景 | 树上的孔雀 |
| 15 | 远景 | 树下的拉吉贝拉走向画面深处 |
| 16 | 中景 | 树上鸣叫的孔雀 |

这段时长 1 分 15 秒的场景,包含 1 个大远景、6 个远景、5 个全景、1 个中景、1 个近景以及 2 个特写。

第三段:22 分 52 秒,拉吉贝拉的孩子捕猎斑鹿的段落,见表 4-3。

表 4-3 《老虎》中幼虎捕猎斑鹿的景别分析

| 镜号 | 景别 | 画面内容 |
|---|---|---|
| 1 | 近景 | 一头雄鹿吃草的侧脸 |
| 2 | 大远景 | 树林中两头斑鹿在徘徊 |
| 3 | 远景 | 树丛后的幼虎隐隐约约的身影 |
| 4 | 近景 | 斑鹿警惕地向前张望 |
| 5 | 近景 | 斑鹿的脚踩了一下 |
| 6 | 近景 | 斑鹿在鸣叫 |
| 7 | 全景 | 草丛后的幼虎慢慢向前移动 |
| 8 | 全景 | 草丛中的鹿群 |
| 9 | 全景 | 草丛中的幼虎从右向左移动 |
| 10 | 中景 | 斑鹿朝向右边,鸣叫 |
| 11 | 远景 | 草丛后的斑鹿飞快地闪躲 |
| 12 | 全景 | 斑鹿飞快逃走,向左出画 |

(续)

| 镜号 | 景别 | 画面内容 |
|---|---|---|
| 13 | 全景 | 逃跑的鹿群 |
| 14 | 全景 | 追逐的幼虎，渐渐停下脚步 |
| 15 | 全景 | 张望的鹿群 |
| 16 | 中景 | 幼虎的侧影 |
| 17 | 远景 | 草丛中的斑鹿鸣叫了一声 |

这个段落时长44秒，共有1个大远景、3个远景、7个全景、2个中景、4个近景，没有特写。

第四段：31分19秒，拉吉贝拉捕猎长尾叶猴的段落，见表4-4。

表4-4 《老虎》中老虎捕猎长尾叶猴的景别分析

| 镜号 | 景别 | 画面内容 |
|---|---|---|
| 1 | 大远景 | 长尾叶猴站在空地上向四处张望 |
| 2 | 大特写 | 长尾叶猴警惕的表情 |
| 3 | 大远景 | 长尾叶猴站在空地上向四处张望 |
| 4 | 全景 | 长尾叶猴在张望 |
| 5 | 全景 | 长尾叶猴张望的背影，一会儿跑向水塘，俯身喝水 |
| 6 | 近景 | 长尾叶猴喝水 |
| 7 | 全景 | 另一只长尾叶猴也过来喝水 |
| 8 | 远景 | 老虎拉吉贝拉从长尾叶猴的身后草丛中冲出 |
| 9 | 远景 | 鹿群受惊吓逃窜 |
| 10 | 全景 | 拉吉贝拉矫健地奔跑 |
| 11 | 远景 | 长尾叶猴逃窜 |
| 12 | 远景 | 拉吉贝拉奔跑追逐 |
| 13 | 远景 | 长尾叶猴逃窜的背影 |
| 14 | 全景 | 长尾叶猴逃跑的侧影 |
| 15 | 近景 | 草丛中的拉吉贝拉，嘴里叼着一只猴子，慢慢地行走 |

这段时长1分17秒的场景，共有2个大远景、5个远景、5个全景、2个近景、1个大特写，没有中景和特写。

通过上面的分析我们可以发现，在4个捕猎段落当中，数量最多的是远景和全景，这是因为这两个景别是叙事性的，叙事清晰自然需要依靠这两个景别；大远景作为环境气氛的定义景别，在每一段中都有使用，并且大部分时候会放在段落的前段，也就是在事件开始之前；追逃的过程中不会再有大远景出现，否则会会打破追逃过程的快节奏，即便是远景，也是主体快速移动的远景，以保证追逃过程的紧张感；近景和特写及大特写这3种景别作为情绪性景别，在每个段落中虽然并不是3种都有，但必定有其中一种或者两种，渲染每一段中主角的情绪。另外，要注意的是，长焦镜头不容易捕捉动物奔跑时的特写，因此追踪奔跑时不常使用。

总之，一个比较规范或者常规的事件段落常常以大远景开始，以定义整个事件开始的环境氛围，在事件过程当中，要将情节展示清楚，则大部分要使用远景、全景、中景等叙事性景别，穿插以近景、特写或大特写这些表达情绪的景别，建立观众和主角的情感情绪的亲密联系；事件结束后，再以大远景结束整个段落。

当然，这只是常规段落的拍法，实际拍摄中可以根据情况和风格稍作变化。

还有需要提醒的一点是，每种景别在不同的画幅比例画面中呈现出来的特点稍有不同。以前电视常见的画幅比例为4∶3，现在电视画幅比例大部分也变成宽画幅比例了，即16∶9的画幅比例，宽画幅比例让画面视野更广，同样的景别相较于4∶3的画面来说，环境信息更多，而主体的面部需要更小的景别才能达到同样的情绪效果。例如，16∶9的大远景视野范围要比4∶3的范围更广，且由16∶9的中景获得的环境信息和由4∶3的全景的环境信息相当，当在16∶9的画面中要获得如4∶3的特写同样的情绪感染效果，则需要推近一些，甚至达到大特写的画面才能屏蔽环境细节，而将主体完全突出表现出来。

在拍摄时如何选择合适的景别，有两个小技巧：

一是初学者在拍摄时常常全神贯注于画面中的主体动作，这样就会导致忽略画面中的其他信息，不能及时根据画面内容变换调整景别，或者忽略画面构图的美感。在拍摄时一定要注意将画面当作整体来看待，关注点放在整个画面，而不仅仅是主体动作；多练习这种画面思维方式，能够更好地把握画面，形成画面思维。

二是在动物猎捕场景当中，动物在开始追捕时常常隐藏自己，在猎物放松警惕时出其不意地袭击。刚开始拍摄时常常不太能够把握动物突袭跃起或者冲出的时机，为了能够抓住这一刹那的画面，在拍摄捕食者虎视眈眈等待的时候，至少用两个以上的机位拍摄，一个机位拍摄特写大特写等情绪性景别，一个机位拍摄全景以上的景别，并在捕食者将要冲出的方向留出大约2/3的画面空间供其展现追捕动作。

### （二）镜头调度

生态纪录片拍摄的过程中，镜头调度也需要注意。好的调度能让画面更生动，为情节的戏剧性加分。镜头的最基本调度有推、拉、摇、移4种。

（1）推

推是大景别向小景别过渡的过程。对主体的推可以引导观众视线，关注拍摄主体的表情和情绪，是对焦点或情绪的聚焦方式。

（2）拉

拉和推相反，是小景别向大景别过渡的过程。拉可以将画面的视野范围变宽，从主体向外拉，可以将环境加入，烘托和延宕主体情绪，常常用在一个段落的结束。

有些书中会将推拉和变焦相区别，即 dolly 和 zoom 的区别。二者的作用在有些情况下很接近，但在视觉效果上还是有区别的：推拉是摄影机机位向前或向后移动，看上去比较自然，而变焦是摄影机机位不动，利用变焦镜头将主体放大或缩小，如果速度过快，或仔细分辨，会发现整个过程中景物和主体的比例关系会发生变化；一般来说电影中要将主体放大或缩小，使用推拉的方式比较多。

（3）摇

摇是摄影机不动，镜头左右或上下运动，360°的摇镜头称为环摇；摇镜头同样有引导观众视线的作用，让观众视线从一部分转移到另一部分；对一个场面的摇镜头还具有逐步揭开神秘感的作用；如在主体出场时，常常用由下至上从脚摇至面部的镜头，逐步展示主体的细节，并营造出一种揭开主体神秘面纱之感。

（4）移

移是摄影机本身在运动。移镜头可以带给观众对事件的参与感。

在生态纪录片中，常常需要追踪拍摄，摇和移镜头是常用的运动镜头方式。需要注意的是，主体在行走、奔跑时会保持一定的匀速，摄影机跟上主体的速度，跟拍时一定要估计好主体的动速，匀速跟或者摇；在拍摄植物或不爱动的动物等静止物体时，适当地推、拉、摇、移可以加快画面的节奏感，即"以动制静"。

接下来以生态纪录片《地球脉动2》第四集《沙漠》中的一些运动镜头段落为例来分析。这一集从5分25秒开始，有一个狮群捕猎长颈鹿的段落，镜头调度的变化见表4-5。

表4-5 《沙漠》中狮群捕猎长颈鹿镜头的调度分析

| 镜号 | 镜头调度 | 景别 | 画面内容 |
| --- | --- | --- | --- |
| 1 | 从左至右横摇 | 全景 | 狮子奋力奔跑的背影 |
| 2 | 从左至右横摇 | 中景 | 长颈鹿奔跑的腿 |
| 3 | 从左至右横摇 | 狮子奔跑的远景至追踪的长颈鹿的全景 | 狮子奋力奔跑，从狮子的单主体画面摇至狮子和长颈鹿的双主体画面 |
| 4 | 从左至右横摇 | 远景 | 其他狮子追上来 |
| 5 | 固定镜头至横摇至横移 | 远景至全景至远景 | 长颈鹿跑向画面，至画面前方，其他狮子入镜，狮群追踪长颈鹿 |
| 6 | 横摇 | 远景 | 两只狮子追踪长颈鹿 |
| 7 | 微向上摇 | 远景 | 狮子奔跑的背影 |
| 8 | 横移 | 全景 | 狮群追踪长颈鹿 |
| 9 | 微摇 | 全景 | 领头的雌性狮子等待截击 |
| 10 | 从左至右横摇 | 远景 | 狮群追击长颈鹿 |
| 11 | 从左至右横摇 | 全景至大远景 | 领头雌性狮子截击长颈鹿，被长颈鹿掀翻踩踏甩开，长颈鹿出画，只留下雌性狮子的背影 |
| 12 | 从左至右微摇 | 全景 | 长颈鹿慢慢停下，加入鹿群 |

这段追击基本上都使用了跟踪横摇及横移镜头，完整展示出狮子猎捕长颈鹿的全过程，能够如此完整地追踪拍摄，完全得力于摄影师娴熟的跟拍技巧。值得注意的是镜头3和镜头11的设计：镜头3刚开始的时候画面中只有奋力奔跑追踪的狮子，当狮子快要追上长颈鹿时，镜头速度加快，将前面奔跑的长颈鹿纳入画面中，变成狮子和长颈鹿的双主体镜头，让人们非常直观地感受到狮子奔跑的速度，对食物的渴望，以及长颈鹿快要被追上的紧张感；而第十一个镜头的设计则正好相反，在领头雌性狮子被长颈鹿甩开之后，镜头渐渐停下，长颈鹿出画，只剩下雌性狮子的背影，也是用非常直观的镜头方式让人感觉到雌性狮

子被甩下的挫败感。

另外，在这段追击开始之前，导演用了许多静止的特写和大特写渲染追捕蓄势待发的紧张感——虽然并不是运动镜头，但和上一个运动段落是相关的。因此，我们仍然将镜头方式列在表4-6中供大家参考。

表4-6 《沙漠》中狮群追捕猎物前的景别分析

| 镜号 | 景别 | 镜头内容 |
| --- | --- | --- |
| 1 | 全景 | 狮子朝画外走来 |
| 2 | 近景 | 长颈鹿从树枝后探出头 |
| 3 | 大特写 | 狮子的眼睛望向画右 |
| 4 | 特写 | 狮子朝向画左的侧面 |
| 5 | 特写 | 长颈鹿的正面 |
| 6 | 大特写 | 狮子的眼神，正面 |
| 7 | 大特写 | 狮子的獠牙，滑动的舌头 |
| 8 | 大特写 | 狮子的耳朵 |
| 9 | 大特写 | 狮子的眼睛望向画右 |
| 10 | 大特写 | 狮子的双眼 |
| 11 | 全景 | 狮子轻轻抬起的脚 |

这段32秒的镜头几乎全由特写和大特写构成，将狮子蓄势待发、长颈鹿警惕的紧张气氛和情绪渲染得十分到位。

生态纪录片在拍摄运动场景及使用运动镜头时，常常使用慢镜头，这是为了夸张和渲染气氛及情绪。在生态纪录片当中，很多动物的动作实际上是非常快的，甚至快到我们根本就看不清楚动作过程。例如，蛙类捕食从身边飞过的飞虫，常常就在一瞬间，比人眨眼的速度都要快，这时候适当放慢速度，一方面能让观众将动作过程看清楚，另一方面也能渲染此时动作主体的情绪，让观众感受到事件的氛围；就像上面狮子捕猎长颈鹿的段落中，就使用了好几次慢镜头来展现捕猎过程。

(三) 主体调度

除了镜头调度能够使画面产生动感，调节影片节奏外，主体调度也是可以达到以上效果的。一般来说，主体调度方向有左右横向调度、上下垂直调度、纵深调度、斜线方向调度以及曲线调度；调度的视觉效果和主体行进的速度有非常大的关系。

(1) 左右横向调度

左右横向调度是最常见也是初学者最容易使用的调度方式，一般用来表现行进中的主体状态，当主体运动速度较快时，使用长焦拍摄左右横向调度，让主体划过画面，可以增加主体的动速。

(2) 上下垂直调度

上下垂直调度不是太常用，但其中向上的调度可以和主体努力的情节相结合，表现奋力向上的情绪氛围。

### (3）纵深调度

纵深调度即主体朝向画外或画内的调度方式。主体朝向画外走来，可以带给人朝气蓬勃的向上感；当主体速度较快冲向画面，则会非常有气势。例如，一些猛兽捕猎的画面就可以使用这样的调度方式；主体朝画内走去，则会带给人一种落寞感、谢幕感，似乎预示着主体权势的消逝，尤其当主体速度较慢时，会加强这种感觉——这时候使用慢镜头是个不错的选择。

### （4）斜线调度

斜线调度由于在运动方向上和横平竖直的画框相交，因此斜线调度特别有冲突感，它可以打破画面平衡，加强情节和动作的力度和戏剧性冲突。在追逐场景中使用较多。

### （5）曲线调度

曲线调度会减缓主体的动速，常使用于队伍行进中。曲线调度在虚构剧情片中较常使用——毕竟现实生活中比较少有动物会曲线行进。

同样，我们还是以案例来分析调度方式在生态纪录片中的运用。来看《地球脉动2》第六集《城市》中恒河猕猴在市场上偷抢的段落(表4-7)。

表4-7 《城市》中恒河猕猴偷抢段落调度分析

| 镜号 | 主体调度 | 景别及镜头调度 | 画面内容 |
| --- | --- | --- | --- |
| 1 | 橘子固定，人物自左向右 | 近景，横移 | 市场地摊上的橘子，人们从背景中自左向右走过 |
| 2 | 横向调度 | 中景，微移 | 小贩的手扒拉地上的小青橘 |
| 3 | 固定 | 全景，左移 | 人们在挑菜 |
| 4 | 向外纵深调度 | 全景，右移 | 头顶一大筐菜的人向画外走来 |
| 5 | 固定 | 远景，右移 | 喧闹的菜场 |
| 6 | 固定 | 大特写，固定 | 猕猴看向画右的侧脸 |
| 7 | 固定 | 大特写，固定 | 猕猴看向画左的侧脸 |
| 8 | 固定 | 大特写，固定 | 猕猴伸出舌头舔舔嘴唇 |
| 9 | 固定 | 特写，固定 | 猕猴向左转头 |
| 10 | 右上向左下斜线调度 | 远景，左移 | 市场上的人们走动 |
| 11 | 固定 | 全景，固定 | 蹲坐在屋顶上的猕猴向下张望 |
| 12 | 固定 | 全景，固定 | 蹲坐在墙壁窗洞上的猴子四处张望 |
| 13 | 斜向外纵深调度 | 全景，后移 | 一只猕猴在栏杆上走动 |
| 14 | 向左横向调度 | 中景，微左摇 | 坐在屋顶的猕猴起身向左出画 |
| 15 | 右下向左上斜向调度 | 远景，左摇 | 猕猴在墙沿上行走 |
| 16 | 固定至垂直调度至斜向调度 | 近景，固定 | 猕猴看向画左的侧脸，然后矮下身向下出画，又朝左上跳出画面 |
| 17 | 向外纵深调度 | 远景，左移 | 一只猕猴跳向墙沿，接着第二只也跳过来 |
| 18 | 向左横向调度 | 全景，左移 | 几只猴子在墙沿上行走 |
| 19 | 向左横向调度 | 全景，右移 | 一只猕猴向左出画，另一只小猕猴爬上墙沿 |

(续)

| 镜号 | 主体调度 | 景别及镜头调度 | 画面内容 |
|---|---|---|---|
| 20 | 右下向左上斜向调度 | 远景，左移 | 猕猴们在墙沿上爬行 |
| 21 | 右下向左上斜向调度 | 大远景，左摇 | 猕猴们在墙沿上爬行 |
| 22 | 右上向左下微斜调度 | 大远景，左摇 | 猕猴们在墙沿上爬行 |
| 23 | 向左横向调度 | 近景，左摇 | 猕猴爬行的四肢向左出画 |
| 24 | 向上垂直调度 | 全景，上摇 | 猕猴顺着水管跳上屋顶出画 |
| 25 | 固定 | 近景，固定 | 张望的猕猴 |
| 26 | 右上向左下斜向调度 | 远景，固定 | 从高处跳到低处屋顶的猕猴影子，影子向内出画消失 |
| 27 | 右上向左下斜向调度 | 远景，左摇 | 猕猴从枯树枝跳下 |
| 28 | 向下垂直调度 | 远景，推 | 猕猴沿墙滑下 |
| 29 | 向下垂直调度 | 全景，右摇 | 猕猴沿棚柱爬下 |
| 30 | 固定 | 大特写，固定 | 猕猴看向远处的眼睛，转头 |
| 31 | 斜向下垂直调度 | 远景，手持微晃 | 一只猕猴从棚顶爬下棚柱 |
| 32 | 上下垂直调度 | 远景，固定 | 一只猕猴跳下，抢一棵菜立刻往回逃 |
| 33 | 向下垂直调度 | 远景，固定 | 小猕猴从棚柱向下跳 |
| 34 | 上下垂直调度 | 远景，固定 | 一只猕猴跳下，抢一棵菜立刻往回逃 |
| 35 | 向上垂直调度 | 全景，固定 | 一只猕猴拽住包装零食未果向上逃窜 |
| 36 | 向左横向调度 | 全景，固定 | 一只猕猴拽走一串花向左出画 |
| 37 | 右下向左上斜线调度 | 中景，左摇 | 挂着的包装零食后蹲着一只吃包装零食的猕猴，它左右张望，向左上出画 |
| 38 | 向下垂直调度 | 全景，下移 | 台子上的猕猴爬下矮柱 |
| 39 | 向下垂直调度 | 全景，固定 | 挂着的包装零食被拽得晃动掉下 |
| 40 | 向左横向调度 | 全景，左摇 | 一只猕猴叼着一串包装零食在人群中穿梭 |
| 41 | 左上向右下斜线调度 | 全景，固定 | 一只猕猴跳下出画 |
| 42 | 向左横向调度 | 全景，固定 | 猕猴偷走背对着路人的饮料向左出画 |
| 43 | 固定 | 全景，固定 | 一只猕猴嘴里嚼着，手上抓着几包包装零食 |
| 44 | 向下垂直调度 | 远景，下摇 | 一只猕猴从屋顶慢慢爬下，跳上箱子 |
| 45 | 向下垂直调度，前景人物向右横向调度 | 远景，固定至微右摇 | 叼着一串葡萄的猕猴跳下箱子消失，前景有人顶着一箱水果向右走 |
| 46 | 固定 | 远景，固定 | 猕猴偷吃摩托车后袋子里的食物 |
| 47 | 固定 | 中景，固定 | 猕猴偷吃袋子里的食物 |
| 48 | 向下垂直调度 | 远景，固定 | 猕猴从棚顶跳下 |
| 49 | 左下向右上斜向调度 | 远景，固定 | 偷了一个瓜果的猕猴跳上屋顶 |
| 50 | 向左横向调度，前景中的人物左右横向调度 | 远景，固定 | 来来往往的人群背后的猕猴偷走了什么 |

（续）

| 镜号 | 主体调度 | 景别及镜头调度 | 画面内容 |
| --- | --- | --- | --- |
| 51 | 向上垂直调度 | 全景，固定 | 猕猴跳上屋顶出画 |
| 52 | 向右横向调度转至左下至右上斜向调度 | 全景，右移 | 偷了一根大葱的猕猴飞快向右奔跑，爬上楼梯出画 |
| 53 | 向左横向调度 | 全景，左摇 | 叼着花串的猕猴向画左快速奔跑 |
| 54 | 向左横向调度 | 远景，左摇 | 猕猴横穿马路，偷走自行车后座上的菜 |
| 55 | 左上向右下斜向调度 | 全景，右摇 | 猕猴从柱基跳下 |
| 56 | 向左横向调度 | 全景，固定 | 猕猴抢走一大块瓜 |
| 57 | 向下垂直调度 | 全景，拉 | 偷吃花朵的猕猴被人赶走 |
| 58 | 向右横向调度 | 远景，右摇 | 猕猴穿街逃跑 |
| 59 | 向左横向调度 | 全景，固定 | 抓着一串包装零食的猕猴加入坐在屋顶的同伙 |
| 60 | 斜向纵深调度 | 近景，固定 | 抓着瓜果的猕猴奔跑在墙沿上的四肢 |
| 61 | 斜向纵深调度 | 近景，固定 | 抓着瓜果的猕猴奔跑在墙沿上的四肢 |
| 62 | 左上向右下斜向调度 | 近景，固定 | 抓着吃过的瓜果，猕猴跳下墙沿的四肢 |
| 63 | 右上向左下斜线调度 | 远景，左摇 | 猕猴抓着电线攀爬 |
| 64 | 向左横向调度 | 全景，固定 | 吃着东西的猕猴跳向画左出画 |
| 65 | 向左横向调度 | 全景，左摇 | 叼着花菜的猕猴向画左奔跑，身后跟着一只小猕猴 |
| 66 | 右下向左上斜向调度转至固定 | 远景，左上摇 | 叼着瓜果的猕猴走到屋顶坐下 |
| 67 | 固定 | 中景，固定至上摇 | 猕猴啃咬大葱 |
| 68 | 向上垂直调度 | 全景，右移 | 蹲坐的猕猴向上跳出出画 |

这一段3分2秒的段落中，一共有68个镜头，事实上镜头数量并不算多，但是由于画面内容丰富有趣，镜头调度变幻多样，整个片段显得节奏明快，非常吸引观众。镜头共包含12次斜向调度、16次横向调度、15次垂直调度、5次纵深调度、15个主体固定镜头以及5个综合调度。其中，固定镜头大多用来表现猕猴的神态表情，而主体调度和镜头调度相结合，更是增加了整个段落的运动感。可能大家会有疑问，这个段落原本就是因为猕猴生性活泼，从各个方位涌向市场，并上蹿下跳偷抢食物，作为摄影师又不能指挥动物的调度，遇到行动缓慢的动物，该怎么去调度呢？摄影师当然不能指挥动物们，但是仔细分析这个段落就会发现，这些调度的方向很多时候是因为摄影师所站的位置和猕猴的位置关系所造成的，如一些纵深调度、斜线调度，或是一些垂直调度等，拍摄的时候要摆好位置才能够形成多种多样的调度方向。面对活泼好动的猕猴是这样，面对行动缓慢的其他动物也是这样——其实行动缓慢的动物可以给摄影师留出更多时间考虑机位。我们来看看其他运动方向比较单一的运动场景是如何造成调度的，还是《地球脉动2》同样的一集中，有一段

刚孵化的小玳瑁被城市灯光迷惑，错误地向路面爬去的段落（表4-8）。

表4-8 《城市》中小玳瑁爬行调度分析

| 镜号 | 主体调度 | 景别及镜头调度 | 画面内容 |
| --- | --- | --- | --- |
| 1 | 固定 | 远景，固定 | 月光下波动的海面 |
| 2 | 固定 | 远景，下移 | 月光下的海面下移到黑黑的沙面下 |
| 3 | 微向左横向调度 | 全景，左上移 | 从沙面下上移至正在奋力爬动的一群小玳瑁 |
| 4 | 向左横向调度 | 全景，微左摇 | 小玳瑁奋力地爬，向左出画 |
| 5 | 左右斜向调度 | 全景，固定 | 几只小玳瑁漫无目的地爬 |
| 6 | 向上垂直调度 | 全景，上摇 | 几只小玳瑁奋力地爬 |
| 7 | 向左横向调度 | 大远景，微左移 | 一群小玳瑁奋力地爬 |
| 8 | 斜向内纵深调度 | 大远景，微推 | 一群小玳瑁奋力地爬 |
| 9 | 左下向右上斜向调度 | 全景，跟 | 几只小玳瑁奋力地爬 |
| 10 | 微向右向左横向调度 | 全景，微左摇 | 一只小玳瑁困惑地左看看右看看，最后向左爬 |
| 11 | 向左横向调度 | 远景，左移 | 小玳瑁向左爬 |
| 12 | 右下至左上斜向调度至向左横向调度 | 全景至远景，上摇 | 小玳瑁奋力地爬向街道向左出画，背景是城市绚丽的灯光 |
| 13 | 向上垂直调度 | 全景，上移 | 奋力爬行的小玳瑁 |
| 14 | 向内纵深调度 | 远景，推 | 朝向城市灯光爬行的小玳瑁 |
| 15 | 右下向左上斜向调度 | 特写，固定 | 一只螃蟹爬出洞口 |
| 16 | 向右横向调度 | 特写，微右摇 | 螃蟹爬出洞口 |
| 17 | 向左横向调度 | 远景，左移 | 螃蟹在沙滩上爬行 |
| 18 | 向左横向调度 | 全景，左移 | 小玳瑁奋力爬行 |
| 19 | 固定 | 远景，右移 | 沙滩上等待的螃蟹 |
| 20 | 固定 | 特写，固定 | 玳瑁的头 |
| 21 | 左右横向调度 | 全景，左右横移 | 螃蟹拖走捕获的小玳瑁 |
| 22 | 向左横向调度 | 全景，固定 | 小玳瑁向左爬行出画 |
| 23 | 向右横向调度 | 全景，固定 | 螃蟹向右爬行出画 |
| 24 | 向左横向调度 | 全景，左移 | 小玳瑁在沙滩上爬行，后景处杀出一只螃蟹夹住了它，玳瑁挣扎，挣脱螃蟹，螃蟹追赶 |
| 25 | 向内纵深调度 | 全景，跟 | 小玳瑁在沙滩上爬行 |

（续）

| 镜号 | 主体调度 | 景别及镜头调度 | 画面内容 |
| --- | --- | --- | --- |
| 26 | 向左横向调度 | 全景，左移 | 小玳瑁在沙滩上爬行 |
| 27 | 向下垂直调度 | 全景，固定 | 小玳瑁掉下沙堆 |
| 28 | 向左横向调度 | 全景，固定 | 模糊的车灯从右向左划过 |
| 29 | 固定 | 远景，推 | 小玳瑁在沙滩上向画内张望 |
| 30 | 向左横向调度 | 全景，固定 | 小玳瑁爬下沙堆向左出画 |
| 31 | 向左横向调度 | 远景，左移 | 小玳瑁爬到路边，被驶过的汽车吓得停住 |
| 32 | 向内纵深调度 | 远景，固定 | 模糊的车灯向画内远去 |
| 33 | 向左横向调度 | 远景，左移 | 小玳瑁爬向路面，掉下路牙 |
| 34 | 向左横向调度 | 全景，微左移 | 小玳瑁在马路上爬行 |
| 35 | 向左横向调度 | 远景，左移 | 小玳瑁在马路上爬行，却迷失在路面 |
| 36 | 向外纵深调度 | 远景，拉 | 沙滩上的小玳瑁没有向月光爬，而是向相反方向爬来 |
| 37 | 向左横向调度 | 远景，左摇 | 小玳瑁掉下路牙背面朝下，挣扎好一会儿才翻过身来 |
| 38 | 没有移动 | 全景，固定 | 被困在塑料杯里的小玳瑁在挣扎 |
| 39 | 固定 | 远景，微拉 | 塑料杯因为困住的小玳瑁挣扎而晃动 |
| 40 | 向左横向调度 | 近景，固定 | 小玳瑁向左爬行出画 |
| 41 | 向左横向调度 | 全景，左摇 | 小玳瑁向左爬行 |
| 42 | 向右横向调度 | 中景，固定 | 亮着刺眼灯光的汽车，车轮碾压满地的玳瑁尸体向右出画 |
| 43 | 左下向右上斜向调度 | 远景，固定 | 路面有玳瑁向前爬，也有被压碎的玳瑁尸体，背景中汽车向右驶过 |
| 44 | 左下向右上斜向调度 | 远景，上移 | 爬到下水道边的小玳瑁掉进下水道，卡在铁栏上，奋力挣扎，背景中的汽车呼啸而过 |
| 45 | 固定 | 全景，固定 | 困在下水道的小玳瑁在挣扎 |
| 46 | 固定 | 特写，固定 | 趴在地上的小玳瑁的脑袋 |
| 47 | 向左横向调度 | 特写，固定 | 小玳瑁挣扎着向左爬出画 |
| 48 | 向左横向调度 | 全景，固定 | 小玳瑁在路面上爬行 |
| 49 | 向右横向调度至向左横向调度 | 远景，固定 | 小玳瑁在路面上迷失，向右爬爬，又回头向左，爬出画面 |

这一段实际上情节比较简单，就是小玳瑁向马路爬去，中途遇到各种障碍，但是调度仍然丰富，在27次横向调度中，穿插了4次斜向调度、3次垂直调度、5次纵深调度、9个

主体固定镜头以及1个综合调度。即便大多数时候都是"爬"这个简单的动作，调度仍然能够丰富，让人为小玳瑁的命运揪心，并为城市对野生动物的影响而反思。通过这个案例我们可以得到启发，追踪拍摄野生动物，即使动作单一，也能通过机位的设计完成调度上的变化，以丰富画面、调节情节段落的节奏。

值得注意的是，在小玳瑁爬行的段落中，有一个方向性的问题，在小玳瑁从沙滩朝岸边爬行的镜头里，横向的调度都是从右至左的，也就是在画面给我们建立的空间关系中，观众会自然而然地认为画面的左边是马路，右边是大海，小玳瑁向画面左边爬去就是向马路爬，如果向画面右边爬行，那自然而然是向大海爬行——这里就牵涉到镜头语言中的轴线规律问题。

轴线是被拍摄主体的一条"动作线"，这条线是无形的，是由被拍摄主体的运动产生的，或者我们称之为运动的轨迹，主体的运动轨迹就是运动物体的轴线。小玳瑁朝马路爬行，这条爬行路线就是这场戏的轴线。

一旦确立好轴线，我们的机位就应该保持在轴线的一侧，而不能越过轴线，否则容易造成方向上的混乱，一般我们将越过轴线的行为叫作越轴或跳轴——事实上，越轴行为不是不可以，而是需要在越轴之前提前让观众明白方向空间的转换，一般来说，我们有以下4种方式进行越轴：

（1）在越轴之前，插入一个不带方向性的调度镜头，也就是非左右向调度的镜头，如纵深方向镜头。

（2）使用镜头调度方式，让机位越过轴线的动作呈现在画面中，观众就能明确理解到轴线方向的改变。

（3）主体在行进过程中，画面中带上具有明确参照物的环境背景或细节。

（4）主体在行进过程中，直接调转方向。

并不是在所有运动场景中都要严格保证不越轴，在小玳瑁爬行的案例中，由于小玳瑁很小，即便是拍摄远景，也只能让观众看到小玳瑁身边的沙滩，因此用参照物也很难判断小玳瑁的方向，所以机位保持在轴线的同一侧才是最明智的选择。

### （四）角度

对于一部影片来说，角度选择得好，不仅能为画面叙事加分，丰富影片画面层次，还能加快段落节奏，引起观众的兴趣。不要认为只有虚构剧情片可以设计拍摄角度，纪录片也能设计角度，即便是生态纪录片也是一样。当然，这建立在摄影师对拍摄主体的了解之上。以下是常用的拍摄角度：

（1）水平角度

① 正面　主体正面是正大光明的交流，能够让观众和主体有良好的沟通。这种角度平淡无奇，但是用特写表现的时候，经常能传递出一种亲近的感觉；有时使用正面镜头来表现主观镜头，可以把观众和片中主体联系起来。

② 正侧面　正侧面较为常用，3/4角度镜头，这种镜头在表现人物面部，或者大多数哺乳动物面部时有较强的结构感，并能呈现出前景和背景之间的纵深感。

③ 侧面　人物或大多数哺乳动物的侧面纵深感和层次感较强，并能反映正面看不到的一些东西；有时使用侧面可以暗示主体的掩饰，增加紧张感。

④ 背侧面　相较于以上3种水平角度，背侧面看不到主体正面，故掩盖感更强；但和完全的背面相比，又多了一些纵深感。

⑤ 背面　背面表现主体会给主体增加神秘感，如果主体出场镜头就使用背面角度，很容易引起观众想要看到主体正面的欲望，从而制造悬念；在有些场景当中，主体的背影常常用来表现一种失落感，塑造失败者的角色效果。

（2）垂直角度

① 平拍　平拍是最正常最基本的视角，平拍的机位与拍摄主体视线平齐，意味着正面、客观地对待或观察。

② 仰拍　仰拍也就是低角度镜头，从较低的角度拍摄主体。仰拍能够展现主体的力量，暗示他们的主导地位；仰拍英雄式主体时，能够激发观众的敬仰之情；仰拍反面角色时，能够使主体看起来更加阴险和凶残。

③ 俯拍　俯拍常常和航拍结合，表现大风光大场景；俯拍正面形象的主体时，可以强化主体的失落和渺小感，俯拍反面形象的主体时，可以强化主体形象的猥琐和邪恶。

下面以《地球脉动2》第五集《草原》中巢鼠的段落为例，看看生态纪录片中如何设计丰富的角度。

先来看巢鼠寻找食物的段落（表4-9）。

表4-9　《草原》中巢鼠觅食镜头角度分析

| 镜号 | 垂直角度 | 水平角度 | 景别及镜头调度 | 画面内容 |
| --- | --- | --- | --- | --- |
| 1 | 平拍 | 正面 | 远景至全景，推 | 草丛中巢鼠的巢 |
| 2 | 微仰 | 背面 | 近景，固定 | 巢中露出巢鼠的尾巴 |
| 3 | 平拍 | 侧面 | 远景，微向前推 | 巢鼠从巢中钻出脑袋 |
| 4 | 平拍 | 正侧面 | 特写，固定 | 巢鼠的脸 |
| 5 | 平拍 | 侧面转背面 | 远景，固定 | 巢鼠从巢中钻出 |
| 6 | 微仰 | 侧面 | 全景，固定 | 巢鼠爬向旁边的草秆 |
| 7 | 平拍 | 侧面（巢鼠）背面（蠕虫） | 全景，固定 | 花朵上一条蠕虫，巢鼠的身影从后景掠过 |
| 8 | 平拍 | 侧面 | 全景，固定 | 草秆上一只螳螂，巢鼠的身影从后景掠过 |
| 9 | 平拍 | 侧面 | 大特写，固定 | 螳螂带着锯齿的前肢 |
| 10 | 大仰拍 | — | 远景，下移 | 巢鼠在草秆中穿梭 |
| 11 | 大仰拍 | 正侧面 | 特写，固定 | 巢鼠趴在草茎上，用爪子抓住草茎 |
| 12 | 仰拍 | 正侧面 | 全景，固定 | 巢鼠沿草秆向画右爬行 |
| 13 | 仰拍 | 背侧面 | 全景至中景，固定 | 巢鼠沿草秆向画右爬行 |
| 14 | 平拍 | 背侧面 | 全景，微移 | 巢鼠沿草秆向画右爬行 |
| 15 | 仰拍 | 侧面 | 特写，固定 | 巢鼠向画右爬过草秆 |
| 16 | 平拍 | 正面 | 全景（趴着的巢鼠），固定 | 巢鼠啃食面前的草 |

(续)

| 镜号 | 垂直角度 | 水平角度 | 景别及镜头调度 | 画面内容 |
|---|---|---|---|---|
| 17 | 平拍 | 正面 | 全景(站立的巢鼠),固定 | 巢鼠啃食草叶 |
| 18 | 平拍 | 侧面 | 全景,固定 | 巢鼠啃食花朵 |
| 19 | 平拍 | 侧面 | 全景,固定 | 巢鼠爬上草秆 |
| 20 | 仰拍 | 侧面 | 远景,固定 | 巢鼠沿草秆爬行,草秆无法承受重量,带着巢鼠下垂 |
| 21 | 平拍 | 侧面 | 特写,固定 | 折下的草秆 |
| 22 | 仰拍 | 侧面 | 近景,微移 | 尽管爪子抓住草秆,巢鼠仍然摇摇欲坠 |
| 23 | 大仰拍 | 背面至侧面 | 远景,微移 | 巢鼠摇摇欲坠,爬向另一根草秆 |
| 24 | 仰拍 | — | 大特写,固定 | 巢鼠的爪子抓住草秆 |
| 25 | 平拍 | 侧面 | 全景,固定 | 巢鼠沿草秆向上爬 |
| 26 | 仰拍 | 背侧面 | 中景,固定 | 巢鼠寻找合适的草秆 |
| 27 | 仰拍 | — | 中景,固定 | 巢鼠寻找合适的草秆 |
| 28 | 仰拍 | 正侧面至侧面 | 全景,固定 | 巢鼠顺着草秆爬向另一处 |
| 29 | 仰拍 | 背面 | 全景,固定 | 巢鼠的尾巴抓住草秆 |
| 30 | 仰拍 | — | 远景,微摇 | 巢鼠沿草秆向画右爬行 |
| 31 | 微仰 | 侧面 | 特写,固定 | 草叶后巢鼠的脸 |
| 32 | 大俯拍 | — | 远景,推 | 巢鼠沿草秆向画右爬行 |
| 33 | 平拍 | 侧面 | 近景,固定 | 卷住草秆的尾巴 |
| 34 | 微仰 | 侧面 | 近景,固定 | 巢鼠爬上草秆 |
| 35 | 大仰拍 | — | 远景,固定 | 巢鼠向草丛顶端攀爬 |
| 36 | 平拍 | 侧面 | 全景,固定 | 巢鼠爬上顶端的花朵 |
| 37 | 平拍 | 正面 | 全景,固定 | 巢鼠爬上顶端的花朵 |
| 38 | 平拍 | 侧面 | 远景,固定 | 巢鼠爬上顶端的花朵 |

在这段寻找食物的段落里,为了展现小小的巢鼠从草丛底端爬向草丛顶部寻找食物,用了大量的仰拍,38个镜头中,共19个仰拍镜头,占镜头总数的1/2,只用了1个俯拍镜头转接;而水平角度的转换就比较多(横线划去的镜头表示没有水平方向角度,为底部向上拍),在32个有水平方向角度的镜头中,共4个正面镜头、3个正侧面镜头、17个侧面镜头、3个背侧面镜头,2个背面镜头,3个水平角度变换镜头。

接下来看巢鼠躲避仓鸮追击的段落(表4-10)。

表4-10 《草原》中巢鼠躲避仓鸮追击镜头角度分析

| 镜号 | 垂直角度 | 水平角度 | 景别及镜头调度 | 画面内容 |
|---|---|---|---|---|
| 1 | 平拍 | 侧面 | 全景,固定 | 半开的花,仓鸮从背景中自右向左飞过 |
| 2 | 平拍 | 正面 | 特写,固定 | 巢鼠在嗅着什么 |

(续)

| 镜号 | 垂直角度 | 水平角度 | 景别及镜头调度 | 画面内容 |
| --- | --- | --- | --- | --- |
| 3 | 平拍 | 侧面 | 大特写，固定 | 埋在花朵中啃食的嘴 |
| 4 | 大仰拍 | — | 中景，固定 | 仓鸮从草丛上掠过 |
| 5 | 仰拍 | 正侧面 | 全景，固定 | 站在摇摇晃晃的花朵上的巢鼠，向天空嗅着 |
| 6 | 微仰 | 正面 | 全景，固定 | 仓鸮飞翔 |
| 7 | 大俯拍 | 背面 | 全景，固定 | 巢鼠爬下草秆 |
| 8 | 平拍 | 背面 | 中景，固定 | 巢鼠爬下草秆 |
| 9 | 微仰 | 侧面 | 远景，横摇 | 仓鸮自右向左在草丛上飞行 |
| 10 | 仰拍 | 侧面 | 远景，固定 | 巢鼠向下爬行，草秆不堪重负倒下 |
| 11 | 大俯拍 | 背面至正面 | 全景至远景至全景，微推 | 巢鼠紧拽倒下的草秆在空中晃荡 |
| 12 | 仰拍 | 正面 | 远景，微摇 | 飞下的仓鸮 |
| 13 | 大俯拍 | 正面 | 全景，固定 | 巢鼠拽紧草秆在晃荡 |
| 14 | 大仰拍 | 正面 | 全景，微下摇 | 向下俯视的仓鸮 |
| 15 | 大俯拍 | 背面 | 全景，固定 | 巢鼠伸出前爪想抓住旁边的花朵未果 |
| 16 | 大仰拍 | — | 全景，固定 | 巢鼠失手，幸好尾巴卷住了草秆 |
| 17 | 平拍 | — | 远景，下摇 | 仓鸮俯冲而下 |
| 18 | 大仰拍 | — | 全景，固定 | 尾巴突然松开，巢鼠掉了下去 |
| 19 | 平拍 | 正侧面 | 远景，固定 | 巢鼠掉在地面 |
| 20 | 平拍 | 正面 | 特写，固定 | 巢鼠的爪子触到地面，然后是整个身子 |
| 21 | 平拍 | 侧面 | 特写，固定 | 巢鼠快速向画右爬 |
| 22 | 平拍 | 背侧面 | 全景，固定 | 巢鼠快速向画右爬出画 |
| 23 | 平拍 | 正面 | 全景，固定 | 仓鸮自草丛下飞出，一无所获 |
| 24 | 平拍 | 正面 | 全景，固定 | 躲在草丛底部的巢鼠向上嗅着 |
| 25 | 平拍 | 正面 | 稍小全景，固定 | 躲在草丛底部的巢鼠向上嗅着 |

这一段落一共有两个主角，一追一躲，这两个主角形成对立的关系，那么在镜头方式上同样使用了对立的方式——也就是仰拍和俯拍交替的正反打镜头。由于在现实空间中，巢鼠位于仓鸮的下方，从第七个镜头开始，拍摄逃窜的巢鼠时，使用了4个俯拍镜头，拍摄空中的仓鸮时使用了4个仰拍镜头与之交替，使仓鸮的优势和巢鼠的弱小形成鲜明的对比；而当巢鼠落地，脱离危险之后，则全部使用平拍，表现落地后的安全。

最后是巢鼠寻找自己巢穴的段落（表4-11）。

表4-11 《草原》中巢鼠寻找巢穴镜头角度分析

| 镜号 | 垂直角度 | 水平角度 | 景别及镜头调度 | 画面内容 |
| --- | --- | --- | --- | --- |
| 1 | 平拍 | 背侧面 | 特写，固定 | 巢鼠爬过带着尖刺的枝条 |
| 2 | 平拍 | 正面 | 远景，横移 | 巢鼠从画右的草丛中钻出 |
| 3 | 大俯拍 | — | 远景，推 | 巢鼠钻过草丛 |
| 4 | 微俯拍 | 侧面 | 全景，平移 | 巢鼠向画右爬行 |
| 5 | 微俯拍 | 侧面 | 中景，平移 | 巢鼠向画右爬行 |

(续)

| 镜号 | 垂直角度 | 水平角度 | 景别及镜头调度 | 画面内容 |
|---|---|---|---|---|
| 6 | 平拍 | 侧面 | 中景，平移 | 巢鼠向画右爬行 |
| 7 | 俯拍 | 背侧面 | 全景，上移 | 巢鼠沿草秆向下爬 |
| 8 | 平拍 | 正面 | 全景，固定 | 巢鼠站着辨认方向，向画右爬 |
| 9 | 平拍 | 正面至侧面 | 远景，固定 | 巢鼠在草丛里辨认方向，向画右爬 |
| 10 | 大俯拍 | 侧面 | 全景，平移 | 巢鼠在草丛中自左向右爬行 |
| 11 | 平拍 | 背面 | 远景，推 | 巢鼠在草秆上向画内巢穴方向爬行 |
| 12 | 平拍 | 正面 | 全景，下移 | 从巢穴顶部移至巢穴中出生不久的一窝小巢鼠 |
| 13 | 平拍 | 正侧面 | 特写，固定 | 小巢鼠移动脑袋 |
| 14 | 平拍 | 侧面 | 特写，固定 | 回到家的巢鼠从左入画，嗅着它的宝宝 |
| 15 | 平拍 | 正面 | 特写，固定 | 巢鼠嗅着他的宝宝，似乎在确认它们安然无恙 |
| 16 | 平拍 | 背侧面 | 特写，固定 | 巢鼠宝宝微微蹬着小腿 |
| 17 | 平拍 | 背侧面 | 近景，固定 | 巢鼠宝宝微微蹬着腿 |
| 18 | 平拍 | 正面 | 远景，上移 | 草丛中巢鼠的巢，移至这篇草丛的顶端 |

这个段落从内容上分为两个部分，前一部分是巢鼠在寻找自己的巢穴，后一部分是巢鼠到家，确认宝宝们的安全。这两部分内容从镜头的垂直角度选择上就可以看出明显的区别，或者说，导演用不同的镜头角度区分了两个场景的内容和情绪氛围：前11个镜头主要是在地面爬行寻找，需要渲染路途充满危险和不确定因素，因此在垂直角度上在平拍和俯拍间切换，由6个平拍镜头和5个俯拍镜头组成；在接下来显示巢鼠平安到家，充满母爱的7个镜头当中，全部使用平拍镜头，但是并不觉得枯燥乏味，一方面是因为镜头内容，另一方面是因为在水平角度上，镜头一直在变化，从不同的水平角度调节画面节奏。

初学者在拍摄纪录片的过程中，习惯于站立端着或扛着摄像机，无论拍摄对象是高是矮；从根本上说这其实就是没有角度设计的意识，所形成的拍摄角度都是随机的。拍摄时要有随时趴下或站高的意识，和万物生灵平等地对话。

### (五) 两种特殊镜头方式

#### 1. 空镜头

空镜头指的是景物镜头，一般来说是没有人物的镜头。但在以动物为主角的生态纪录片中，我们将没有动物主体出现的镜头称作空镜头。空镜头的作用一般有介绍环境背景、提供转场过渡、抒发主体情绪、烘托场景气氛、推进故事情节、调节影片节奏等。

（1）介绍环境背景

所有的故事和情节都有其发生的时间和空间，生态纪录片也是如此。我们每讲述一个物种的故事，一般都要介绍它所在的栖息地环境或生长环境，而空镜头是最常见的介绍方式。例如，2012年BBC的纪录片《植物王国》，主要讲述英国皇家植物园邱园里搜集生长的植物，在纪录片的第一集的开头部分中，用一个航拍的大远景和一个仰拍的全

景空镜头给观众介绍了故事的发生地邱园；再如，在《地球脉动2》中因为整个片子是以空间为单位结构的，在每一段故事的开头，基本都是以这个故事发生地的大远景空镜头开启故事的。

（2）提供转场过渡

有时候，上一个场景的最后一个镜头和下一个场景的最后一个镜头直接接在一起可能不够顺畅，会比较"跳"，这时在两个镜头之间插入一到两个空镜头可以比较好地过渡。

（3）抒发主体情绪

虽然生态纪录片的主角大部分都是动物或者植物，但拍摄者也会赋予主体一定的情绪去感染观众，而选择合适的空镜头配合情节中主体情绪可以营造深远的意境；烘托场景气氛也是同样的道理。

（4）推进故事情节

生态纪录片中很多情节是动植物与周围环境的关系产生的，或者说因为环境的变化而产生的，所以在生态纪录片中拍摄者常常使用空镜头来推动故事情节。

（5）调节影片节奏

节奏的调节常见于一个快节奏段落结束之后，如猎捕的场景；快节奏段落通常会使观众感到紧张激烈，当这一个段落结束后，拍摄者可以使用大远景的空镜头将节奏缓下来，给观众一个情绪回落空间，再进入下一个场景。

以《冰冻星球》第二集《极地之春》中一些空镜头的使用为例（表4-12）。

表4-12 《极地之春》开头部分空镜头分析

| 镜号 | 镜头内容 | 景别和角度 | 镜头调度和主体调度 | 解说词 |
|---|---|---|---|---|
| 1 | 太阳照在冰花上 | 特写，俯拍 | 无，无 | |
| 2 | 太阳照耀在冰面上的延时摄影 | 大远景，仰拍 | 无，太阳向右运动 | 极地地区的太阳会消失达半年之久；当它在初春回来时，它的温暖会改变神奇的冰雪世界 |
| 3 | 随着太阳的照射冰凌在融化 | 近景，平拍 | 无，无 | |
| 4 | 太阳自冰凌上照过的延时摄影 | 远景，仰拍 | 无，太阳向右运动 | |
| 5 | 一滴水落下的慢镜头 | 特写，平拍 | 无，向下 | 无 |
| 6 | 冰纷纷融化 | 近景，平拍 | 无，向下 | |
| 7 | 冰凌断裂的慢镜头 | 近景，仰拍 | 无，向下 | |
| 8 | 冰凌纷纷断裂，出现本集字幕"极地之春" | 全景，仰拍 | 无，向下 | 地球上最壮观的季节变化开始了 |
| 9 | 一片白雪茫茫的大地航拍 | 大远景，俯拍 | 右移，无 | 南极洲依旧冰封万里，被冰冻的海洋包围，但是这里也有春的迹象 |

以上9个镜头是《极地之春》的开场，从第一到第八个镜头，是这一集基调的奠定部分，也是对这一集故事的时间和环境背景的介绍；第九个镜头是故事的正式开启，也就是这一场戏的开场镜头，这一场戏的空间展示。

在讲完阿德利企鹅用石头筑巢育雏的故事后，影片开始解释太阳让温度升高为什么会带来危险，这一段中用了好几个空镜（表4-13）。

表4-13 《极地之春》中太阳让温度升高空镜分析

| 镜号 | 镜头内容 | 景别和角度 | 镜头调度和主体调度 | 解说词 |
| --- | --- | --- | --- | --- |
| 1 | 太阳在山头滑过延时镜头 | 远景，仰拍 | 无，向右 | |
| 2 | 站在冰面上的阿德利企鹅们 | 大远景，仰拍 | 无，无 | 天气仍然很冷，不过早春的太阳还是让温度升高了几度，但是，这会带来意外甚至危险的后果；海洋受热比陆地快，它将大陆中央的冷空气吸向海岸，这股下行气流比任何飓风都强 |
| 3 | 冰面上的旋风 | 全景俯拍 | 左摇，向左 | |
| 4 | 冰面上刮起了风 | 远景，俯拍 | 无，向内 | |
| 5 | 大风将雪向下刮 | 远景，俯拍 | 无，向左 | |
| 6 | 南极大陆冰山的大远景 | 大远景，俯拍 | 右移，无 | |
| 7 | 厚厚的冰雪覆盖着 | 远景，俯拍 | 左上移，无 | |

以上7个镜头中，除第二个镜头出现阿德利企鹅外，其他6个镜头都是空镜头。这些空镜头实际上是和解说词的内容配合推进着故事的发展。观众可以看到，这股冷气流将雪刮向聚集于此的阿德利企鹅们，冰雪几乎将它们覆盖。因此，空镜头中展现的气流就是推动情节发展的元素。这一段中还插入了几个空镜，见表4-14和表4-15。

表4-14 《极地之春》中暴风雪里的阿德利企鹅空镜分析（1）

| 镜号 | 镜头内容 | 景别和角度 | 镜头调度和主体调度 | 解说词 |
| --- | --- | --- | --- | --- |
| 1 | 暴风雪中的阿德利企鹅 | 近景，平拍 | 无，无 | 无 |
| 2 | 山上的风暴向下涌动 | 远景，俯拍 | 无，无 | 暴风让很多新来的企鹅措手不及，这也是为什么这里的春天是最致命的季节 |
| 3 | 满头挂着冰雪的企鹅 | 近景，平拍 | 无，无 | |

表4-15 《极地之春》中暴风雪里的阿德利企鹅空镜分析（2）

| 镜号 | 镜头内容 | 景别和角度 | 镜头调度和主体调度 | 解说词 |
| --- | --- | --- | --- | --- |
| 1 | 冰雪暴将企鹅包围 | 远景，平拍 | 无，无 | 无 |
| 2 | 山上冰雪被气流刮过，涌流下来 | 大远景，平拍 | 无，无 | 这里，先来的鸟儿要冒很大的风险 |
| 3 | 浑身粘着雪的企鹅叫了一声 | 近景，平拍 | 无，无 | 无 |

将这两个有空镜的部分节选出来，可以看看空镜上下镜头的链接。这两个空镜的主要作用是给上下镜头转场过渡。

下一个段落开始讲述北极,也是从空镜开始(表4-16)。

表4-16 《极地之春》北极段落开场空镜分析

| 镜号 | 镜头内容 | 景别和角度 | 镜头调度和主体调度 | 解说词 |
|---|---|---|---|---|
| 1 | 太阳从地球后面升起 | 大远景 | 无,无 | 北极地区的春天。消失了半年的太阳,第一次露出地平线 |
| 2 | 太阳从地平线后升起 | 远景 | 无,向右 | |
| 3 | 一只北极熊从雪下探出头 | 远景 | 无,向上 | 一只雌性北极熊从雪下的洞穴中出现。这么久的黑暗后,太阳亲切而醒目 |
| 4 | 天边的红霞 | 远景仰拍 | 无,无 | |
| 5 | 高耸的雪山的航拍 | 远景,俯拍 | 向前,无 | 雌性北极熊的洞穴在高高的山坡上,远离那些可能会杀死她的幼崽的雄性北极,又离她去觅食的海冰不太远,方便她养活家庭——3只小幼崽 |
| 6 | 北极熊站在山坡上 | 全景,平拍 | 无,无 | |
| 7 | 小北极熊在雪地上爬的航拍 | 远景,俯拍 | 无,无 | |

这一段落中有4个空镜头,这些镜头一方面介绍了北极熊的故事发生的时间和空间——北极,太阳出来了,春天要到了;另一方面雪山的大远景让我们感受到冰雪北极的寒冷和广阔。

在讲述北极狼的段落中,主要表现北极苔原地区的贫瘠与生存的艰辛。这个段落从北极春天的苏醒开始,将开头部分的镜头列在表4-17中。

表4-17 《极地之春》北极狼部分开场空镜分析

| 镜号 | 镜头内容 | 景别和角度 | 镜头调度和主体调度 | 解说词 |
|---|---|---|---|---|
| 1 | 光秃秃的北极苔原的航拍 | 大远景,俯拍 | 前移,无 | 随着春天的推进,苔原的变化在继续 |
| 2 | 冰雪正在消融的山峦(延时摄影) | 远景,平拍 | 右移,无 | |
| 3 | 雪水流入还未解冻的河川 | 远景,俯拍 | 右摇,向右 | |
| 4 | 雪水流向还未解冻的河川 | 远景,俯拍 | 下摇,向外 | |
| 5 | 兔子伸长脖子 | 中景,平拍 | 无,向上 | |
| 6 | 一只兔子在雪地上蹦跶 | 全景,俯拍 | 跟摇,上下跳 | |
| 7 | 两只幼狼在雪地上玩耍 | 远景,俯拍 | 跟摇,左右跑 | 无 |
| 8 | 兔子在雪地上蹦跶 | 全景,俯拍 | 跟摇,上下跳 | |
| 9 | 雪鹗把头转向镜头 | 近景,仰拍 | 无,无 | |
| 10 | 岩石上的冰雪在融化 | 全景,俯拍 | 右摇,无 | |
| 11 | 整个苔原上的冰雪在融化 | 大远景,平拍 | 右摇,无 | |
| 12 | 一只幼雏在窝里唧唧地叫 | 全景,平拍 | 无,无 | |
| 13 | 鸟妈妈带着孩子蹲在巢中 | 全景,平拍 | 无,无 | 从南边迁徙来的动物开始到达,鸟儿和幼雏让苔原骤然间充满了活力 |
| 14 | 一只幼雏站在地上,妈妈的腿从它面前走过 | 全景,仰拍 | 无,无 | |
| 15 | 鹤妈妈在原野上走着 | 中景,仰拍 | 无,向右 | |

（续）

| 镜号 | 镜头内容 | 景别和角度 | 镜头调度和主体调度 | 解说词 |
| --- | --- | --- | --- | --- |
| 16 | 苔原上的野花开始成片绽放（延时摄影） | 远景，俯拍 | 向右，无 | |
| 17 | 坡上的野花也开始绽放，一只鸭子蹲在坡上（延时摄影） | 远景，俯拍 | 向右，无 | 无 |
| 18 | 一只幼鸭躲在妈妈羽翼下 | 中景，俯拍 | 无，无 | |
| 19 | 鸭妈妈带着孩子们凫水 | 远景，俯拍 | 无，向右 | 北极地区的变化完成了 |
| 20 | 小鸭子凫水 | 全景，俯拍 | 无，无 | 无 |

这20个镜头中，一共有7个空镜头，这7个空镜头让观众直观地看到北极苔原在春天来临时的变化，配合着动物的镜头和音乐，烘托出春天到来的喜悦之情。

之后北极狼外出寻找食物的情节中，最后一个镜头是站在山坡上的北极狼长啸了一声，下一场就是3只北极狼在平原上跑动的大远景，这两场中间插了一个北极苔原大远景的空镜头以转场；而在北极狼将捕获的一点食物带回来并给幼崽们分食完的情节中，同样插入了一个北极苔原的大远景空镜头，接下来情节一转，转到了南极，同样是用空镜进入叙事；上一个场景中的北极苔原空镜就是一个转场镜头，用以衔接上下两故事。

**2. 焦点转换镜头**

焦点转换镜头是在画面内部进行焦点的变化，可以把它称为画面内部蒙太奇的一种。通过焦点的变化，画面空间的主体发生变化，一方面可以引导观众，另一方面使得画面的空间层次关系发生变化，可以展现出空间的纵深感。

**（六）手持摄影**

上文在摄影器材准备的部分讲到，手持摄影必须要配备手持稳定器，而手持摄影不仅在拍摄时可以方便地移动，并且手持带来的微微晃动感对于情节是有作用的：在一些情节较为紧张，如捕猎等的场景情节中，镜头的晃动感可以营造紧张和不安定的氛围。

**（七）延时摄影**

前文讲过，拍摄植物相对于动物会比较难，因为植物相对静止，很难让影视画面动起来、活起来；事实上植物不是不动，而是速度太慢难以被察觉——这时候延时摄影就派上用场了。延时摄影常用于拍摄植物开花、生长等场景。也就是说，当要拍摄植物的时候，一定要想到用延时摄影去表现植物的动态。例如，在《微观世界》这部影片中就使用了很多延时摄影；还有在表现季节变换、潮涨潮落、日出月升的场景时，也可以使用延时摄影来表现。

# 第三节 《猎捕》第五集《无处藏身》镜头设计分析

"这是我们星球上最一览无遗的栖息地,再没有别的地方能像这里一样,能将捕猎者和猎物之间的剑拔弩张尽收眼底。在这里,毫无惊喜可言。"这部影片一开始这么说道。那么我们就来看看在这一集"无处藏身"的开阔环境中,镜头是如何设计,如何将"毫无惊喜"的捕猎变得扣人心弦的。

这一集里展现了肯尼亚的马赛马拉草原上猎豹捕猎牛羚、狞猫猎捕鸟类、蜜獾猎捕鼠类,巴西塞拉多大草原上萤叩甲幼虫猎捕白蚁,美国密苏里的斯阔溪白头海雕猎捕雪雁,赞比亚的沙漠中狮子捕猎非洲水牛,埃塞俄比亚狼捕猎东非鼹鼠,非洲纳米布沙漠蚁狮和隆头蛛捕猎蚂蚁,非洲埃托沙国家公园狮群猎捕斑马等情节。由于环境的不同以及捕猎者和猎物习性的不同等,观众在片中看到了丰富多彩的捕猎方式。这些捕猎方式在漂亮的镜头的呈现下,显得惊心动魄。接下来分段落来分析它的镜头设计。

第一段是猎豹捕猎牛羚的段落(表4-18)。

**表4-18 《无处藏身》中猎豹捕猎牛羚段落镜头分析**

| 镜号 | 镜头内容 | 景别 | 角度 | 镜头调度和主体调度 |
|---|---|---|---|---|
| 1 | 猎豹从牛羚群前走过 | 远景 | 平拍侧面 | 左移加右摇,向左 |
| 2 | 猎豹在草原上走过 | 大远景 | 俯拍侧面 | 左上移,向左上 |
| 3 | 牛羚群开始跑起来 | 大远景 | 俯拍 | 无,向左上 |
| 4 | 牛羚群在跑动 | 大远景 | 俯拍 | 无,向左 |
| 5 | 猎豹慢慢向前走,停住,转头看向镜头 | 全景 | 平拍侧面 | 左移,向左 |
| 6 | 牛羚群慢慢向前走 | 远景 | 平拍背面 | 左移,向内 |
| 7 | 猎豹向前走 | 近景 | 平拍正侧面 | 左移,向左 |
| 8 | 牛羚群中有小牛羚 | 全景 | 平拍侧面 | 左移,向左 |
| 9 | 猎豹悄悄向前 | 中景 | 平拍侧面 | |
| 10 | 小牛羚在牛羚群中走动 | 全景 | 平拍侧面 | 左移,向左 |
| 11 | 猎豹悄悄向前 | 中景 | 平拍侧面 | 左移,向左 |
| 12 | 小牛羚在吃草 | 中景 | 俯拍侧面 | 左摇,向左 |
| 13 | 猎豹开始奔跑 | 大远景 | 俯拍侧面 | |
| 14 | 猎豹追逐牛羚 | 大远景 | 俯拍 | 上移加推,向上 |
| 15 | 牛羚奔跑,小牛羚跟在妈妈身边 | 中景 | 俯拍 | 上移,向上 |
| 16 | 猎豹追逐牛羚,快要追上,牛羚跑远,但又被追上 | 大远景 | 俯拍背侧面 | 左移,向左上至向左 |
| 17 | 猎豹在奔跑 | 全景 | 平拍侧面 | 左摇,向左 |
| 18 | 牛羚带着小牛羚在奔逃,猎豹在后追赶,妈妈跑出画面,小牛羚眼看被追上,却逃脱 | 全景 | 平拍正侧面 | 左摇 |
| 19 | 猎豹继续追踪小牛羚,将牛羚扑倒 | 大远景 | 俯拍侧面 | 左摇,向左 |

这一段镜头仅19个，但仔细分析会发现，它的镜头方式比较统一，地面镜头基本上是侧面平拍，跟随动物向左，而景别的处理上，在奔跑的段落最小的景别也只是中景，基本上是航拍大远景和全景的结合；而角度的处理上，俯拍基本都是航拍镜头，地面大部分选择了平拍，平拍的镜头在处理上容易使观众建立和动物平等的视角，客观对待捕猎者和猎物两个角色。在猎豹开始捕猎之前，对紧张情绪的建立，也是用小景别来促成的，远景放在前6个镜头中，从第七到第十二个镜头，都是使用全景、中景和近景来表现的。这个段落也是一个标准的情节段落——各个景别都有，叙事、气氛、情绪全都由适当的景别来展现。

第二段是狞猫捕猎。不同于第一段，这一段中没有追逐段落，均是伏击，并且全部都是落空的(表4-19)。

表4-19 《无处藏身》中狞猫捕猎段落镜头分析

| 镜号 | 镜头内容 | 景别 | 角度 | 镜头调度和主体调度 |
|---|---|---|---|---|
| 1 | 野草随风摇摆 | 远景 | 平拍 | 右移，无 |
| 2 | 野草随风摇摆，草后似乎有动静 | 远景 | 平拍 | 右移，无 |
| 3 | 草后模糊的影子 | 全景 | 平拍侧面 | 右移，无 |
| 4 | 草后狞猫的耳朵低下 | 近景 | 平拍正侧面 | 无，向右下 |
| 5 | 珍珠鸡转头四顾，叫着 | 近景 | 仰拍正面 | 无，无 |
| 6 | 珍珠鸡四处看着，叫着 | 中景 | 仰拍正面 | 无，无 |
| 7 | 珍珠鸡转头四顾，叫着 | 近景 | 仰拍正面 | 无，无 |
| 8 | 一群珍珠鸡边叫边跳，还有一些仍在低头觅食 | 远景 | 平拍 | 无，向右 |
| 9 | 狞猫悄悄抬起前脚向前 | 近景 | 平拍侧面 | 右摇，向右 |
| 10 | 草后珍珠鸡的背影 | 全景 | 平拍侧面 | 右移，无 |
| 11 | 躲在草后的狞猫的背影 | 全景 | 平拍背侧面 | 无，无 |
| 12 | 草后若隐若现的珍珠鸡在觅食 | 中景 | 平拍侧面 | 右移，向左 |
| 13 | 珍珠鸡转头警惕地四顾，低下头 | 近景 | 仰拍侧面 | 无，向下 |
| 14 | 一只珍珠鸡从小路上跑过 | 全景 | 平拍侧面 | 无，向左 |
| 15 | 一群珍珠鸡在小路上小跑 | 远景 | 平拍背面 | 无，向内 |
| 16 | 珍珠鸡警惕地看着前方 | 中景 | 仰拍正面 | 无，无 |
| 17 | 草丛后珍珠鸡模糊的影子在走动 | 远景 | 平拍侧面 | 无，向左 |
| 18 | 草后的狞猫盯着前方，悄悄向前走了一步 | 中景 | 平拍侧面 | 右移，向右 |
| 19 | 草后的珍珠鸡在梳理羽毛，似乎警觉地听到了什么，抬头，然后低头梳理 | 中景 | 仰拍正侧面 | 无，无 |
| 20 | 草后狞猫的耳朵在转动 | 特写 | 平拍正面 | 无，无 |
| 21 | 珍珠鸡在路面上扒拉 | 全景 | 平拍侧面 | 右移，无 |
| 22 | 野草掩映下狞猫的脸 | 特写 | 平拍正侧面 | 无，无 |
| 23 | 草后的珍珠鸡 | 中景 | 仰拍正面 | 无，无 |
| 24 | 狞猫抬起脚悄悄向前 | 近景 | 平拍背面 | 无，向右 |

(续)

| 镜号 | 镜头内容 | 景别 | 角度 | 镜头调度和主体调度 |
|---|---|---|---|---|
| 25 | 珍珠鸡们突然乱窜 | 近景 | 平拍背面 | 无,向内 |
| 26 | 珍珠鸡们逃窜 | 中景 | 平拍背面 | 无,向内 |
| 27 | 珍珠鸡们从草丛中飞起 | 全景 | 平拍正面 | 无,向上 |
| 28 | 珍珠鸡们从草丛中飞起 | 远景 | 平拍正面 | 无,向上 |
| 29 | 狞猫呆呆地看着,然后转头四顾 | 近景 | 平拍背侧面至侧面 | 无,无 |
| 30 | 狞猫在草丛里搜寻下一个目标 | 全景 | 平拍背面 | 无,向右 |
| 31 | 狞猫在搜寻目标 | 全景 | 平拍侧面 | 右移,向右 |
| 32 | 狞猫继续搜寻 | 全景 | 俯拍正侧面 | 右移,向右 |
| 33 | 狞猫搜寻着,不时转头 | 中景 | 平拍正侧面 | 右移,向右 |
| 34 | 狞猫在草丛中穿行 | 全景 | 平拍侧面 | 右移,向右 |
| 35 | 狞猫在草丛中穿行 | 远景 | 俯拍侧面 | 右移,向右 |
| 36 | 草丛后狞猫的耳朵在转动 | 特写 | 平拍近景 | 无,无 |
| 37 | 草丛后似乎有什么 | 中景 | 平拍 | 右移,无 |
| 38 | 草丛中的狞猫悄悄向前 | 全景 | 平拍正面 | 无,向外 |
| 39 | 草丛后有一只鸟 | 全景 | 平拍侧面 | 右移,无 |
| 40 | 狞猫悄悄向前 | 中景 | 平拍背面 | 右移,向内 |
| 41 | 鸟儿四向转头 | 中景 | 平拍 | 无,无 |
| 42 | 草丛后的狞猫突然跃起 | 中景 | 平拍 | 无,向右 |
| 43 | 狞猫扑向鸟儿,却落空 | 大远景 | 平拍侧面 | 右摇,向右 |
| 44 | 狞猫警觉的耳朵在转动 | 特写 | 平拍背侧面 | 无,无 |
| 45 | 狞猫慢慢抬起腿悄悄向前 | 近景 | 平拍侧面 | 右移,向右 |
| 46 | 一只鸟儿在相对开阔的地方 | 大远景 | 平拍侧面 | 右移,无 |
| 47 | 狞猫匍匐在草丛中盯着前方 | 中景 | 平拍侧面 | 右移,向右 |
| 48 | 鸟儿在觅食 | 远景 | 平拍背面 | 右移,四处走动 |
| 49 | 草后狞猫专注的脸 | 特写 | 平拍侧面 | 无,无 |
| 50 | 草丛中的狞猫冲上前扑向鸟儿,鸟飞起,狞猫腾空,却仍旧失手,鸟儿飞走 | 远景 | 俯拍侧面 | 右摇,向右 |

这一个段落的50个镜头是由3个捕猎段落组成的。由于是伏击,真正抓捕的那一刻时间非常短,因此这个段落的重点放在了伏击前气氛的营造,而第一个段落伏击珍珠鸡的气氛营造得最为强烈,共用了24个镜头来表现捕猎者和猎物的紧张情绪;第二个伏击段落仅用了从第三十六到第四十一个镜头的正反打来表现伏击前的紧张气氛;第三个段落同样也是6个镜头作铺垫。这一段可以给初学者在拍摄方面的启发是,拍摄猎捕段落,猎捕者和捕猎双方的各个景别的镜头要多一些,以利于正反打的剪辑。

第三段是蜜獾的捕食。它也在开阔地带捕食,并且没有追击等太多紧张的过程。我们来看看这一段又是如何表现的(表4-20)。

表 4-20 《无处藏身》中蜜獾捕食段落镜头分析

| 镜号 | 镜头内容 | 景别 | 角度 | 镜头调度和主体调度 |
|---|---|---|---|---|
| 1 | 蜜獾从洞中跑出 | 全景 | 平拍侧面 | 无,向左 |
| 2 | 蜜獾快速小跑 | 全景 | 平拍背侧面 | 向左,向左 |
| 3 | 蜜獾小跑的腿 | 中景 | 俯拍背面 | 跟,向内 |
| 4 | 蜜獾在草原上跑着 | 远景 | 平拍背面 | 右移加右摇,向左 |
| 5 | 獴鼬哨兵警觉地缩下身子 | 近景 | 仰拍侧面 | 无,向下 |
| 6 | 两只獴鼬飞奔而去 | 远景 | 俯拍背面 | 无,向左 |
| 7 | 蜜獾一边在地上嗅着一边小跑 | 中景 | 平拍侧面 | 左移,向左 |
| 8 | 蜜獾小跑着,跳跃着 | 远景 | 俯拍侧面 | 左移,向左 |
| 9 | 蜜獾向前看看 | 全景 | 平拍正侧面 | 左摇至固定,向外 |
| 10 | 树后的长颈鹿在观望 | 中景 | 仰拍正侧面 | 无,无 |
| 11 | 蜜獾在嗅着地面向前小跑出画 | 全景至近景 | 平拍正面 | 无,向外 |
| 12 | 飞扬的土 | 近景 | 平拍 | 无,向左 |
| 13 | 蜜獾刨着土 | 全景 | 平拍背面 | 无,无 |
| 14 | 蜜獾在刨土,好像没什么收获,离开 | 远景 | 平拍侧面 | 无,向外 |
| 15 | 蜜獾一边嗅着一边向前跑 | 远景 | 平拍正面 | 后移,向外 |
| 16 | 刨土的蜜獾的后肢 | 近景 | 平拍正侧面 | 无,向右 |
| 17 | 蜜獾刨土 | 全景 | 平拍侧面 | 无,无 |
| 18 | 蜜獾向前小跑 | 全景 | 平拍背侧面 | 前移,向内 |
| 19 | 蜜獾刨土 | 中景 | 平拍 | 无,无 |
| 20 | 蜜獾刨土,似乎什么都没有,左右看看 | 全景 | 平拍侧面 | 无,无 |
| 21 | 蜜獾继续跑 | 全景至远景 | 俯拍背侧面 | 左摇至前移至左摇,向内 |
| 22 | 刨土的蜜獾的后腿 | 近景 | 平拍侧面 | 无,无 |
| 23 | 蜜獾刨土,从洞中叼出一只鼠 | 中景 | 平拍正面至侧面 | 固定至左移,向左 |
| 24 | 蜜獾嚼着它的猎物 | 中景 | 平拍侧面 | 无,无 |
| 25 | 树后的长颈鹿嚼着树叶 | 中景 | 仰拍正侧面 | 无,无 |
| 26 | 蜜獾在草原上跑 | 远景 | 平拍侧面 | 左移,向左 |
| 27 | 蜜獾翻着石块底下 | 全景 | 平拍正面 | 无,无 |
| 28 | 蜜獾扒开一块石头 | 近景 | 俯拍 | 无,无 |
| 29 | 蜜獾又扒开一块石头,发现一只蝎子 | 中景 | 平拍侧面 | 推,无 |
| 30 | 蜜獾扒拉蝎子 | 全景 | 俯拍正面 | 环至推,向内 |
| 31 | 蜜獾扒拉蝎子 | 近景 | 俯拍正侧面 | 无,向内 |
| 32 | 蜜獾扒拉蝎子 | 全景至远景至近景 | 平拍正面至侧面 | 拉至推,向内 |

（续）

| 镜号 | 镜头内容 | 景别 | 角度 | 镜头调度和主体调度 |
| --- | --- | --- | --- | --- |
| 33 | 蜜獾被蝎子蜇得在地上蹭 | 中景 | 平拍正面 | 摇晃，无 |
| 34 | 蜜獾摁住蝎子往自己嘴边扒 | 近景 | 俯拍正面 | 推，无 |
| 35 | 蜜獾咬住蝎子大嚼 | 近景 | 平拍侧面 | 推，无 |
| 36 | 蜜獾趴在地上嚼着蝎子 | 全景 | 平拍正面 | 左摇，无 |
| 37 | 蜜獾嗅着地面，离开 | 中景 | 平拍侧面 | 无，向左 |
| 38 | 蜜獾站在岩石上远眺 | 远景 | 平拍侧面 | 下移，无 |
| 39 | 蜜獾用脑袋顶着一颗鸵鸟蛋向前 | 中景 | 俯拍侧面 | 下摇，向左 |
| 40 | 蜜獾顶着鸵鸟蛋向前 | 近景 | 俯拍正面 | 后移，向外 |
| 41 | 蜜獾将鸵鸟蛋向前顶 | 全景至中景 | 俯拍正面至侧面 | 下摇，向外至向右 |
| 42 | 蜜獾想打开鸵鸟蛋，抱住蛋滚来滚去 | 中景 | 平拍侧面 | 无，无 |
| 43 | 蜜獾抱住鸵鸟蛋倒在地上 | 远景 | 平拍正侧面 | 无，无 |
| 44 | 鸵鸟蛋在蜜獾怀中滚来滚去 | 特写 | 平拍 | 左摇，无 |
| 45 | 蜜獾抱着鸵鸟蛋躺在地上想尽办法打开 | 中景 | 平拍侧面 | 右摇，无 |
| 46 | 蜜獾起身，用后肢推着鸵鸟蛋向后 | 远景 | 平拍正侧面 | 右摇，向内 |
| 47 | 蜜獾推着鸵鸟蛋滚来滚去 | 中景 | 平拍背面 | 左摇至右摇，向左至向右 |
| 48 | 长颈鹿在树后看着 | 中景 | 仰拍侧面 | 无，无 |
| 49 | 蜜獾推着鸵鸟蛋 | 大远景 | 俯拍侧面 | 无，向右 |
| 50 | 鸵鸟蛋被蜜獾扒拉着 | 特写 | 平拍正面 | 无，向外 |
| 51 | 蜜獾扒拉鸵鸟蛋 | 中景 | 俯拍 | 无，无 |
| 52 | 蜜獾倒在地上，终于抠开了鸵鸟蛋，舔食流出的蛋液 | 中景 | 平拍正面 | 无，无 |
| 53 | 蜜獾转来转去吸食着鸵鸟蛋 | 全景 | 平拍正面 | 无，无 |
| 54 | 蜜獾舔食蛋液 | 近景 | 俯拍侧面 | 左摇，无 |
| 55 | 蜜獾舔食流到地上的蛋液 | 中景 | 俯拍侧面 | 右移，无 |
| 56 | 蜜獾舔食蛋液 | 近景 | 俯拍侧面 | 无，无 |
| 57 | 蜜獾吃完离开，留下鸵鸟蛋壳 | 近景至远景 | 俯拍侧面 | 拉，向右 |
| 58 | 蜜獾在草丛中小跑离开 | 大远景 | 俯拍侧面 | 无，向右 |

这一段落我们看到，由于蜜獾是可以近距离拍摄的，在此也是放低机位平拍蜜獾。而这段的捕猎也分成3个部分。第一部分第一到第二十四个镜头，和狞猫的3个段落一样，也是将重点放在第一个捕猎段落上，占了将近1/2的镜头数量，主要是是在各个洞口不停刨土翻找猎物；观众看到镜头拍摄了各个角度刨土的动作，在不同地方刨土的动作，不停奔跑寻找的动作场景，并且调度的方向也比较多，有左右横向调度，也有斜向调度和纵深

调度，原本是个过程比较简单的段落却显得节奏明快。第二部分是捕猎蝎子，蝎子这一段和前一段的视觉区别在于：第一，这一段情节上是翻找石块下的猎物；第二，猎物和蜜獾之间有一段小小的对战，虽然蝎子很小，但它会蜇蜜獾，它们的大小悬殊和呈现出来的拉锯使情节呈现出诙谐的效果，蜜獾被蜇得打滚令人捧腹。第三部分讲述蜜獾对付鸵鸟蛋，它抱着鸵鸟蛋滚来滚去无可奈何的样子也是吸引观众的情节点之一，画面也是从不同的角度来呈现。

第四段是萤叩甲幼虫捕猎白蚁的段落。前面讲述白蚁的生活方式，后半段才是呈现猎捕。我们挑选其中猎捕段落来分析（表4-21）。

表4-21 《无处藏身》中萤叩甲幼虫捕猎白蚁段落镜头分析

| 镜号 | 镜头内容 | 景别 | 角度 | 镜头调度和主体调度 |
| --- | --- | --- | --- | --- |
| 1 | 蚁巢里的萤叩甲幼虫在蠕动 | 全景 | 俯拍侧面 | 上移，无 |
| 2 | 萤叩甲幼虫在挖洞 | 中景 | 平拍侧面 | 无，无 |
| 3 | 萤叩甲幼虫伸缩着它的颚 | 近景 | 俯拍侧面 | 无，无 |
| 4 | 夕阳下沉 | 远景 | 仰拍 | 无，向下 |
| 5 | 萤叩甲在蠕动 | 中景 | 仰拍侧面 | 无，向右 |
| 6 | 萤叩甲钻出蚁巢 | 中景 | 平拍背面 | 无，向内 |
| 7 | 萤叩甲钻到蚁巢表面 | 近景 | 平拍正面 | 无，无 |
| 8 | 夜空中白蚁纷飞 | 远景 | 仰拍 | 无，无 |
| 9 | 萤叩甲开始发出荧光 | 近景 | 平拍 | 无，无 |
| 10 | 萤叩甲开始发荧光 | 远景 | 仰拍 | 无，无 |
| 11 | 蚁巢上的萤叩甲幼虫纷纷开始发光 | 远景 | 仰拍 | 左移，无 |
| 12 | 夜幕中如缀点点星光般的蚁巢 | 中景 | 仰拍 | 上摇，无 |
| 13 | 纷飞的白蚁 | 远景 | 仰拍 | 无，无 |
| 14 | 闪闪发光的蚁巢 | 中景 | 仰拍 | 无，无 |
| 15 | 一只发光的萤叩甲幼虫引来一只白蚁，一把将它拖回洞里 | 全景 | 平拍正面 | 无，向内 |
| 16 | 白蚁被萤叩甲幼虫拖进洞里 | 全景 | 平拍正面 | 无，向内 |
| 17 | 又一只萤叩甲幼虫拖住一只白蚁 | 中景 | 俯拍正面 | 无，向内 |
| 18 | 闪闪发光的蚁巢 | 中景 | 仰拍 | 右移，无 |
| 19 | 星空下亮闪闪的几座蚁巢 | 远景 | 仰拍 | 无，无 |
| 20 | 一只萤叩甲幼虫不停甩动闪亮的头部 | 中景 | 平拍正面 | 无，无 |
| 21 | 一只萤叩甲幼虫将一只白蚁拖进洞 | 全景 | 平拍正面 | 无，向内 |
| 22 | 又一只萤叩甲幼虫将一只白蚁拖进洞 | 中景 | 平拍正面 | 无，向内 |
| 23 | 一只白蚁被拖进洞里，上方亮着的另一只萤叩甲幼虫也捕捉到一只白蚁 | 全景 | 仰拍侧面 | 无，向左 |
| 24 | 萤叩甲幼虫将白蚁储存起来 | 中景 | 平拍侧面 | 无，向左 |
| 25 | 萤叩甲幼虫推动着拖进来的白蚁 | 中景 | 平拍侧面 | 无，向左 |

(续)

| 镜号 | 镜头内容 | 景别 | 角度 | 镜头调度和主体调度 |
|---|---|---|---|---|
| 26 | 一只萤叩甲幼虫捕获一只白蚁 | 中景 | 平拍正面 | 无，向内 |
| 27 | 又一只萤叩甲幼虫捕获一只白蚁 | 全景 | 平拍正侧面 | 无，向内 |
| 28 | 白蚁被拖进洞里 | 全景 | 平拍背面 | 无，向内 |
| 29 | 萤叩甲幼虫储藏起白蚁 | 中景 | 平拍侧面 | 无，向左 |
| 30 | 洞穴中一堆白蚁尸体，萤叩甲幼虫在里面蠕动 | 全景 | 平拍 | 左移，无 |

这个捕猎段落最重要的镜头有这样几个，一个是奇观镜头——矗立在星空下闪闪发光的蚁巢，非常能够吸引观众，为了展现这个景象的美丽与宏伟，画面使用了仰拍和广角的方式来拍摄，在这个段落中一共呈现了4个镜头，也是有不同的角度和景别；另一个是夜幕下萤叩甲幼虫捕住白蚁的时刻也很重要，这样的镜头有很多个，原本这个奇观就是以多取胜，那么一系列的捕捉镜头排列在一起，也能够看到"多"这一特点，同样捕捉的镜头也是用了很多景别、角度和方式去呈现的，有近景，有中景，有全景，还有同一个画面中一前一后被捕捉的，拍摄角度十分丰富；而烘托事件气氛调节节奏的环境远景用了5个镜头，穿插在整个过程当中。

第五段是白头海雕捕猎雪雁的场景。这一场景也是一个以多取胜的奇观式场景，但仅仅是猎物多（表4-22）。

表4-22 《无处藏身》中白头海雕捕猎雪雁段落镜头分析

| 镜号 | 镜头内容 | 景别 | 角度 | 镜头调度和主体调度 |
|---|---|---|---|---|
| 1 | 几十只雪雁在天空中飞 | 大远景 | 平拍 | 无，向右 |
| 2 | 上百只雪雁在天空中飞 | 大远景 | 仰拍 | 无，向右 |
| 3 | 密密麻麻的雪雁在空中飞 | 大远景 | 仰拍 | 无，左右 |
| 4 | 更密密麻麻的雪雁在空中飞 | 大远景 | 仰拍 | 无，向右 |
| 5 | 密密麻麻的雪雁在飞 | 远景 | 仰拍 | 右摇，向右 |
| 6 | 雪雁飞下落在湖面，下面是挨挨挤挤的一片雪雁脑袋 | 远景 | 平拍 | 右移，无 |
| 7 | 雪雁扑扇着翅膀落下 | 远景 | 平拍 | 无，无 |
| 8 | 挨挨挤挤的一片雪雁 | 大远景 | 俯拍 | 右摇，无 |
| 9 | 挨挨挤挤的雪雁 | 大远景 | 俯拍 | 无，无 |
| 10 | 天空中密布的雪雁 | 大远景 | 仰拍 | 无，向左 |
| 11 | 密密麻麻飞下的雪雁 | 大远景 | 平拍 | 无，无 |
| 12 | 白头海雕锐利的眼 | 大特写 | 仰拍，侧面 | 推，无 |
| 13 | 白头海雕的羽毛 | 大特写 | 仰拍背面 | 微晃，无 |
| 14 | 白头海雕的喙，它歪了一下脑袋 | 大特写 | 仰拍侧面 | 无，无 |
| 15 | 一只白头海雕在雪雁群外飞 | 大远景 | 仰拍侧面 | 左移，向左 |

（续）

| 镜号 | 镜头内容 | 景别 | 角度 | 镜头调度和主体调度 |
|---|---|---|---|---|
| 16 | 密密麻麻飞着的雪雁 | 远景 | 仰拍侧面 | 无，向左 |
| 17 | 白头海雕在雪雁群外飞 | 大远景 | 仰拍 | 右摇，向右 |
| 18 | 密布的雪雁飞成了一面墙 | 大远景 | 仰拍 | 左摇，无 |
| 19 | 密布飞翔的雪雁 | 远景 | 仰拍 | 无，向右 |
| 20 | 一只白头海雕在雪雁群外飞 | 大远景 | 仰拍 | 右摇，向右 |
| 21 | 密布飞翔的雪雁 | 大远景 | 仰拍 | 无，无 |
| 22 | 湖面上成片飞翔的雪雁 | 大远景 | 仰拍 | 右摇，左右 |
| 23 | 白头海雕在空中飞翔 | 远景 | 仰拍 | 上右摇，向右 |
| 24 | 站着的白头海雕在眺望 | 中景 | 仰拍 | 无，无 |
| 25 | 树上落着十来只白头海雕 | 大远景 | 仰拍 | 推，无 |
| 26 | 结冰 | 大特写 | 平拍 | 下摇，向上 |
| 27 | 结冰 | 大特写 | 平拍 | 推，向右 |
| 28 | 结冰 | 大特写 | 平拍 | 左摇，无 |
| 29 | 湖面结冰 | 近景 | 俯拍 | 左摇，无 |
| 30 | 湖面结冰 | 近景 | 俯拍 | 左摇，无 |
| 31 | 苇秆结冰 | 特写 | 仰拍 | 左摇，无 |
| 32 | 白头海雕身后，湖面在结冰 | 远景 | 俯拍侧面 | 变焦，无 |
| 33 | 雾气中密密麻麻的雪雁 | 远景 | 俯拍 | 无，无 |
| 34 | 雾气中密密麻麻的雪雁 | 远景 | 平拍 | 无，无 |
| 35 | 挨挨挤挤的雪雁 | 远景 | 俯拍 | 无，无 |
| 36 | 白头海雕飞下 | 全景 | 仰拍正侧面至侧面 | 下摇，向左 |
| 37 | 蹲在冰面上的雪雁 | 全景 | 平拍 | 无，无 |
| 38 | 被白头海雕惊飞的雪雁们 | 大远景 | 俯拍侧面 | 无，向左 |
| 39 | 空中的白头海雕 | 全景 | 仰拍正侧面至侧面 | 下摇，向左 |
| 40 | 雪雁纷纷起飞 | 远景 | 平拍侧面 | 无，向上 |
| 41 | 雪雁纷纷起飞 | 大远景 | 平拍侧面 | 无，向上 |
| 42 | 向上飞的雪雁 | 远景 | 平拍 | 左摇，向上 |
| 43 | 雪雁如一面墙飞起 | 大远景 | 仰拍 | 无，无 |
| 44 | 雪雁纷纷向上飞 | 全景 | 俯拍侧面 | 右摇，向左上 |
| 45 | 雪雁纷纷飞起 | 大远景 | 仰拍侧面 | 无，向上 |
| 46 | 白头海雕俯冲进雪雁底层 | 大远景 | 仰拍正面 | 下摇，向下 |
| 47 | 雪雁飞起 | 全景 | 平拍侧面 | 无，向左 |
| 48 | 底层的雪雁相互撞在一起 | 远景 | 平拍侧面 | 无，向右 |

(续)

| 镜号 | 镜头内容 | 景别 | 角度 | 镜头调度和主体调度 |
| --- | --- | --- | --- | --- |
| 49 | 白头海雕从雪雁群飞出 | 大远景 | 平拍正面 | 左摇，向外 |
| 50 | 混乱起飞的雪雁 | 远景 | 仰拍 | 无，向上 |
| 51 | 混乱的雪雁 | 全景 | 仰拍侧面 | 无，向右 |
| 52 | 飞着的雪雁后是白头海雕 | 大远景 | 仰拍侧面 | 右下摇，向右 |
| 53 | 白头海雕驱赶着雪雁 | 远景 | 平拍至仰拍背面 | 左摇，向内 |
| 54 | 飞翔的白头海雕 | 全景 | 仰拍侧面 | 右下摇，向右 |
| 55 | 一只翅膀受伤的雪雁在冰面上蹒跚 | 全景 | 平拍侧面 | 左摇，向左 |
| 56 | 飞翔的白头海雕 | 中景 | 仰拍正侧面 | 右摇，向右 |
| 57 | 受伤的雪雁试图起飞但飞不起来，在冰面上扑腾 | 远景 | 俯拍背侧面 | 无，向右 |
| 58 | 白头海雕将一只受伤的雪雁拖出水 | 远景 | 平拍侧面 | 无，向上 |
| 59 | 一只白头海雕飞下 | 全景 | 仰拍至俯拍背面 | 下摇，向下 |
| 60 | 白头海雕抓住冰面上一只落单的雪雁 | 远景 | 平拍侧面 | 左摇，向下停住 |
| 61 | 白头海雕爪子扣着一只血淋淋的雪雁落在冰面上 | 全景 | 平拍侧面 | 右摇，向右 |
| 62 | 飞翔中的白头海雕 | 全景 | 平拍侧面 | 右摇，向右 |
| 63 | 密密麻麻飞翔中的雪雁 | 远景 | 仰拍侧面 | 无，向右 |
| 64 | 空中密密麻麻飞着的雪雁 | 大远景 | 仰拍侧面 | 无，向右 |

  这一个段落中令人印象最深的应该就是雪雁的数量之多，片中是怎样表现雪雁之多的呢？除了雪雁密密麻麻的画面，有没有其他的"玄机"呢？仔细分析镜头，就会发现，这个"多"是层层递进的，从第一个镜头到第五个镜头，镜头上呈现的雪雁的数量是越来越多的，前5个镜头都是在飞的雪雁，而第六个镜头是落地的雪雁，画面中挨挨挤挤的脑袋，从另一个角度让我们感受到了雪雁之多。而在第二个表现多的段落，也就是白头海雕第一次把雪雁赶起，密密麻麻的雪雁飞了起来，这一次镜头上呈现的雪雁要比第一段落中更为密密麻麻，并且用白头海雕穿行其中做了一个对比，更突显出雪雁的数量。第三个段落则是在最后白头海雕冲入雪雁底层引起混乱开始的，这个段落虽然数量也多，但重点是放在了混乱上，从多处的全景的使用就可以看出；我们前面讲过，表现规模和气氛需要大远景和远景，而全景是用来表现动作的，当使用全景的时候观众的关注点就完全在画面上几只雪雁扑扇翅膀的动作上，自然就会感觉比较乱了。

第六段是狮子捕猎非洲水牛。这一段落和猎豹捕猎牛羚的段落有些相似，但又有它自己的特点（表4-23）。

表4-23 《无处藏身》中狮子捕猎非洲水牛段落镜头分析

| 镜号 | 镜头内容 | 景别 | 角度 | 镜头调度和主体调度 |
|---|---|---|---|---|
| 1 | 一头水牛独自在荒野上走着 | 大远景 | 平拍侧面 | 无，向右 |
| 2 | 水牛走着 | 近景 | 平拍侧面 | 无，向右 |
| 3 | 水牛在草地上走，背景中几只狮子蹲在草地上望着它 | 全景 | 平拍侧面 | 无，向右 |
| 4 | 狮子盯着前方 | 近景 | 平拍侧面 | 无，无 |
| 5 | 刚才的那几只狮子站了起来 | 远景 | 平拍正面 | 无，无 |
| 6 | 狮子在草丛中行走 | 近景 | 平拍侧面 | 右移，向右 |
| 7 | 水牛在草地上行走 | 远景 | 平拍背侧面 | 无，向右 |
| 8 | 狮子缓缓向前跟着 | 中景 | 平拍侧面 | 无，向右 |
| 9 | 水牛低头寻觅 | 远景 | 平拍背面 | 无，向内 |
| 10 | 狮子一边走一边盯着前方 | 近景 | 平拍正面 | 右摇，向外 |
| 11 | 水牛走过，身上皮肉厚实 | 近景 | 平拍侧面 | 无，向右 |
| 12 | 狮子缓慢地跟着 | 中景 | 平拍背侧面 | 右摇，向右 |
| 13 | 水牛的四蹄 | 近景 | 俯拍背面 | 微晃，向内 |
| 14 | 水牛站定 | 远景 | 平拍背面 | 无，无 |
| 15 | 狮子矮身慢慢向前 | 全景 | 平拍背侧面 | 右摇，向右 |
| 16 | 水牛的耳朵和眼睛 | 特写 | 平拍正面 | 右摇，无 |
| 17 | 狮子盯着前方 | 近景 | 平拍侧面 | 无，无 |
| 18 | 水牛转头 | 大特写 | 平拍正面 | 无，无 |
| 19 | 狮子们渐渐跑起 | 全景 | 平拍背侧面 | 右摇，向右 |
| 20 | 水牛转头 | 大特写 | 平拍背面 | 无，无 |
| 21 | 狮子偷袭水牛 | 全景 | 平拍背侧面至侧面 | 右摇，向右 |
| 22 | 两头狮子围攻水牛 | 远景 | 平拍侧面 | 固定至左摇，向左 |
| 23 | 狮子张嘴向水牛咬去，水牛反击 | 全景 | 平拍背面 | 左摇至右摇，向左至向右 |
| 24 | 狮子和水牛相互攻击 | 全景 | 平拍 | 右摇至左摇，向右至向左 |
| 25 | 水牛和狮子周旋 | 全景 | 平拍 | 右摇至左摇，向右至向左 |
| 26 | 水牛和狮子周旋 | 远景 | 平拍 | 右摇，向右 |
| 27 | 狮子和水牛对峙 | 全景 | 平拍 | 固定至左摇，转身 |
| 28 | 两头狮子围攻水牛 | 远景 | 平拍 | 右摇，水牛转身 |
| 29 | 三头狮子围攻水牛，一头咬住水牛不放 | 全景 | 平拍 | 右摇至下摇，向右原地动 |
| 30 | 狮子围住水牛 | 中景 | 俯拍 | 右摇，狮子向左 |
| 31 | 狮子将水牛放倒 | 中景 | 俯拍背侧面 | 微晃，无 |

(续)

| 镜号 | 镜头内容 | 景别 | 角度 | 镜头调度和主体调度 |
| --- | --- | --- | --- | --- |
| 32 | 狮子咬住水牛 | 近景 | 平拍侧面 | 无,无 |
| 33 | 水牛的角 | 特写 | 俯拍正面 | 无,无 |
| 34 | 狮子紧咬水牛 | 特写 | 俯拍正面 | 无,无 |
| 35 | 另一只狮子咬住水牛 | 近景 | 俯拍正面 | 无,无 |
| 36 | 第三只咬住水牛的狮子 | 特写 | 俯拍正面 | 无,无 |
| 37 | 痛苦的水牛吼叫 | 特写 | 俯拍正侧面 | 无,无 |
| 38 | 狮子咬住水牛 | 特写 | 俯拍侧面 | 上摇,无 |
| 39 | 狮子的爪子抱住水牛 | 特写 | 俯拍 | 无,无 |
| 40 | 狮子咬住水牛 | 特写 | 俯拍 | 左摇,无 |
| 41 | 狮子张嘴咬水牛 | 特写 | 俯拍侧面 | 下摇,无 |
| 42 | 狮子趴在水牛身上 | 特写 | 俯拍背面 | 无,无 |
| 43 | 狮子扒住水牛的前肢 | 特写 | 平拍侧面 | 无,无 |
| 44 | 狮子仍然咬着水牛 | 特写 | 平拍侧面 | 无,无 |
| 45 | 狮子从水牛身上滑下,反而被水牛角顶开 | 全景 | 俯拍侧面 | 左摇,向左 |
| 46 | 狮子满嘴血停下看着 | 近景 | 平拍正面 | 右摇,无 |
| 47 | 水牛反击狮子 | 全景 | 俯拍侧面 | 右摇,向右 |
| 48 | 狮子后退逃跑,水牛追击 | 中景 | 俯拍侧面 | 右摇,向右 |
| 49 | 狮子逃走 | 远景 | 平拍侧面 | 左摇,向左 |
| 50 | 狮子停下向后张望 | 全景 | 平拍背侧面 | 无,无 |
| 51 | 三只狮子蹲在树荫中 | 远景 | 平拍正面 | 无,无 |
| 52 | 水牛远望着他们 | 全景 | 平拍背侧面 | 无,无 |
| 53 | 水牛的双眼,脸上全是血 | 特写 | 平拍正面 | 无,无 |

　　这53个镜头展现了一场惊心动魄的猎捕,并且结局出人意料。因为直接的厮杀,这段视觉效果特别强烈,但是和前面猎豹捕猎牛羚不一样的是:第一,狮子是围攻,三头狮子围攻一头水牛;第二,水牛最后反败为胜,那么从情节上来讲就要复杂一些。因此在这一段里,我们看到狮子制服水牛的段落主要是远景和全景的交替,从将水牛制服开始,特写变得多了起来,我们看到狮子咬着水牛的特写、狮子爪子的特写、水牛角的特写等镜头,在水牛起身的那一刻也是一个非常小的景别。因此,这一段导致了一个小小的问题,单从画面来看,观众无法明白水牛的反败为胜是如何做到的,仅仅是看到了结果——这也是这一段落的遗憾。可以猜测,这一段拍摄时摄影师没有料到水牛的绝地反击,因此在水牛起身的一刹没有大景别的素材,只好用特写去完成这一小截的叙事。这也说明拍摄时机位的

安排有多么重要了。

第七段是埃塞俄比亚狼捕猎的场景。我们同样先把镜头细分出来(表4-24)。

表4-24 《无处藏身》中埃塞俄比亚狼捕猎段落镜头分析

| 镜号 | 镜头内容 | 景别 | 角度 | 镜头调度和主体调度 |
| --- | --- | --- | --- | --- |
| 1 | 埃塞俄比亚狼眺望原野上的动静 | 中景 | 平拍侧面 | 左摇,向左 |
| 2 | 地下钻出一只东非鼹鼠 | 中景 | 俯拍背面至侧面至正面 | 无,向上,背面转侧面转正面 |
| 3 | 地里又钻出一只东非鼹鼠,看看前面,探出洞吃草 | 远景 | 俯拍正侧面 | 无,向左 |
| 4 | 大东非鼹鼠吃草 | 近景 | 俯拍侧面 | 无,无 |
| 5 | 一只垄鼠蹲在地上吃草 | 全景 | 平拍正侧面 | 无,无 |
| 6 | 几只垄鼠在吃草,一只迅速钻入地洞 | 远景 | 俯拍 | 无,向左 |
| 7 | 一只垄鼠在吃草,直起身警觉地望了望 | 全景 | 平拍正侧面 | 无,无 |
| 8 | 狼向前眺望,低下头 | 近景 | 平拍侧面 | 无,向下 |
| 9 | 垄鼠蹲着望着前面 | 全景 | 平拍正侧面 | 无,无 |
| 10 | 狼向前走,寻找猎物 | 全景 | 俯拍侧面 | 左摇,向左 |
| 11 | 两只垄鼠警觉地望着前面 | 全景 | 平拍正面 | 无,无 |
| 12 | 狼悄悄向前的腿 | 中景 | 平拍侧面 | 左摇,向左 |
| 13 | 警觉的垄鼠 | 远景 | 平拍正侧面 | 无,无 |
| 14 | 垄鼠喊叫发出警报 | 全景 | 平拍正面 | 无,无 |
| 15 | 狼加速向前 | 全景 | 平拍背侧面 | 左摇,向左 |
| 16 | 刚才的两只垄鼠迅速钻入地下 | 全景 | 平拍正面 | 无,向下 |
| 17 | 一只半探出的垄鼠也迅速钻入地下 | 中景 | 平拍正侧面 | 无,向下 |
| 18 | 狼扑来,在洞口刨了一会儿跑开 | 全景 | 平拍侧面 | 右摇,向左 |
| 19 | 一只垄鼠观望一下,迅速钻入洞中 | 中景 | 仰拍正侧面 | 无,向下 |
| 20 | 大东非鼹鼠还在洞口吃草,一会儿钻入了地下 | 远景 | 俯拍侧面 | 无,向右下 |
| 21 | 狼在张望,寻找猎物 | 大远景 | 平拍侧面 | 无,无 |
| 22 | 狼微微抬起的脚 | 中景 | 平拍背侧面 | 无,无 |
| 23 | 狼低头向地洞看去 | 全景 | 平拍侧面 | 无,无 |
| 24 | 狼低头向下看 | 特写 | 俯拍正侧面 | 下摇,无 |
| 25 | 狼低头看着地洞,突然扒拉着去咬 | 全景 | 俯拍正侧面 | 左摇,原地转圈 |
| 26 | 东非大鼹鼠缩进地洞 | 近景 | 平拍侧面 | 无,向下 |
| 27 | 一只狼对着一个地洞又踩又啃 | 全景 | 平拍背侧面 | 左摇,原地动作 |
| 28 | 用嘴啃了一块土,粘在了牙上,甩掉 | 中景 | 平拍侧面 | 无,原地动作 |
| 29 | 接着又啃土,粘嘴里,费劲弄掉 | 全景 | 平拍侧面 | 右摇,向右 |
| 30 | 探出头的两只东非大鼹鼠 | 中景 | 平拍侧面 | 无,无 |
| 31 | 一只狼向前走 | 近景 | 平拍侧面 | 右摇,向右 |

（续）

| 镜号 | 镜头内容 | 景别 | 角度 | 镜头调度和主体调度 |
| --- | --- | --- | --- | --- |
| 32 | 大东非鼹鼠看看，钻入地下 | 近景 | 平拍正面 | 无，向下 |
| 33 | 另一只大东非鼹鼠也钻入地下 | 近景 | 平拍侧面 | 无，向下 |
| 34 | 狼低头看看地洞，向地洞吐气，又刨了两下 | 近景 | 俯拍侧面 | 下摇，向下 |
| 35 | 狼停了停，又到地洞来 | 全景 | 俯拍侧面 | 无，原地动作 |
| 36 | 狼探头嗅了嗅 | 近景 | 俯拍侧面 | 下摇，向下 |
| 37 | 狼转头向另一个地洞呼气 | 全景 | 平拍侧面至背面 | 左摇至上摇，向左至向内 |
| 38 | 狼将鼻子伸进地洞吐气 | 近景 | 俯拍侧面 | 无，向下至向上 |
| 39 | 狼将鼻子伸进地洞吐气，然后离开 | 近景 | 平拍正侧面 | 无，向下至向上 |
| 40 | 狼将嘴探进洞里，一会儿叼出一只垄鼠 | 中景 | 俯拍侧面 | 左摇，向左 |
| 41 | 狼的侧脸 | 特写 | 仰拍侧面 | 无，无 |
| 42 | 探出洞口的大东非鼹鼠忽而钻进洞里 | 全景 | 仰拍侧面 | 无，向下 |
| 43 | 狼俯身悄悄向前 | 全景 | 俯拍侧面 | 左摇，向左 |
| 44 | 狼悄悄向前 | 近景 | 仰拍侧面 | 左摇，向左 |
| 45 | 一只大东非鼹鼠缩进洞里 | 近景 | 仰拍侧面 | 无，向下 |
| 46 | 狼俯身去嗅 | 近景 | 仰拍正侧面 | 下摇，向下 |
| 47 | 大东非鼹鼠探出头 | 特写 | 平拍侧面 | 无，向下 |
| 48 | 狼悄悄向前 | 中景 | 平拍背面 | 下摇，向内 |
| 49 | 大东非鼹鼠探出头左右看 | 近景 | 平拍侧面 | 无，无 |
| 50 | 狼俯身向前 | 全景 | 仰拍背侧面 | 左摇，向内 |
| 51 | 大东非鼹鼠还在警觉地看 | 近景 | 平拍侧面 | 无，无 |
| 52 | 狼距离大东非鼹鼠不远了，它趴下静静的等着 | 远景 | 仰拍正侧面 | 无，无 |
| 53 | 大东非鼹鼠探出身子吃草 | 中景 | 平拍侧面 | 右摇，向右 |
| 54 | 狼悄悄靠近，又停下 | 远景 | 俯拍正侧面 | 无，向外 |
| 55 | 一只垄鼠叫了一声 | 全景 | 平拍正侧面 | 无，无 |
| 56 | 大东非鼹鼠嗖地钻进洞里 | 远景 | 俯拍正侧面 | 无，向下 |
| 57 | 大东非鼹鼠探出头又缩了回去 | 特写 | 平拍正面 | 无，向上至向下 |
| 58 | 狼四下看看 | 近景 | 平拍正面 | 无，无 |
| 59 | 一只大东非鼹鼠从地洞爬出来吃草 | 远景 | 俯拍背侧面 | 无，向左上 |
| 60 | 狼冲上前将它擒住 | 远景 | 平拍侧面 | 左摇，向左至向右 |

  这一段最大的特点在于狼和鼹鼠以及垄鼠的镜头的对比，仔细分析就会发现，狼的镜头很多都是运动镜头，而鼹鼠和垄鼠的镜头却大部分是固定镜头，这是为什么呢？一个简单的理解就是，狼的体积较鼠类大，用长焦拍运动镜头不容易失焦，而鼠类焦段更长，则比较容易失焦。那为什么不靠近一些呢？这是因为鼠类原本就比狼更胆小，靠太近会惊吓

到它们，反而无法捕捉镜头；并且这样一动一静的不同镜头风格，反而更能对比出捕猎者和猎物的不同。

第八段是蚂蚁被捕猎，是这一集中第二个昆虫捕猎的段落，同样使用了微距拍摄。这个段落的大部分都在讲蚂蚁觅食，被捕食是发生在它们觅食的途中（表4-25）。

表4-25 《无处藏身》中蚂蚁被捕猎段落镜头分析

| 镜号 | 镜头内容 | 景别 | 角度 | 镜头调度和主体调度 |
|---|---|---|---|---|
| 1 | 蚂蚁们在家门口进进出出 | 大远景 | 俯拍 | 无，蚂蚁爬来爬去 |
| 2 | 一只蚂蚁爬上盐碱块，捋了捋触角 | 全景 | 仰拍侧面 | 无，右下入画 |
| 3 | 阳光炙烤着沙漠 | 大远景 | 仰拍 | 无，无 |
| 4 | 几只蚂蚁站在盐碱块上，一会儿一只爬了下去 | 全景 | 仰拍 | 右移，右上向左下 |
| 5 | 一只蚂蚁在沙漠上原地转了个圈 | 远景 | 俯拍侧面 | 无，原地转圈 |
| 6 | 一只蚂蚁爬过画面 | 全景 | 平拍侧面 | 无，向右 |
| 7 | 一群蚂蚁在地面爬 | 大远景 | 俯拍侧面 | 无，向右 |
| 8 | 几只蚂蚁爬过去 | 远景 | 俯拍侧面 | 无，向右 |
| 9 | 几只蚂蚁爬到一只甲虫尸体旁，一只爬上甲虫 | 远景 | 俯拍侧面 | 无，向右 |
| 10 | 蚂蚁爬上甲虫高高朝天的脚 | 全景 | 平拍侧面 | 无，向上 |
| 11 | 蚂蚁从甲虫身上爬下 | 远景 | 俯拍侧面 | 无，向左 |
| 12 | 蚂蚁爬到另一只甲虫身上 | 远景 | 俯拍背面 | 无，向左出画 |
| 13 | 蚂蚁拖动一截虫子的残骸 | 大远景 | 俯拍侧面 | 无，向左出画 |
| 14 | 一只蚂蚁举着一截食物爬过 | 全景 | 平拍侧面 | 无，向左 |
| 15 | 一只蚂蚁衔着食物走过 | 全景 | 平拍侧面 | 无，向左 |
| 16 | 又一只蚂蚁衔着食物走过 | 全景 | 平拍侧面 | 无，向左 |
| 17 | 沙上有一个一个圆锥的坑，蚂蚁在旁爬来爬去，一只蚂蚁落入坑中挣扎 | 大远景 | 俯拍 | 前移，向内及向外 |
| 18 | 一只蚂蚁爬过沙坑 | 大远景 | 俯拍侧面 | 无，向左 |
| 19 | 一只蚂蚁掉入沙坑，挣扎着爬上来 | 远景 | 俯拍侧面 | 无，向左 |
| 20 | 一只蚂蚁滑入沙坑 | 远景 | 俯拍侧面 | 无，向左下 |
| 21 | 一只蚂蚁爬过坑底 | 全景 | 俯拍侧面 | 无，向左出画 |
| 22 | 一只蚂蚁滑入坑中 | 远景 | 俯拍正侧面 | 无，向下 |
| 23 | 蚂蚁被坑底的虫子抓住，挣扎 | 全景 | 俯拍侧面 | 无，原地挣扎 |
| 24 | 蚂蚁被夹住，挣扎 | 全景 | 俯拍侧面 | 无，原地挣扎 |
| 25 | 又一只蚂蚁掉入沙坑，挣扎着向上爬 | 大远景 | 俯拍侧面 | 无，向右下 |
| 26 | 一只蚁狮从沙粒中伸出头部 | 近景 | 平拍背面 | 无，原地动 |
| 27 | 一只蚂蚁一头栽进坑中 | 大远景 | 俯拍侧面 | 无，向下 |
| 28 | 一只蚂蚁快速从蚁狮钳子上爬过 | 特写 | 仰拍侧面 | 无，向左出画 |

(续)

| 镜号 | 镜头内容 | 景别 | 角度 | 镜头调度和主体调度 |
| --- | --- | --- | --- | --- |
| 29 | 一只蚂蚁被蚁狮钳住 | 全景 | 俯拍侧面 | 无，原地挣扎 |
| 30 | 蚂蚁被上下甩动 | 全景 | 俯拍 | 无，上下甩动 |
| 31 | 蚂蚁被甩动 | 全景 | 俯拍 | 无，斜向 |
| 32 | 蚂蚁挣扎 | 全景 | 俯拍 | 无，斜向 |
| 33 | 蚂蚁挣脱，向上爬 | 远景 | 俯拍 | 无，向左上 |
| 34 | 蚁狮钻进沙冲中拱动沙粒 | 近景 | 俯拍背侧面 | 无，向内 |
| 35 | 沙粒不断被抛向空中，向上逃窜的蚂蚁被拖入坑底 | 远景 | 俯拍背侧面 | 无，向右上 |
| 36 | 蚁狮在沙底拱松沙粒 | 近景 | 俯拍 | 无，向内 |
| 37 | 蚂蚁向上逃窜 | 远景 | 俯拍背侧面 | 无，斜向右上 |
| 38 | 蚁狮向上抛沙粒 | 远景 | 俯拍侧面 | 无，原地动 |
| 39 | 蚂蚁挣扎着爬 | 中景 | 俯拍背面 | 无，向上 |
| 40 | 蚂蚁向坡上爬，沙粒不断往下落 | 远景 | 俯拍侧面 | 无，无 |
| 41 | 沙粒不断从坑底抛出 | 远景 | 俯拍 | 无，向外 |
| 42 | 沙粒不断砸下，蚂蚁寸步难行 | 远景 | 俯拍侧面 | 无，无 |
| 43 | 蚁狮抛洒沙粒 | 全景 | 俯拍 | 无，原地动 |
| 44 | 蚂蚁快要爬出沙坑 | 远景 | 俯拍侧面 | 无，向右上 |
| 45 | 蚂蚁奋力爬出沙坑 | 全景 | 俯拍正面 | 无，向外 |
| 46 | 蚂蚁爬出沙坑，回头看看，向右出画 | 远景 | 俯拍 | 无，向右 |
| 47 | 一只蚂蚁爬过画面 | 全景 | 俯拍侧面 | 无，向右 |
| 48 | 许多蚂蚁在忙碌地寻找食物 | 远景 | 俯拍侧面 | 无，向右 |
| 49 | 一只昆虫尸体旁蚂蚁来来去去，一只蚂蚁过来拽了一下又走开 | 远景 | 俯拍侧面 | 无，向右 |
| 50 | 一只蚂蚁爬过来拽了拽 | 全景 | 平拍侧面 | 无，向外 |
| 51 | 蚂蚁爬到昆虫身上用颚夹了夹 | 全景 | 平拍侧面 | 无，原地动 |
| 52 | 夹不动，蚂蚁换到其他位置 | 全景 | 平拍侧面 | 无，向右出画 |
| 53 | 两只蚂蚁在肢解猎物，一会儿一只出画 | 远景 | 俯拍侧面 | 无，向左出画 |
| 54 | 一只蚂蚁忙着肢解猎物 | 远景 | 俯拍侧面 | 无，原地动 |
| 55 | 蚂蚁忙着肢解猎物 | 远景 | 俯拍侧面 | 无，原地动 |
| 56 | 蚂蚁忙着肢解猎物 | 远景 | 俯拍侧面 | 无，原地动 |
| 57 | 蚂蚁忙着肢解猎物 | 远景 | 俯拍侧面 | 无，原地动 |
| 58 | 蚂蚁忙着肢解猎物 | 远景 | 俯拍侧面 | 无，原地动 |
| 59 | 蚂蚁终于肢解了一部分，将它拖走 | 远景 | 俯拍侧面 | 无，向左出画 |
| 60 | 沙粒下有什么在动 | 近景 | 俯拍 | 无，原地动 |
| 61 | 一只蚂蚁爬过画面 | 全景 | 平拍侧面 | 无，向左 |

(续)

| 镜号 | 镜头内容 | 景别 | 角度 | 镜头调度和主体调度 |
|---|---|---|---|---|
| 62 | 沙粒下有东西在动 | 近景 | 俯拍 | 无，原地动 |
| 63 | 一只蚂蚁爬过画面 | 全景 | 平拍侧面 | 无，向左 |
| 64 | 一只蚂蚁爬过，后肢被粘住，挣不脱 | 全景 | 俯拍侧面 | 无，向左至原地挣扎 |
| 65 | 蚂蚁在挣扎 | 全景 | 平拍正面 | 无，原地挣扎 |
| 66 | 沙粒底下的一只蜘蛛在动 | 全景 | 仰拍 | 无，原地动 |
| 67 | 蚂蚁在沙粒上挣扎 | 全景 | 俯拍 | 无，由右入画至原地挣扎 |
| 68 | 蜘蛛爬出沙粒 | 全景 | 仰拍 | 无，原地动 |
| 69 | 蜘蛛探出头，将蚂蚁拽近 | 全景 | 俯拍侧面 | 无，向左 |
| 70 | 蜘蛛将蚂蚁拽住不动 | 全景 | 俯拍 | 无，原地动 |
| 71 | 明晃晃的太阳 | 全景至中景 | 仰拍 | 推，无 |
| 72 | 蚂蚁弹动了几下 | 近景 | 平拍 | 推，无 |
| 73 | 蚂蚁被拖入沙粒下面 | 全景 | 俯拍侧面 | 无，向内 |
| 74 | 蚂蚁消失在沙粒下 | 全景 | 俯拍侧面 | 无，向左 |
| 75 | 沙漠开始起风 | 大远景 | 平拍 | 无，无 |
| 76 | 蚂蚁被风吹跑 | 远景 | 俯拍侧面 | 无，向右 |
| 77 | 沙漠起风，表面的沙被吹起 | 远景 | 平拍 | 无，向右 |
| 78 | 几只拖着猎物的蚂蚁被吹跑 | 远景 | 俯拍侧面 | 无，向右 |
| 79 | 两只蚂蚁被吹下坡 | 远景 | 俯拍侧面 | 无，向右下 |
| 80 | 一只几乎爬到沙丘顶部的蚂蚁被吹下坡 | 远景 | 平拍侧面 | 无，向右下 |
| 81 | 蚂蚁掉下坡底 | 全景 | 俯拍侧面 | 无，向右下 |
| 82 | 爬上坡的蚂蚁被吹下 | 远景 | 俯拍侧面 | 无，向右下 |
| 83 | 举着猎物的蚂蚁爬下坡 | 远景 | 平拍侧面 | 无，向左下 |
| 84 | 蚂蚁在沙上爬 | 大远景 | 俯拍背面 | 无，向内 |
| 85 | 蚂蚁带着猎物爬进洞穴 | 全景 | 俯拍侧面 | 无，向左 |
| 86 | 蚂蚁们爬进洞穴 | 大远景 | 俯拍侧面 | 无，向左 |
| 87 | 蚂蚁带着食物爬进洞穴 | 远景 | 俯拍侧面 | 无，向左 |
| 88 | 蚂蚁带着食物爬进洞穴 | 远景 | 俯拍背面 | 无，向内 |

这一段可以分为 5 个部分。第一部分是蚂蚁寻找食物，从第一到第十六个镜头，这一部分我们看到蚂蚁忙忙碌碌的样子，镜头从各个角度和景别来呈现。第二部分是蚁狮捕猎蚂蚁，从第十七到第四十六个镜头占了整个段落的一大半，也是重点讲述的部分。这一部分有这个段落中仅有的 4 个运动镜头之一，也就是第一个开场镜头，大远景展现地上蚁狮挖的沙坑，以及沙坑旁忙忙碌碌的蚂蚁们，这个镜头介绍完场面气氛和事件规模之后，立刻进入叙事，蚂蚁路过沙坑的各种样子，有匆匆爬过的、有掉下去的、有挣扎着爬不上来的等情节动作；然后是蚂蚁被抓住，挣脱向上逃的过程，让我们看到了被抓住后的情节动

作；向上逃的过程也是采用了"敌我"双方的正反打方式。第三部分是蚂蚁肢解猎物的一段，这一段第五十三到第五十九个镜头是同景别、同机位的切换，也就是说这是从同一个素材中挑选出来的——第四十九个镜头也是同一段素材。这体现了拍摄生态纪录片时，等待和耐心的重要性，在蜘蛛捕猎蚂蚁的段落，这里用了一个埋在沙子里的镜头表现蜘蛛的全景，使观众能清楚看到蜘蛛的外形轮廓，这也提醒在拍摄的时候，一定要想办法设置新颖的角度让观众更全面地理解情节，以及用更有新意的画面角度去呈现影片。再有要注意的是，这一段中运动镜头非常少，只有4个，一个是蚂蚁站在盐碱块上的微移镜头，一个是呈现布满蚁狮陷阱的沙面的镜头，一个是对着太阳的推镜头，再有一个就是被蜘蛛粘住的蚂蚁挣扎的镜头，微微向前推了一下——这是因为被拍摄主体太小，使用微距镜头运动太多画面容易模糊，因此这一段绝大部分都是固定镜头拍摄的。

第九段是狮子捕猎斑马的段落（表4-26）。

表4-26 《无处藏身》中狮子捕猎斑马段落镜头分析

| 镜号 | 镜头内容 | 景别 | 角度 | 镜头调度和主体调度 |
| --- | --- | --- | --- | --- |
| 1 | 黑云涌动，风暴将起 | 远景 | 仰拍 | 无，无 |
| 2 | 狮群趴在地上等待 | 全景 | 平拍侧面 | 无，无 |
| 3 | 在风中行走的斑马群 | 远景 | 平拍背面 | 无，向内 |
| 4 | 在风中行走的斑马群 | 大远景 | 平拍背面 | 无，向内 |
| 5 | 雄性狮子向前走 | 中景 | 平拍侧面 | 左移，向左 |
| 6 | 平原上风起云涌 | 大远景 | 仰拍 | 无，黑云涌动 |
| 7 | 乌云遮天蔽日 | 大远景 | 仰拍 | 无，无 |
| 8 | 平原上飞沙走石 | 大远景 | 俯拍 | 右移，无 |
| 9 | 沙尘四起的平原 | 远景 | 俯拍 | 右移，向右 |
| 10 | 直角大羚羊在风沙中不安起来 | 远景 | 平拍 | 无，向外 |
| 11 | 乌云密布的天空，黑压压的平原 | 大远景 | 仰拍 | 无，无 |
| 12 | 雄性狮子迎风而望 | 中景 | 平拍侧面 | 无，无 |
| 13 | 雌性狮子在草丛中俯身向前走 | 中景 | 平拍侧面 | 右移，向右 |
| 14 | 一只斑马有些无措地站着，旁边的斑马走来走去 | 近景 | 平拍侧面 | 无，前景和背景的斑马在动 |
| 15 | 几只斑马群小步跑动 | 全景 | 平拍侧面 | 右移，向右 |
| 16 | 雌性狮子俯身向前 | 中景 | 俯拍侧面 | 左移，向左 |
| 17 | 两只斑马小步跑了几步 | 全景 | 仰拍背面 | 无，向内及向右 |
| 18 | 雌性狮子匍匐在草地上盯着前面的斑马 | 中景 | 平拍背面 | 无，背景的斑马向右跑 |
| 19 | 草丛后的狮子盯着前方的眼睛 | 中景 | 俯拍正侧面 | 无，狮子转头 |
| 20 | 斑马低头吃草，走过 | 中景 | 平拍侧面 | 无，向右 |
| 21 | 匍匐在草丛中的狮子悄悄起身 | 全景 | 俯拍侧面 | 无，狮子向左挪了一步 |
| 22 | 低头吃草的斑马突然惊起，掉头就跑 | 中景 | 俯拍侧面 | 无，向左 |

(续)

| 镜号 | 镜头内容 | 景别 | 角度 | 镜头调度和主体调度 |
|---|---|---|---|---|
| 23 | 狮子跃起追赶,全速奔跑,不断有斑马掠过,它扑倒它的目标,另一只雌性狮子也扑了上来,合力制服斑马 | 全景至远景 | 平拍侧面至背面 | 左摇至右摇,向左至向内 |
| 24 | 一只斑马小跑着停下 | 全景 | 仰拍侧面至正侧面 | 右摇至左摇,向右至向外 |
| 25 | 狮子咬住斑马 | 中景 | 平拍正面 | 无,无 |
| 26 | 狮子准备分享大餐 | 远景 | 平拍侧面 | 无,无 |
| 27 | 雄性狮子左右看看 | 近景 | 平拍背侧面 | 无,无 |
| 28 | 狮群分享斑马,雄性狮子走过来 | 远景 | 俯拍 | 无,向左 |
| 29 | 一只雌性狮子带着三只小狮子 | 全景 | 平拍正面 | 左摇,向外 |
| 30 | 狮群列队向前走 | 全景 | 俯拍正面 | 无,向外 |
| 31 | 一望无际的平原与天相接 | 大远景 | 俯拍 | 拉,无 |

这一段并不长,总共 31 个镜头,然后全片结束。在这段镜头中,捕猎的关键段落由于比较短,它只用了一个长镜头去表现,即第二十三个镜头。这个长镜头捕捉得非常到位,从狮子跃起奔跑的全景,到狮子向画内奔跑的背影,摄影师非常有经验,很沉着,镜头没有推拉,仅仅是跟随主体做了摇动,其中呈现出来的主体调度的配合也非常精彩,这样一个速战速决的长镜头可以让观众看到从狮子起跑到扑倒猎物的整个过程,真实感也非常强。另外,在表现广阔的平原的镜头中,都使用了广角镜头加深画面的纵深感。

通过以上对《无处藏身》这一集的镜头分析可以发现,拍摄的时候,一个完整的过程很重要,多角度、多景别呈现也很重要。

☞ 推 荐 观 摩 ☜

1. 国外:《地球脉动》。
2. 国内:《自然的力量》。

请举例说明生态纪录片的拍摄中,景别、角度、调度是如何对影片基调定位的。

# 第五章

# 剪 辑

# 第一节 剪辑的基本原则

当结束野外拍摄，并得到几乎要将硬盘塞满的素材时，下一步工作就要开始剪辑了。面对纷繁的素材，如何创作出一部完美的生态纪录片呢？下面介绍一些剪辑的方法和技巧。

## 一、纸上剪辑

前面讲过结构的重要性，在已经有了基本结构和故事线索的情况下，剪辑首要的是将素材当中和文案主要故事线索相关的部分挑选和整理出来。基本上每次拍摄，都会拍摄到文案中不具备的情节，这些令人意想不到的素材非常珍贵，我们可以在不改变文案大结构的前提下，将这些情节放进片子——一定不要轻易删掉，有时候这些素材非常可能成为影片的点睛之笔，给观众留下深刻的印象。如有创作者在内蒙古拍摄《乌拉特牧歌》的时候，他们的主人公赶羊时不经意哼起了一首蒙语歌，这时正好夕阳西下，牧民的剪影沐浴在夕阳的余晖中，微风拂动牧草，形成了一幅非常有意境的画面，他们将这个镜头用在了影片的最后，成为影片中让人印象深刻的唯美一幕。

虽然创作者已经有了初始的计划与结构，但在将所有素材全部看过一遍并挑选之后到开始剪辑之前，纸上剪辑是使用非常广泛并且有效的预剪方式。纸上剪辑的好处是可以让创作者以高屋建瓴的姿态掌控全片，对全片进行整体的架构和规划。

在初学者处理纪录片的时候，常常先将解说词按照文案的情节顺序写好，然后将画面套进其中。这种方式会使创作者的思路被解说词嵌套进去，无法发挥画面的叙事功能，然而影视最首要的是要靠画面叙事，在画面叙事不够清楚的情况下再使用语言来补充。所以请先不要着急将解说词写出来，先把素材中的叙事段落捋清楚，用纸上剪辑的方法排列组合，从中发现不同事件排列组合方式带来的情节意义及主题意义的变化。

首先，按照时间顺序审看素材，并在脑海中建立一个时间顺序的线索。然后，将所有的情节、事件分别写在不同纸片上，排列纸片，可以先按事件发生的时间顺序排列。让这些纸片形成一个初步的结构之后，再将主要叙事线索中没有的其他叙事和动作段落写到另一些纸片上——可以使用不同颜色的便签纸，这样容易区分主要叙事线索、其他事件等；看看这些其他叙事和动作段落可以插入主要叙事线索的哪个部分。最后，将策划文本中没有的，拍摄时意外收获的叙事和动作段落写到另一种颜色的便签纸上，看看可以插入到已经形成的叙事中的哪个部分。很可能会发现没有地方可以插入，可是这些动作非常精彩，甚至比主要叙事和动作段落的部分还能吸引观众，怎么办？若认为必须留下这些片段，那么可以尝试重新审视排列的纸片，不要去考虑主要叙事线索，看看这些精彩片段和其中哪些部分相关，打乱原有的时间顺序或者计划好的结构是否可以排列出更有意思的结构？或许创作者能在思考和调整纸片的顺序当中让影片显得更加精彩。

例如，要拍摄一个关于络新妇蜘蛛的微纪录片，文案预先设计的是这样几大块：络新妇织网等待猎物、飞蛾撞上蛛网、络新妇猎捕飞蛾、络新妇产卵繁衍后代。这些基本是络新妇较为常见的动作行为。而在接下来拍摄到的素材中，会发现有这样几个问题可能使影片无法按照原定计划完成：首先，这个季节根本没有飞蛾，拍摄到的素材是络新妇捕猎蝗虫——当然也可以用捕猎蝗虫替换飞蛾，但是蝗虫撞上蛛网的动作并没有被拍到；其次，素材也没有拍摄到产卵的蜘蛛。那就这么放弃拍摄了吗？当然不行，因为素材中有拍到其他特别精彩的情节：有两只皿蛛共用一张网，在网里不停地忙碌着；有圆蛛织网并用蛛丝包裹猎物；有小路上被压死的马陆，身边围着几只蚂蚁和另外两只马陆在尸体上不停地搜寻；还有叶甲在求偶交配等。那么可以将以上主要叙事线索和拍摄到的情节和动作写在不同颜色的纸片上，并编号进行排列组合：

①络新妇织网；②络新妇发现蛛网上缠住的蝗虫；③络新妇将蝗虫麻醉；④络新妇用蛛丝将蝗虫团团裹住；⑤络新妇享用猎物；⑥圆蛛织网；⑦织网的时候网被风吹断；⑧圆蛛吊在一根蛛丝上命悬一线；⑨圆蛛将丝吞进肚子，开始重新织网；⑩圆蛛包裹猎物；⑪被裹好的猎物一不小心掉下去了；⑫一根蛛丝粘住了蝗虫，吓跑的圆蛛小心翼翼地下来将蝗虫拖回网上；⑬两只皿蛛在同一张网里忙碌；⑭盲蛛在吸食蛞蝓的黏液；⑮叶甲交配；⑯蚂蚁和马陆在被压死的马陆身边搜寻；⑰知了正在脱壳。

这段素材其实可以有好几种排列组合的剪辑方式，可以按照从①至⑰的顺序剪辑，就是以时间顺序结构整个影片，最后将其他小生物的生存与繁衍和蜘蛛为生存所作的努力做一个总结；还可以将⑥至⑰与①至④穿插在一起，将络新妇和圆蛛的叙事线索交织成双线叙事，其他叙事和动作段落用来丰富叙事背景，剪辑方式如下：①络新妇织网；⑤圆蛛织网；⑥织网的时候网被风吹断；⑦圆蛛吊在一根蛛丝上命悬一线；⑧圆蛛将丝吞进肚子，开始重新织网；②络新妇发现网上缠住的蝗虫；③络新妇将蝗虫麻醉；⑨圆蛛包裹猎物；④络新妇用蛛丝将蝗虫团团裹住（⑨与④来回交叉剪辑）；⑪被裹好的猎物一不小心掉了下去；⑤络新妇享用猎物；⑫一根蛛丝粘住了蝗虫，吓跑的圆蛛小心翼翼地下来将蝗虫拖回网上；⑤络新妇享用猎物；⑬两只皿蛛在同一张网里忙碌；⑭盲蛛在吸食蛞蝓的黏液；⑮叶甲交配；⑯蚂蚁和马陆在被压死的马陆身边搜寻；⑰知了正在脱壳。

这样，络新妇和圆蛛两种不同蜘蛛的同样动作和情节有了相互的参照物，并因情节进展的不同产生了对比的戏剧性效果，不仅结构上比原有的顺序更为活泼灵动，节奏上也显得更为明快了。这个例子并不是虚构的，而是创作者在创作的过程中遇到的真实情况。

纸上剪辑的好处是可以将情节方便地排列组合，但它并不是精确剪辑的完成稿，精确的剪辑必须在大致的结构出现之后，在剪辑软件中反复观看和揣摩尝试才能完成。

## 二、讲清楚一个情节

上面讲的是关于预剪阶段要形成一个大体的结构和叙事段落组合，那么接下来要明确的就是剪辑的基本要求——将一个情节或动作段落交代清楚，也就是说，无论怎么剪，首要目的是让观众看懂情节。这听起来很简单，但是要做好却并不是十分容易。这是因为大

部分初学者都是自己导演、自己拍摄、自己剪辑,关于故事走向和情节架构自己已经了如指掌,一些画面中表达不出来的部分,会在创作者脑海中下意识地将情节补全;但是对于完全不了解影片的观众,这些缺失或者混乱的段落会让他们摸不着头脑,因而无法完全理解情节。所谓"旁观者清",建议大家在将影片粗剪之后,给完全不了解影片内容的人看一看,无论他们对影视专业知识是否了解,哪怕是普通观众,他们提出的意见都可以认真地考虑一下,毕竟绝大部分时候影片就是拍给普通观众看的。

### 三、动作分切

那么怎样用剪辑交代清楚情节呢?通常是按照由简到繁的顺序。下面来看一些案例。

先来看《大猫》(Big Cats,2018)这部纪录片中一个简单的段落——豹猫在树间跳跃。这一段的动作相对简单,就是豹猫的跳跃,但是不是每一次跳跃都用一个镜头完成,而是将动作分切,用几个不同角度的镜头剪辑完成(表5-1)。

表5-1 《大猫》中豹猫跳跃动作镜头分切分析

| 镜号 | 画面内容 | 景别、角度、镜头调度 |
|---|---|---|
| 1 | 豹猫爬上树干 | 远景,仰拍,背面,上摇 |
| 2 | 豹猫凝视,转头 | 特写,仰拍,正面,固定 |
| 3 | 豹猫纵身一跃 | 全景,仰拍,正面,固定 |
| 4 | 豹猫跳上另一棵树的树干 | 全景,仰拍,侧面,固定 |
| 5 | 豹猫纵身一跃 | 远景,仰拍,固定 |
| 6 | 豹猫落在一棵树干上 | 中景,仰拍,固定 |
| 7 | 豹猫从垂直的树干上爬下 | 中景,仰拍,侧面,下摇 |

其中镜头3和4是一个完整动作的两个镜头分切,镜头5和6是另一个完整动作的镜头分切;可以看到,豹猫跳跃的这个动作从动作过程的中间被切成两个不同角度的镜头,换句话说,这个完整的跳跃动作是由两个不同角度的镜头剪辑组合的,这是剪辑时的一个非常重要的剪辑方法,也就是在动作的中间剪断,再从这个位置点组接另一个角度的镜头,从而完成一个完整的动作,和一个完整动作由一个镜头完成后再与下一个动作相接的方式相比,这样的镜头剪辑会显得更加流畅。

再来看看《小巨人》(Tiny Giants,2014)中金花鼠觅食的一个段落,这个段落情节也并不复杂,只有一个主角——金花鼠,展现了它搜集橡子的过程,相较于上一个段落动作稍微复杂一些,表5-2中加入主体调度。

表5-2 《小巨人》中金花鼠搜集橡子段落动作镜头分切分析

| 镜号 | 画面内容 | 主体调度 | 景别、角度、镜头调度 |
|---|---|---|---|
| 1 | 金花鼠蹿上一根倒下的树干 | 向右上斜向调度 | 大远景,平拍,侧面,左摇及右移 |
| 2 | 金花鼠发现树干前端的一颗橡子,不小心将橡子拱下了树,它向下探望 | 向外纵深调度 | 远景至全景,仰拍,正面,固定 |

(续)

| 镜号 | 画面内容 | 主体调度 | 景别、角度、镜头调度 |
|---|---|---|---|
| 3 | 橡子掉在铺满落叶的地上 | 向下垂直调度 | 全景，平拍，—，固定 |
| 4 | 金花鼠从树干上跃下 | 向下垂直调度 | 全景，仰拍，—，固定 |
| 5 | 金花鼠爬向地面的橡子，将橡子塞进嘴里 | 向左横向调度 | 全景，平拍，侧面，固定 |
| 6 | 金花鼠将一整颗橡子塞进颊囊 | 无 | 中景，俯拍，正面，固定 |
| 7 | 金花鼠将另一颗橡子塞进另一边颊囊 | 无 | 全景，平拍，侧面，固定 |
| 8 | 金花鼠将另一颗橡子塞进另一边颊囊 | 无 | 中景，俯拍，正侧面，固定 |
| 9 | 金花鼠将另一颗橡子塞进另一边颊囊，再捡起第三颗橡子 | 无 | 全景，平拍，侧面，固定 |
| 10 | 金花鼠将橡子继续往嘴里塞，然后用牙咬住，转身准备离开 | 无 | 中景，俯拍，正侧面，固定 |
| 11 | 金花鼠在树干上蹿行 | 向右横向调度 | 大远景，平拍，侧面，固定 |
| 12 | 金花鼠咬着橡子在树干上蹿行 | 向右横向调度 | 远景，仰拍，侧面，右移 |
| 13 | 一只蛙趴在地上，转了个身 | 无 | 全景，平拍，侧面，固定 |
| 14 | 咬着橡子的金花鼠跳下树干，一头扎进落叶 | 向右横向调度 | 远景，平拍，侧面，固定 |
| 15 | 金花鼠钻进落叶堆不见了 | 向内纵深调度 | 远景，俯拍，背面，固定 |

这一段中基本动作可以分为3部分，每个部分中又可以分为若干小部分：镜头1至4是第一部分，镜头5至10是第二部分，镜头11至15是第三部分。

第一部分的动作为金花鼠蹿行到树干前端，发现橡子，把橡子推掉在地，金花鼠随之跳下；第一个镜头用大远景交代地点、主体、动作，我们看到金花鼠在蹿行，第二个镜头的开头部分也是蹿行，只是换了一个角度和位置，承接第一个镜头；同时和第三个镜头是一个动作的分切，也就是橡子掉落到地面这个动作过程的分切；然后镜头又回到金花鼠，我们看到它跳下。

第二部分是金花鼠将3颗橡子塞进嘴里的动作过程，由于塞每一颗橡子的过程都有镜头表现，我们就将它划分为两个小部分：第一小部分是将第一颗橡子塞进颊囊，一共用了两个镜头表现，这两个镜头也是塞橡子动作过程的分切，从动作中间切开组合；镜头7至10这4个镜头是第二小部分，也是塞橡子镜头的分切，要注意的是，镜头6的最后几帧是塞好第一颗橡子后低头，也就承接了镜头7捡起第二颗橡子的开头部分；而镜头9的最后是抓起第三颗橡子，镜头10的开始正好是上一个镜头动作的延续，往嘴里塞第三颗橡子。这样将3颗橡子塞进嘴里的过程就连接的非常流畅了。

而从镜头10至15的第三部分，仔细分析会发现，镜头14和15同样是"扎进落叶堆不见了"这一个动作的分切组合。

以上如此仔细地给大家分析简单的动作剪辑，实际上是想提醒大家，拍摄素材的时候，每个机位都会将动作拍摄完整，但是在剪辑的时候不要等一个动作做完再剪开，而是要在动作的中间剪开，这样下一个动作接上才能显得流畅。请不要觉得这个问题不用谈，因为这其实是很多初学者都会忽略的。

## 四、正反打镜头

接下来讲讲捕猎镜头。捕猎是猫科动物常见的行为动作，并且由于包含捕猎者和猎物两个对立方，在动作情节的衔接上是比较有规律的，并且容易参考。接下来以《大猫》中第一集的捕猎段落为例。先看 14 分 28 秒开始的美洲豹捕猎凯门鳄的段落（表 5-3）。

表 5-3 《大猫》中美洲豹捕猎凯门鳄段落镜头

| 镜号 | 画面内容 | 主体调度 | 景别、角度、镜头调度 |
| --- | --- | --- | --- |
| 1 | 在水中游走的美洲豹 | 向右横向调度 | 全景，平拍，侧面，右移 |
| 2 | 游走的美洲豹的面部 | 向右横向调度 | 近景，平拍，侧面，右移 |
| 3 | 一群凯门鳄趴在岸边休息 | 无 | 远景，平拍，侧面，右前移 |
| 4 | 趴着休息的一群凯门鳄到一只张着嘴的凯门鳄 | 无 | 远景，平拍，侧面至正面，环移 |
| 5 | 凯门鳄张着的大嘴 | 无 | 大特写，平拍，正面，左摇 |
| 6 | 躲在草丛中的美洲豹小心翼翼地往前 | 向左横向调度 | 中景，平拍，侧面，左移 |
| 7 | 趴在水中的凯门鳄 | 无 | 全景，平拍，正面，右移 |
| **8** | **草丛中的美洲豹突然跃起扑入水中** | **向左横向调度** | **远景，平拍，正侧面，固定** |
| 9 | 水草后的美洲豹的动作激起水花 | 无 | 全景，平拍，侧面，推 |
| 10 | 美洲豹在水草中动作，激起水花 | 无 | 远景，平拍，—，固定 |
| 11 | 美洲豹在水草后动作 | 无 | 近景，平拍，正面，固定 |
| 12 | 美洲豹从水中拖出一只凯门鳄 | 向右横向调度至向内纵深调度 | 全景，平拍，侧面至背面，固定 |

注：加粗字体是动作的关键段落。

接着来看 46 分 14 秒开始的猎豹捕猎段落（表 5-4）。

表 5-4 《大猫》中猎豹捕猎段落镜头

| 镜号 | 画面内容 | 主体调度 | 景别、角度、镜头调度 |
| --- | --- | --- | --- |
| 1 | 猎豹向右入画，矮着身子向前张望 | 向右横向调度 | 中景，平拍，侧面，右移 |
| 2 | 两只猎豹向前张望 | 向内纵深调度 | 远景，俯拍，背面，固定 |
| 3 | 猎豹盯着前方，出击 | 向右横向调度 | 远景，俯拍，侧面，右移 |
| 4 | 灌木丛中的猎物们逃窜 | 向右横向调度 | 全景，平拍，侧面，右移 |
| 5 | 猎豹追击 | 向右横向调度 | 全景，平拍，侧面，右移 |
| 6 | 猎物逃窜 | 向右横向调度 | 全景，平拍，侧面，左摇 |
| 7 | 树丛后的猎豹追击 | 向右横向调度 | 全景，平拍，侧面，右移 |
| 8 | 树丛后的猎物逃跑 | 向右横向调度 | 全景，平拍，侧面，右移 |
| 9 | 猎豹追击猎物 | 向右横向调度 | 远景至大远景，仰拍，侧面，右摇 |
| 10 | 猎豹追击猎物 | 向左横向调度 | 全景，平拍，侧面，左移 |
| 11 | 猎豹追击猎物 | 向右横向调度 | 远景，仰拍，侧面，左摇 |
| 12 | 猎豹追击猎物 | 向左横向调度 | 远景，平拍，侧面，左摇 |

（续）

| 镜号 | 画面内容 | 主体调度 | 景别、角度、镜头调度 |
|---|---|---|---|
| 13 | 猎物逃跑 | 向右横向调度 | 远景，仰拍，侧面，右摇 |
| 14 | 猎物逃跑，猎豹追击，猎物被捕获 | 向右横向调度 | 远景至大远景，平拍，侧面，右摇至推 |
| 15 | 猎豹抓住挣扎的猎物 | 向右横向调度 | 中景，仰拍，侧面，右摇 |
| 16 | 猎豹抓住挣扎的角羚，另一只猎豹追来 | 无 | 大远景，仰拍，侧面，右摇 |
| 17 | 两只猎豹一起制伏挣扎的猎物 | 无 | 远景，仰拍至平拍，侧面，左移 |
| 18 | 猎物群 | 无序动 | 远景，平拍，侧面，固定 |
| 19 | 猎豹咬住猎物 | 无 | 特写，平拍，正侧面，固定 |

注：加粗字体是动作的关键段落。

再看38分20秒开始的加拿大猞猁捕猎雪兔的段落（表5-5）。

表5-5 《大猫》中加拿大猞猁捕猎雪兔段落镜头

| 镜号 | 画面内容 | 主体调度 | 景别、角度、镜头调度 |
|---|---|---|---|
| 1 | 加拿大猞猁高刚在雪中行走 | 向左横向调度 | 大远景，平拍，正侧面，左摇 |
| 2 | 高刚在雪中行走 | 向左横向调度 | 中景，平拍，侧面，左移 |
| 3 | 高刚的面部 | 向左横向调度 | 特写，平拍，侧面至正侧面，左移 |
| 4 | 雪地里的雪兔 | 无 | 全景，平拍，正侧面至正面，固定 |
| 5 | 树上的高刚向下张望 | 向下垂直调度 | 全景，仰拍，正侧面，固定 |
| 6 | 雪兔在雪中跳跃 | 向左横向调度 | 全景，平拍，侧面，固定 |
| 7 | 雪兔在雪中跳跃 | 向左横向调度 | 远景，平拍，侧面，固定 |
| 8 | 高刚蹑手蹑脚向坡上爬，停下向后看了看 | 向内纵深调度 | 全景，仰拍，背侧面至正侧面，左摇 |
| 9 | 雪后露出雪兔的耳朵 | 无 | 远景，平拍，—，固定 |
| 10 | 雪后露出雪兔的耳朵 | 无 | 全景，平拍，—，固定 |
| 11 | 雪后露出雪兔的耳朵 | 无 | 近景，平拍，—，固定 |
| 12 | 雪兔的鼻子在微微翕动 | 无 | 大特写，仰拍，正侧面，固定 |
| 13 | 雪中站着的雪兔 | 无 | 全景，平拍，正侧面，固定 |
| 14 | 雪中蹲着的雪兔 | 无 | 全景，平拍，正侧面，固定 |
| 15 | 雪中蹲着的雪兔 | 无 | 全景，平拍，正侧面，固定 |
| 16 | 雪兔的眼睛和鼻子 | 无 | 大特写，平拍，正侧面，固定 |
| 17 | 蹲在雪地的雪兔 | 无 | 大远景，仰拍，侧面，固定 |
| 18 | 蹲在雪地的雪兔 | 无 | 远景，仰拍，侧面，固定 |
| 19 | 雪兔的眼睛和鼻子 | 无 | 大特写，平拍，正侧面，固定 |
| 20 | 高刚看到雪后的兔子 | 无 | 远景，仰拍，背面，固定 |
| 21 | 高刚蹲在雪地中 | 无 | 全景，平拍，正侧面，固定 |
| 22 | 雪兔的耳朵 | 无 | 特写，平拍，正面，固定 |
| 23 | 高刚的鼻子和眼睛 | 无 | 大特写，平拍，侧面，固定 |
| 24 | 雪兔的眼睛，雪兔突然跳出画面 | 向右横向调度 | 大特写，平拍，正面，固定 |

(续)

| 镜号 | 画面内容 | 主体调度 | 景别、角度、镜头调度 |
|---|---|---|---|
| 25 | 高刚奔跑越过画面 | 向右横向调度 | 全景,平拍,侧面,右摇 |
| 26 | 雪兔逃跑 | 向内纵深调度 | 大远景,仰拍,背面,固定 |
| 27 | 高刚奔跑 | 向右横向调度至向内纵深调度 | 全景,仰拍,侧面至背面,右摇 |
| 28 | 一只雪兔蹦开,向左出画 | 左右横向调度 | 全景,平拍,正侧面至背面,固定 |
| 29 | 高刚在山林中搜寻 | 向右横向调度 | 远景,平拍,背侧面,右摇 |
| 30 | 雪兔在林间跳跃 | 向内纵深调度 | 远景,平拍,背面,右摇 |
| 31 | 树枝后的高刚看着跳跃着远去的兔子,蹑手蹑脚准备跟上 | 向内纵深调度 | 全景,平拍,背面,固定 |
| 32 | 雪兔的侧脸,在嗅着空气中的味道,突然雪兔跳开 | 向右横向调度 | 特写,平拍,侧面至背面,固定 |
| 33 | 高刚慢慢移动的脚 | 向右横向调度 | 近景,平拍,侧面,固定 |
| 34 | 高刚矮着身子搜寻 | 向内纵深调度 | 远景,平拍,背侧面至背面,推 |
| 35 | 高刚蹑手蹑脚地探寻 | 无 | 远景至全景,仰拍,背面,推 |
| 36 | 蹲在洼地的雪兔 | 无 | 全景,平拍,正侧面,固定 |
| 37 | 高刚站在树枝上向下探寻,准备,一跃而起冲向雪地,消失在画面中 | 向下垂直调度 | 远景,仰拍,背面,固定 |
| 38 | 高刚在啃食雪兔 | 无 | 大特写,平拍,正面,固定 |
| 39 | 高刚饱餐完,舔舔嘴唇 | 无 | 全景,仰拍,正侧面,固定 |
| 40 | 高刚舔嘴唇 | 无 | 近景,仰拍,正面,上摇 |

注:加粗字体是动作的关键段落。

最后来看6分14秒开始的狮子捕猎长颈鹿段落(表5-6)。

表5-6 《大猫》中狮子捕猎长颈鹿段落镜头

| 镜号 | 画面内容 | 主体调度 | 景别、角度、镜头调度 |
|---|---|---|---|
| 1 | 狮子凝视前方,朝前轻微动了动 | 向右横向调度 | 近景,平拍,侧面,微右摇 |
| 2 | 草丛后两只长颈鹿 | 向右探 | 中景,仰拍,侧面,推 |
| 3 | 狮子慢慢向前探步 | 向右横向调度 | 中景至近景,平拍,右摇至推 |
| 4 | 长颈鹿站在草丛中,左右看看 | 固定 | 全景,仰拍,背面,固定 |
| 5 | 狮子的右眼 | 固定 | 大特写,平拍,正侧面,固定 |
| 6 | 受惊的长颈鹿突然向画右奔跑,草丛中奔跑的狮子露出,追踪长颈鹿 | 向右横向调度至向外纵深调度至向右横向调度 | 全景至远景,仰拍,正侧面,右摇 |
| 7 | 狮子奔跑,腿上的伤口非常触目,一瘸一拐,向右出画 | 向右横向调度 | 全景,平拍,侧面,右摇 |
| 8 | 奔跑的长颈鹿 | 向内纵深调度至向左横向调度 | 全景,仰拍,背侧面至侧面至正面,左摇 |
| 9 | 三头狮子趴在地上,其中两头起身 | 无 | 全景,平拍,正侧面,固定 |

(续)

| 镜号 | 画面内容 | 主体调度 | 景别、角度、镜头调度 |
|---|---|---|---|
| 10 | 一头狮子起身，冲向画右 | 向右横向调度 | 全景，平拍，背侧面，微右摇 |
| 11 | 狮群追击长颈鹿 | 向右横向调度 | 大远景，平拍，侧面，右摇 |
| 12 | 狮群奔跑 | 向左横向调度 | 远景，平拍，背侧面，左摇 |
| 13 | 狮子的双眼 | 无 | 特写，平拍，正面，固定 |
| 14 | 落日草原 | 无 | 大远景，仰拍，—，固定 |
| 15 | 蒸腾的热气 | 无 | 近景，平拍，—，固定 |
| 16 | 两只狮子撕咬倒地的长颈鹿，咬开的皮肉冒着热气，背对观众的一只在吼叫 | 无 | 全景，仰拍，侧面，固定 |
| 17 | 吼叫的狮子 | 无 | 近景，平拍，背侧面，固定 |
| 18 | 腿部受伤的那只狮子向画右走 | 向右横向调度 | 全景，平拍，侧面，右摇 |
| 19 | 站在猎物腿边的小狮子被雄性狮子拍了一掌 | 无 | 全景，平拍，正侧面，固定 |
| 20 | 小狮子和雌性狮子趴在一旁等待 | 无 | 中景，平拍，背侧面，固定 |
| 21 | 狮子们围着猎物休息、嬉戏 | 无 | 远景，平拍，侧面，固定 |
| 22 | 腿部受伤的狮子站着，望着前方 | 无 | 中景，平拍，侧面，固定 |
| 23 | 两只雌性狮子撕咬猎物 | 无 | 全景，平拍，侧面，固定 |
| 24 | 小狮子在雌性狮子身下吃奶，雌性狮子一边轻吼着一边挪动身体 | 向外纵深调度至向左横向调度 | 全景，平拍，正侧面，右摇至左摇 |

注：加粗字体是动作的关键段落。

以上几个段落，是按照简单到复杂的顺序排列。可以看到在捕猎场景一追一逃这样的动作情节中，基本的规律是这样的：第一，在开始出击之前，必须要有静止捕猎者和猎物的正反打近景或者特写镜头，以酝酿双方的情绪和营造追击即将开始的悬念感和紧张感；第二，等追击一开始，同样是捕猎者和猎物两方的正反打镜头，描述捕猎的过程。这样的正反打其实可以应用在绝大多数由不同主体的相对关系推进叙事的生态纪录片的情节中，如互为敌人，互为竞争关系，雄性向雌性求偶等。换种说法就是，比较简单的两个主体推进叙事的剪辑方式，要注意照顾到两个主体动作的同时性，即需要将两个主体的动作交替剪辑才能产生，切忌一个主体动作完成再接另一个主体的动作，而是应该一个主体动作进行一至两个镜头，剪辑另一个主体的动作或反应，然后再切回到第一个主体。而多主体参与的叙事情节可以举一反三，在镜头剪辑的过程中交替剪辑多个主体的动作，以产生同时性；第三，在追击的过程中，一定要有捕猎者和猎物同时出现的镜头，这样一方面可以展现直接的冲突，另一方面也避免观众怀疑捕猎者和猎物的一追一逃是由单个主体的画面剪辑拼接而成。下面举个反例，在国产生态纪录片《森林之歌》的《家园：云横秦岭》这一集中有一个情节：小金丝猴小圆独自去玩耍，闯入了毒蛇的领地，差点被毒蛇咬住，它的父亲猴王甲板及时相救，化险为夷。这一段的镜头剪辑见表5-7。

表 5-7 《森林之歌》中小金丝猴遭遇毒蛇段落镜头

| 镜号 | 画面内容 | 主体调度 | 景别、角度、镜头调度 |
|---|---|---|---|
| 1 | 小圆在母亲身边嬉戏，独自爬上了旁边的树干 | 向左横向调度至向上垂直调度 | 远景，仰拍，侧面至背面，左摇至上摇 |
| 2 | 小金丝猴在树干上下攀爬 | 上下垂直调度 | 全景，仰拍至平拍，侧面至正面，下移 |
| 3 | 山林空镜 | 无 | 大远景，俯拍，—，固定 |
| 4 | 山林空镜 | 无 | 远景，平拍，—，固定 |
| 5 | 毒蛇在树叶间爬行 | 向右横向调度 | 近景，平拍，侧面，固定 |
| 6 | 毒蛇在树叶间逡巡，吐信 | 向左横向调度 | 近景，平拍，侧面，左摇 |
| 7 | 毒蛇在树上爬行 | 向右横向调度 | 中景，平拍，侧面，右摇 |
| 8 | 毒蛇吐信 | 无 | 近景，仰拍，正侧面，固定 |
| 9 | 坐在树上的小圆 | 无 | 全景，仰拍，正面，固定 |
| 10 | 毒蛇的头，向前探寻 | 向左横向调度 | 中景，平拍，侧面，左摇 |
| 11 | 毒蛇向下蜿蜒 | 向下垂直调度 | 近景，平拍，背面，固定 |
| 12 | 毒蛇向下爬行 | 向右下斜向调度 | 近景，平拍，正侧面，下摇 |
| 13 | 一只公金丝猴坐在树上，矮身向下张望 | 无 | 全景，平拍，正面，固定 |
| 14 | 毒蛇吐信 | 无 | 近景，仰拍，正侧面，固定 |
| 15 | 小金丝猴坐在枝头回望 | 无 | 全景，平拍，正侧面，固定 |
| 16 | 几只金丝猴向坡上奔跑，跳上树干 | 向左上斜向调度 | 远景，仰拍，—，上摇 |
| 17 | 四处张望的小圆 | 无 | 中景，仰拍，正面，固定 |
| 18 | 地下的金丝猴向上张望 | 无 | 全景，俯拍，正面，固定 |
| 19 | 蛇在树枝间逡巡 | 向左横向调度 | 中景，平拍，侧面，左摇 |
| 20 | 小金丝猴看了看，跳走 | 向右横向调度 | 中景，平拍，正面，固定 |
| 21 | 定住的蛇，突然向右摆头 | 向右横向调度 | 近景，平拍，正面，固定 |
| 22 | 飞奔上山的雄性金丝猴 | 向左上斜向调度 | 全景，平拍，侧面，左摇 |
| 23 | 飞奔上山的雄性金丝猴，跳上树干 | 向左上斜向调度 | 远景，仰拍，侧面至背面，左摇 |
| 24 | 蜿蜒的毒蛇 | 无 | 中景，平拍，侧面，固定 |
| 25 | 飞奔上山的雄性金丝猴，停下，向上看 | 向左上斜向调度 | 远景，平拍，侧面，左摇 |
| 26 | 向下蜿蜒的毒蛇 | 向下垂直调度 | 中景，平拍，背面，下移 |
| 27 | 向下蜿蜒的毒蛇 | 向下垂直调度 | 中景，平拍，背面，固定 |
| 28 | 跳上树的雌性金丝猴，接住树上下来的小金丝猴 | 向上垂直调度 | 远景，仰拍，正面，上摇 |
| 29 | 雌性金丝猴抱住小金丝猴 | 无 | 中景，仰拍，侧面，上摇 |

　　这一段最大的问题在于，小金丝猴小圆和毒蛇根本没有出现在同一个镜头当中，不仅降低了冲突的紧张感，甚至让人怀疑这段冲突是用镜头剪辑而捏造的。还有其他的问题，如几次出现的小金丝猴镜头明显看出不是同一只；奔跑上山的金丝猴是雄性，而接下来跳

上树的金丝猴却是雌性，动作衔接上了，但是动作主体完全不一样；毒蛇的运动完全没有方向感，和小金丝猴形成不了冲突关系。

请记住，生态纪录片的剪辑一定不能随意，要在事实的基础上按照剪辑基本规律进行，才能够剪辑出精彩的段落。

### 五、"动接动，静接静"[①]

"动接动，静接静"是剪辑的一大重要原则，简单地说就是在剪辑的时候，运动镜头要和运动镜头剪辑在一起，固定镜头和固定镜头剪辑在一起。这是因为观众在观看运动速度较快的镜头的时候，视觉上一直保持着动态效果，而当动态还未结束立刻接上静止镜头的时候，就会像突然刹车一样，打断之前的动态效果，让观众心里"咯噔"一下，分散了观众对情节的注意力，造成不适的观感；相反，当观众观看固定镜头时，如果突然接上运动速度较快的镜头，也会打破观众对固定镜头的适应，就像突然加速一样，在观众对速度还没反应过来之前就拽着观众往前走了。但这里所谓的固定镜头和运动镜头是比较笼统的说法，具体情况需要区分。一般来说，"动接动，静接静"是以下这样几种情况的组合：主体静止的固定镜头、主体运动的固定镜头、主体静止的运动镜头、主体运动的运动镜头。这4种情况中，除了主体静止的固定镜头和主体运动的运动镜头不能接在一起之外，其他镜头间的组合都是可以的。无论是镜头还是被拍摄的主体，二者中只要在"动"和"静"两个元素中有一个相同，组合在一起时就不会造成视觉效果上的不适。

如果主体静止的固定镜头要接上主体运动的运动镜头，可以让前一个镜头中的静止主体运动起来，或者让固定镜头运动起来，或者两者都运动，变成一个有运动元素的镜头，就能和主体运动的运动镜头组接起来；也可以增加后一个镜头的起幅，即在后一个镜头的开头部分，或者让镜头固定，或者让主体先静止不动，然后再运动起来。

如果反过来，主体运动的运动镜头要和主体静止的固定镜头相接，一种办法是对运动镜头要保证有一个落幅，就是在镜头结尾的部分让运动着的镜头停下，或者让运动着的主体停下，然后就可以接上主体静止的固定镜头了。

以上所分析的组接方式，实际上全都符合"动接动，静接静"的原则。生态纪录片中的捕猎的场景实际上是动静组接最有代表性的场景，下面选取《猎捕》(*The Hunt*，2015)中的一些段落，来看看"动接动，静接静"的应用实例。

首先来看花豹猎捕黑斑羚的段落(表5-8)。

表5-8 《猎捕》中花豹猎捕黑斑羚段落镜头

| 镜号 | 镜头调度 | 主体运动* | 镜头内容 |
|---|---|---|---|
| 1 | 微晃 | 转了一下头 | 花豹向远处张望，转了一下头 |
| 2 | 左移 | 无 | 草原上的羚群 |
| 3 | 推至右摇 | 无 | 花豹盯着前方 |

---

[①] 这里的"动接动，静接静"只针对镜头或被摄主体运动速度较快的镜头，对于运动速度非常缓慢的镜头，和静止镜头的相接并不会太不适。当然，无论如何运动速度如何，遵循"动接动，静接静"的法则都会使画面剪辑显得流畅。

（续）

| 镜号 | 镜头调度 | 主体运动* | 镜头内容 |
| --- | --- | --- | --- |
| 4 | 右移 | 无 | 草原上的羚群 |
| 5 | 上摇 | 向右 | 在沟壑中若隐若现的花豹 |
| 6 | 固定 | 向右 | 花豹露出一小截尾巴，在沟壑里移动 |
| 7 | 右移 | 向右 | 花豹在沟壑里慢慢走动 |
| 8 | 微晃 | 向左 | 花豹在沟壑里慢慢走动 |
| 9 | 微晃 | 向右 | 花豹在沟壑里慢慢走动 |
| 10 | 上移至推至下移 | 向右 | 沟壑里慢慢移动的花豹和草原上的羚群 |
| 11 | 微晃 | 无 | 黑斑羚在吃草 |
| 12 | 微晃 | 向内 | 黑斑羚在上方吃草，花豹在下方的沟壑里悄悄移动 |
| 13 | 右下摇 | 向右下 | 花豹在沟壑里移动，只露出脊背 |
| 14 | 左摇 | 抬头 | 黑斑羚抬头 |
| 15 | 微晃 | 微转 | 花豹的耳朵转动了一下 |
| 16 | 左摇 | 左转 | 黑斑羚向左转头，又转回来 |
| 17 | 左摇 | 无 | 空空的沟壑 |
| 18 | 微晃 | 向下 | 黑斑羚转头，低下头 |
| 19 | 左摇 | 向左 | 羚羊一边走动一边吃草 |
| 20 | 微晃 | 向左 | 花豹转头走掉 |
| 21 | 微下移，停住 | 向左 | 黑斑羚在上方吃草，花豹从下方的沟壑里走过 |
| 22 | 左移 | 向左 | 花豹在沟壑里走过 |
| 23 | 固定 | 向左 | 花豹在沟壑里走动 |
| 24 | 左移 | 向左 | 花豹在走动 |
| 25 | 右移 | 向右 | 一只黑斑羚在沟壑里走动 |
| 26 | 左下移至固定 | 向右 | 花豹凝视前方的侧脸，低下头 |
| 27 | 固定 | 向左 | 黑斑羚走过的影子 |
| 28 | 推 | 无 | 上方草地上羚群在吃草，沟壑里的花豹盯着前方的黑斑羚 |
| 29 | 微晃 | 微晃 | 黑斑羚的角在微微晃动 |
| 30 | 微晃 | 向内 | 花豹蹑手蹑脚向前移动 |
| 31 | 微晃 | 微晃 | 沟壑后面的黑斑羚在吃草 |
| 32 | 微晃 | 微动 | 花豹微微向前探身 |
| 33 | 微晃 | 上下 | 花豹抬起脚，轻轻放下 |
| 34 | 右移 | 微动 | 赤羚和黑斑羚在吃草 |
| 35 | 微上摇 | 向内 | 花豹俯身向前 |
| 36 | 微晃 | 向左 | 沟壑中的黑斑羚逃跑 |
| 37 | 推 | 向内 | 黑斑羚从沟壑跳上草地 |
| 38 | 下摇 | 向下 | 花豹的双眼，低下头 |
| 39 | 推 | 向右上 | 沟壑中走动的花豹，露出脊背 |

(续)

| 镜号 | 镜头调度 | 主体运动* | 镜头内容 |
| --- | --- | --- | --- |
| 40 | 右摇 | 无 | 草地上的黑斑羚看着前方 |
| 41 | 固定 | 转头 | 黑斑羚转头 |
| 42 | 固定 | 无 | 黑斑羚低头吃草 |
| 43 | 上移 | 无 | 草地上的黑斑羚 |
| 44 | 左摇 | 向上 | 花豹悄悄从沟壑中探出头 |
| 45 | 微晃 | 向左 | 黑斑羚低头吃草 |
| 46 | 右摇 | 向内 | 走动的黑斑羚的腿 |
| 47 | 下移 | 向下 | 花豹矮下头 |
| 48 | 微晃 | 向内 | 花豹在沟壑中小步慢跑 |
| 49 | 下摇 | 向内 | 黑斑羚走动 |
| 50 | 右移 | 向右 | 沟壑中的花豹走动 |
| 51 | 上摇 | 向内 | 草地上的黑斑羚走动 |
| 52 | 微晃 | 向内 | 花豹抬起脚悄悄向前 |
| 53 | 右摇 | 微动 | 黑斑羚在吃草的嘴 |
| 54 | 微晃 | 向内 | 花豹抬起脚悄悄向前 |
| 55 | 固定 | 无 | 黑斑羚喷了口气 |
| 56 | 固定 | 向上 | 探出头的黑斑羚 |
| 57 | 微晃 | 向右 | 黑斑羚转身逃跑 |
| 58 | 右上移 | 向右上 | 花豹爬上沟沿 |
| 59 | 固定 | 向右 | 花豹从沟下冲出，草地上的黑斑羚逃窜 |
| 60 | 左摇至右摇至左摇 | 向右至向左下 | 花豹扑向黑斑羚，咬住一头拖下沟壑 |
| 61 | 左移至右摇至左移加右摇 | 向右 | 黑斑羚从沟壑中挣脱而出 |
| 62 | 微晃 | 无 | 花豹探出的头 |
| 63 | 静止起幅至右移 | 向右 | 黑斑羚群跑动 |
| 64 | 微晃 | 不动至向下 | 花豹收回探出的头，消失 |

注：*这里的"主体运动"和"主体调度"不一样。主体调度是主体在运动中，而在分析动静相接原则相接的表格里，主体的转头、抬脚的等都算作运动——这是因为画面上任何的动作都会引起观众视觉对动态的接收。

这一段的猎捕速度并不快，但绝大多数镜头都遵循"动接动，静接静"的原则，要注意的是，其中很多镜头不是用三脚架拍摄的固定镜头，而是手持，会有微微的晃动，这种微微晃动的镜头对于观众的视觉来说也是运动着的，因此这样的镜头和运动镜头相接比较不会有违和感。

接下来是非洲野狗捕猎牛羚的段落(表5-9)。

表5-9 《猎捕》中非洲野狗捕猎牛羚段落镜头

| 镜号 | 镜头调度 | 主体运动 | 镜头内容 |
| --- | --- | --- | --- |
| 1 | 右移 | 向右 | 非洲野狗向画右行进 |
| 2 | 固定 | 晃动 | 风吹着高高的野草不停摇摆,草后是牛羚的身影 |
| 3 | 右移 | 向右 | 一群非洲野狗向画右行进 |
| 4 | 右移 | 向右 | 非洲野狗向画右行进 |
| 5 | 微上摇 | 晃动 | 高高的野草被风吹得不停摇摆,草后站着一只牛羚 |
| 6 | 推至右移 | 向右 | 非洲野狗向画右奔跑 |
| 7 | 晃动 | 向右 | 牛羚逃跑 |
| 8 | 右摇 | 向右 | 一只奔跑的非洲野狗 |
| 9 | 推至右移 | 向右 | 奔跑的牛羚群 |
| 10 | 右移 | 向右 | 奔跑的非洲野狗 |
| 11 | 右摇 | 向右 | 奔跑的牛羚群,被后面的非洲野狗驱赶 |
| 12 | 右移 | 向内 | 几只非洲野狗驱赶着牛羚群 |
| 13 | 右移 | 向右 | 奔跑的非洲野狗 |
| 14 | 右移加推 | 向右 | 两只非洲野狗驱赶牛羚群 |
| 15 | 右移 | 向右 | 几只奔跑的牛羚 |
| 16 | 右摇 | 向右,停住 | 牛羚群停下,非洲野狗也只好停下 |
| 17 | 微晃 | 无 | 非洲野狗望着前方 |
| 18 | 左摇 | 向左 | 踱步的牛羚们 |
| 19 | 固定 | 转头,攒动 | 牛羚群攒动,一只非洲野狗转头 |
| 20 | 固定 | 向左 | 盯着前方的非洲野狗向左低下头 |
| 21 | 固定 | 向右 | 牛羚群前的非洲野狗跳了几步 |
| 22 | 右摇 | 向右 | 两只与集体走散的牛羚群仍在跑 |
| 23 | 微晃 | 向右 | 一只非洲野狗向右转头 |
| 24 | 固定 | 静止至向右 | 带头的雌性非洲野狗反应过来立刻追击,其他非洲野狗跟上 |
| 25 | 右移至上摇 | 斜向内 | 非洲野狗群追击走散的牛羚 |
| 26 | 右移 | 向右 | 一只非洲野狗在奔跑 |
| 27 | 右摇 | 向右 | 非洲野狗追击牛羚 |
| 28 | 上移 | 向右上 | 非洲野狗追击牛羚 |
| 29 | 上摇至推 | 向右 | 两只奔跑的非洲野狗 |
| 30 | 向右 | 向右 | 两只奔跑的非洲野狗 |
| 31 | 右摇 | 向右 | 两只奔跑的非洲野狗 |
| 32 | 上移 | 向上 | 非洲野狗追击牛羚 |
| 33 | 上移 | 向上 | 非洲野狗追击牛羚 |

(续)

| 镜号 | 镜头调度 | 主体运动 | 镜头内容 |
|---|---|---|---|
| 34 | 右摇 | 斜向内 | 非洲野狗追击牛羚 |
| 35 | 上移 | 向右上 | 非洲野狗追击牛羚 |
| 36 | 拉 | 向右上 | 非洲野狗追击牛羚 |
| 37 | 右移 | 向内 | 奔跑的牛羚 |
| 38 | 推 | 向右 | 非洲野狗追击牛羚 |
| 39 | 右移 | 向右 | 奔跑的非洲野狗 |
| 40 | 上移 | 向右,原地动 | 两只牛羚停下,10只非洲野狗把他们围住 |
| 41 | 微晃 | 原地转动 | 非洲野狗围住两只牛羚 |
| 42 | 推 | 向右 | 仍在追击另一头牛羚的非洲野狗妈妈 |
| 43 | 右移 | 向右,向左 | 非洲野狗妈妈仍在追击,一头牛羚跑开 |
| 44 | 右移 | 向右 | 奔跑的牛羚 |
| 45 | 微晃 | 原地微动 | 10只非洲野狗还围着两头牛羚,僵持不下,非洲野狗们渐渐走开 |
| 46 | 右移至右移加推 | 向右 | 离开的非洲野狗们向非洲野狗妈妈的方向追去 |
| 47 | 右移 | 向右 | 拼命追赶的非洲野狗们 |
| 48 | 右移 | 向右 | 拼命追赶的非洲野狗们 |
| 49 | 右前移 | 向内 | 疲于奔命的牛羚的腿 |
| 50 | 右移至右移加下摇 | 向右 | 一只奔跑的非洲野狗,咬住牛羚的腿 |
| 51 | 上移至上移加推 | 向上 | 奔跑的牛羚 |
| 52 | 右移加推至右移 | 向右 | 非洲野狗妈妈渐渐慢下来,另一只非洲野狗超向前去 |
| 53 | 左摇至右摇 | 向右上 | 奔跑的牛羚,腾起一阵灰尘 |
| 54 | 右移 | 向右上 | 前面的牛羚奔跑跳跃,后面的非洲野狗有些慢了 |
| 55 | 右移 | 向右 | 奔跑跳跃的牛羚转了方向 |
| 56 | 右移 | 向右 | 一只奔跑中的非洲野狗 |
| 57 | 右移至右移加推 | 向右 | 奔跑中的两只非洲野狗 |
| 58 | 右移,右移加右摇 | 向右 | 一只非洲野狗速度有些慢下来,另一只赶超它向前奔跑 |
| 59 | 上移 | 向上 | 一只非洲野狗追上牛羚 |
| 60 | 右移,右移加右摇 | 向右 | 一只非洲野狗超过另一只向前奔跑 |
| 61 | 上移 | 向上 | 几只非洲野狗追上牛羚,一边追一边咬它的后腿 |
| 62 | 右移加推,右移 | 向内 | 非洲野狗追击牛羚 |
| 63 | 右移加晃动 | 向内 | 几只非洲野狗围追牛羚 |
| 64 | 右移 | 向右 | 两只非洲野狗在奔跑 |
| 65 | 右移 | 向右 | 一只非洲野狗在奔跑 |
| 66 | 上移 | 向上 | 几只非洲野狗追击牛羚,边追边咬 |
| 67 | 上移 | 向上 | 奔跑中的牛羚的头 |

(续)

| 镜号 | 镜头调度 | 主体运动 | 镜头内容 |
|---|---|---|---|
| 68 | 左移 | 向左 | 牛羚群看着不远处牛羚被非洲野狗追击 |
| 69 | 左移，下移，右移，上移 | 向左，向下，向右，向上 | 非洲野狗们追上牛羚，一起咬住它 |
| 70 | 微晃 | 原地动 | 攒动的牛羚群 |
| 71 | 微晃 | 向右 | 几只牛羚向画右走，它们身后是非洲野狗在撕咬倒下的牛羚 |
| 72 | 微晃 | 原地动 | 牛羚的腿和非洲野狗们的腿 |
| 73 | 微晃 | 原地动 | 非洲野狗的腿 |
| 74 | 微晃 | 晃动 | 非洲野狗们竖在风中摆动的尾巴 |
| 75 | 左摇至右移 | 原地动 | 正在广袤的草原上分享猎物的非洲野狗们 |

这一段捕猎的速度就要比上一段花豹捕猎要快许多，由于非洲野狗追击牛羚超过20分钟，这一段的绝大部分镜头也就是追击，而在追击的过程中保持了镜头和主体的共同运动，有不少微微晃动的镜头和运动镜头组接也非常流畅；从发现目标到开始追击，用的是主体运动的运动镜头和同样的镜头相接；而在第一次停顿也就是牛羚群停下时，用的是主体运动到静止的运动镜头接主体静止的微晃镜头；再次跑起来时，用的是非洲野狗向右转头的微晃镜头与有动作起幅的主体运动的固定镜头相接的方式；在两头牛羚停下被围住时，用的是微晃镜头与运动镜头相接的方式，来剪辑从奔跑到停下以及又开始奔跑的过程；而最后咬住被捕获的牛羚的镜头也是用主体在动的微晃镜头和运动镜头相接的。从这里也可以看出，微晃的镜头和完全的固定镜头的区别，它是可以和运动镜头比较流畅地剪辑在一起的。

看过了哺乳动物追击的捕猎场景，最后再来看一段比较小型的动物——国王变色龙的捕猎的段落(表5-10)。

表5-10 《猎捕》中国王变色龙的捕猎段落镜头

| 镜号 | 镜头调度 | 主体运动 | 镜头内容 |
|---|---|---|---|
| 1 | 微晃 | 向左 | 国王变色龙的一只爪子抓住树枝 |
| 2 | 固定 | 向左上 | 国王变色龙慢慢向画面左上方挪动 |
| 3 | 左摇 | 无 | 树叶后国王变色龙的头，它眨了一下眼 |
| 4 | 微左移 | 转动 | 国王变色龙转动的眼睛 |
| 5 | 微左摇 | 转动 | 国王变色龙转动的眼睛 |
| 6 | 右移 | 转动 | 国王变色龙在树叶后转动眼睛 |
| 7 | 左摇，变焦 | 无 | 枝叶 |
| 8 | 上移 | 向左 | 国王变色龙小心翼翼移动脚掌 |
| 9 | 变焦 | 转动 | 国王变色龙树叶后转动眼睛 |
| 10 | 微晃 | 转动 | 国王变色龙转动的眼睛 |
| 11 | 固定 | 转动 | 国王变色龙转动的眼睛 |

第五章 剪辑

(续)

| 镜号 | 镜头调度 | 主体运动 | 镜头内容 |
| --- | --- | --- | --- |
| 12 | 固定 | 转动 | 国王变色龙转动的眼睛 |
| 13 | 微晃 | 转动 | 国王变色龙转动的眼睛 |
| 14 | 左移 | 向右 | 国王变色龙向画左抓住树枝 |
| 15 | 微晃 | 微动 | 国王变色龙抓住树枝的爪子 |
| 16 | 左摇 | 微动 | 国王变色龙在树叶后转动眼睛 |
| 17 | 变焦，右摇 | 无 | 枝叶 |
| 18 | 微晃 | 转动 | 国王变色龙转动的眼睛 |
| 19 | 推，变焦 | 无 | 静止的竹节虫 |
| 20 | 微晃 | 无 | 国王变色龙的眼睛 |
| 21 | 推 | 无 | 竹节虫的头部 |
| 22 | 右摇 | 转动 | 国王变色龙眼睛转动了一下 |
| 23 | 右摇 | 微动 | 树叶后弹动的足部 |
| 24 | 右摇 | 转动 | 国王变色龙微动的眼睛 |
| 25 | 右摇 | 微动 | 蝗虫在树叶后微微动着 |
| 26 | 推 | 无 | 国王变色龙的眼睛 |
| 27 | 推 | 向左上 | 蝗虫在树枝上爬 |
| 28 | 右摇 | 向右 | 国王变色龙迅速伸出舌头 |
| 29 | 固定 | 向上 | 树枝上的蝗虫被卷走 |
| 30 | 右摇 | 向左下 | 国王变色龙将蝗虫卷进嘴里 |
| 31 | 右摇 | 上下动 | 国王变色龙张嘴嚼着蝗虫 |
| 32 | 微晃 | 上下动 | 国王变色龙张嘴嚼着蝗虫 |
| 33 | 微晃 | 上下动 | 国王变色龙张嘴嚼着蝗虫 |

可以看出国王变色龙捕猎的场景完全不像非洲野狗捕猎牛羚那样惊心动魄，但是，它仍然遵循着"动接动，静接静"的原则，镜头的调度非常丰富，剪辑也很流畅。

## 六、剪辑的节奏

剪辑的节奏和很多因素相关，如镜头的景别、镜头的运动及运动速度、主体的运动及运动速度、镜头的长度等。关于镜头的景别，一般来说景别越小镜头的节奏越快，也就是说景别的节奏是按照大远景、远景、全景、中景、近景、特写和大特写的顺序递进的；而运动镜头一般来说总是要比固定镜头的节奏要快，运动速度越快节奏越快；镜头的长度方面，相对来说镜头越长节奏越慢，镜头时长越短节奏越快……但这些都不是绝对的，关于剪辑出来的速度，我们要看所有影响镜头节奏的元素是如何组合的。例如，在很多追逐镜头中创作者常常使用小景别、快速运动、短镜头等，将有助于加快剪辑节奏的镜头组合到一起使段落节奏加快，因此在剪辑时要照顾到所有镜头的元素，才能把握镜头的节奏——当然在剪辑之前，

首先要对整个段落的节奏胸有成竹，要明确这一段需要的是怎样的节奏。

需要注意的是，并不是将所有的加速元素堆在一起，整个段落的节奏就会加快——这样做可能速度是加快了，但容易乱套，没有章法。"快"是要通过"慢"来对比体现的，并且"张弛有度"才能形成节奏，要在快节奏之后给观众一个休息的时机，才能够让观众看得不累，同时体会到快节奏的紧张感。例如，在很多追击猎捕的场景中，除了平移跟随的全景和中景的快速镜头，还会有航拍的大远景穿插在其中进行间隔，在上面非洲野狗捕猎牛羚的段落中就是这样，再如《地球脉动2》(*Planet Earth：Season 2*，2016)中北极狼追捕驯鹿的段落也是这样。那么一个小技巧就是，在追捕过程开始的第一个镜头，为了表现捕猎者的速度，要用全景以上小景别开始，而在最后捕猎停止或者是中间停顿的时候，可以用远景或大远景结束整个惊心动魄的场景。

### 七、跳接

在剪辑的过程中，需要注意的是，创作者一般会使用多角度进行切换来叙事，这也是为什么在拍摄一个情节时会设置至少2个以上的机位，不同机位之间的转换可以调节画面的节奏感，而同一个机位所拍摄的同一个主体的镜头剪接到一起，常常会产生"跳"的感觉——也就是一个镜头中间的部分被剪掉，导致主体前后动作不连贯的情形，即"跳接"。同机位不同景别的镜头跳接一般在叙事时不使用，而在需要的时候使用跳接，可以增强画面的强调意味，并增强段落的节奏感。就拿上面非洲野狗捕猎牛羚的场景来说，这一段里有3个同机位镜头的跳接，就是表5-9中镜头29至31，这3个镜头是同机位从全景到中景到近景的跳切，这3个跳切镜头强调出非洲野狗的奔跑速度、劲头和耐力。所以当需要强调的时候，可以将一个机位中同一主体的不同景别进行跳接。

### 八、相似性剪辑

相似性剪辑是指剪辑时用画面中相似的造型或动作进行前后镜头的连接，也就是说，前一个镜头和后一个镜头的画面造型或动作是相似的；这样的剪辑方式不仅能够使不同情节段落顺畅地连接，还能深化两个段落间的互文关系，升华主题。在《大猫》(*Big Cats*，2018)中，有一个讲述不同猫科动物的幼崽的段落，就是将兔狲、猎豹、老虎、狮子等不同猫科动物幼崽玩耍的场景剪辑在一起，来说明猫科动物从玩耍中学习生存技能。

## 第二节　声画关系

虽然画面是电影和电视的主要叙事手段，并且一再强调画面的叙事功能，但是脱离声音仅靠画面去完成一部作品是完全不可能的。在有声电影出现之后，声音对于一部影片的重要性越来越明显——并不是说要完全依靠声音，而是需要去研究和探索画面与声音的关系。剪辑软件中有画面轨道和声音轨道，两个轨道如何匹配达到最好效果，是需要生态纪录片创作者去研究的。

一部影视作品的声音部分可以分为音效、台词和音乐。对于一部纪录片来说，音效和音乐的设计与其他类型影片无异，而台词除了同期对白外还有解说词。接下来分别来讲一讲声音的这3个部分在生态纪录片中的应用。

## 一、音效

音效就是音响的效果。在一部影片中，音效可以分为自然音效和非现实音效。在生态纪录片中比较常见的是自然音效，这是因为自然音效最基本的作用就是还原现实的真实感，而现实的真实感正是生态纪录片中所追求的境界；并且，合理地利用画面上看不见的物体的音效，可以拓展画面的深度和广度，让画面丰富起来、活起来。因此，一定不要忽略自然音效的作用。前文提到，在拍摄过程中一定要带好录音设备，录制下环境音效和同期音效，而在剪辑的过程中，并不仅是将录制的这些音效贴在声音轨道上就可以，还要有区别地对待它们。

### （一）自然音效

在剪辑一个场景之前，创作者一定要在脑海里形成一个立体的画面，也就是有图像有声音的段落，在《消失的脚印》这本书中，约翰·艾奇逊讲到过摄制组的导演在拍摄班达迦的老虎这一题材时，脑海里对这一场景的构想：

"声响之于拍摄的重要性以另一种方式表现出来。我们的导演迈克对电影如何运用声音展现你看不到的东西很感兴趣。西部牛仔电影《西部往事》让他深有感触。风力水车的咯吱声、滴水声和蚊虫的嗡嗡声都被巧妙地营造成紧张的背景，不可避免的枪战似乎一触即发。在本部影片中，迈克希望使用自然声音达到同样的效果：他想象一只鸟在有节奏地鸣叫，再伴以人类脉搏有节奏地跳动，而且随着老虎的移动，脉动还会加速。鹰鹃是再理想不过的演员了。我们有专业的录音师安德鲁，他会收集这些声音。"

对一个场景有了最初的声音设想，那么就可以在剪辑台上对音效进行加减乘除——对，不仅是加减，好的音效带来的效果是加倍的。

例如，在一座山林中可以听到什么？或许有风拂过树叶的声音，溪水潺潺的声音，有各种鸟叫的声音，如紫金山中就常常听到喜鹊、乌鸫、山斑鸠等鸟儿的声音，如果离城市不远，有马路修在山林中，也许还能听见汽车驶过、游人走过；如果是炎热的夏天，那一般都少不了知了的嘶鸣；如果是雨后，或许还有各种蛙类的呱呱声；如果是晚上的山林，那或许还能听见树梢上猫头鹰的咕咕声，草丛里的各种虫鸣声……一个多方位的环境音效可以建立一幅立体的画面。

除此之外，有些声音在靠近了或者非常静谧的时候才能听见，如蚊子和苍蝇的嗡嗡声、走过草地的脚步声、踩在雪里的嘎吱声、水滴落下的滴答声等。那么当创作者要营造一个静谧的环境，或者当用近景、特写的方式表现这些物体时，是不是就需要考虑这些音效了呢？或者说，需要放大这些音效。

可能会有人问，水的滴答声可能还能够现场录制，像蚊子的嗡嗡声很难录制到吧？其实，前面说现场录制声音只是音效制作的一个部分，还有一些声音是需要靠音效师模拟出来的，或者购买一些音效库在里面搜寻所需要的音效。

那这样算是违背纪录片的真实性原则吗？当然不是。观众所看到的所有影片都是经过编辑的；音效的使用是为了增强画面的真实感，并不算违背真实性原则。

接下来，来分析一下生态纪录片在环境展现的段落中是如何使用音效的。

首先，来看看《小巨人》(Tiny Giants，2014)中的开场环境展现(表5-11)。

表5-11 《小巨人》开场环境展示镜头音效设计

| 镜号 | 画面内容 | 音效 |
| --- | --- | --- |
| 1 | 满地落叶的树林 | 鸟叫声、虫鸣声、风声、水滴声、落叶声 |
| 2 | 落叶飘零的森林 | 4种鸟叫声、两种虫鸣声、风声、落叶声、若隐若现的熊或狼叫声 |
| 3 | 蘑菇钻出地面 | 两种虫鸣声、风声、蘑菇钻出地的咯吱声 |
| 4 | 许多蘑菇张开伞面 | 虫鸣声、蘑菇生长的声音 |
| 5 | 橡子从高高的树上掉落下来 | 3种鸟叫声、橡子从树上掉落下来的特效声 |
| 6 | 橡子掉落到湿漉漉的叶面 | 鸟叫声、橡子掉落叶面的声音、水溅起的声音 |

这6个镜头将《小巨人》这个影片发生的地点交代出来，观众可听到15种音效，这15种音效除橡子从树上掉落下来的特效声外，其余都是为了增加环境的真实感而设计的，丰富的声音设计让观众感受到了一个北美古老森林的气息；其中蘑菇钻出地面和生长的声音比较特殊，实际上蘑菇生长是无声的，但这个模拟生长的声音增加进去，会加强蘑菇生长的真实感。

其次，再找森林的段落来分析一下——《森林之歌》(2007)中对长白山森林的音效设计，从展现红松所在的林地的镜头开始(表5-12)。

表5-12 《森林之歌》中长白山森林环境镜头音效设计

| 镜号 | 画面内容 | 音效 |
| --- | --- | --- |
| 1 | 山间的水流 | 水流声、两种鸟叫声、风声 |
| 2 | 水流过石头 | 水流声 |
| 3 | 平静流动的水面 | 水流声、鸟叫声 |
| 4 | 一棵高大的红松 | 水流声、鸟叫声、蛙鸣声 |
| 5 | 秋天森林的大远景 | 风声 |
| 6 | 森林的下方 | 鸟叫声 |
| 7 | 变黄的树叶 | 鸟叫声 |
| 8 | 即将凋零的树叶 | 无 |
| 9 | 转黄的树叶 | 鸟叫声 |
| 10 | 变红的树叶 | 无 |
| 11 | 树林深处 | 鸟叫声 |

很明显可以看到，在这个段落中，音效的种类不算多，大约5种，其中好几种鸟叫声都是一样的。由此也可以看出国产生态纪录片对声音的部分不够重视，这是一片值得中国人自豪的森林，影片却没有让观众感受到其中物种的多样性和森林应有的魅力。因此，这部当年被称作"首部国产大型商业自然类纪录片"的作品在音效的设计上留下了不少的缺憾。有的人可能会说，这是比较早的作品了，那时候的作品不够成熟，不能拿来和现在的国外作品相比较。那么再来看看2017年的国产生态纪录片《自然的力量》中讲述长白山森林中红松的一段，仍然从展现红松生境的林地的镜头开始（表5-13）。

表5-13 《自然的力量》中红松生境镜头音效设计

| 镜号 | 画面内容 | 音效 |
| --- | --- | --- |
| 1 | 山间的水流 | 水声 |
| 2 | 森林里树木的树冠层 | 无 |
| 3 | 森林里树木的树冠层 | 两种鸟叫声、风声 |
| 4 | 一只林蛙 | 蛙的咕咕声、两种虫鸣声 |
| 5 | 蛙的眼睛 | 蛙的咕咕声、两种虫鸣声 |
| 6 | 蛙的身体 | 蛙的咕咕声、两种虫鸣声 |
| 7 | 蛙的头部 | 蛙的咕咕声、两种虫鸣声 |
| 8 | 林间树叶飘落 | 树叶飘落声 |
| 9 | 林间树叶飘落 | 树叶飘落声、风声 |
| 10 | 林间树叶飘落 | 树叶飘落声、落地声 |
| 11 | 林间树叶飘落 | 树叶飘落声、风声、虫鸣声 |
| 12 | 林间树叶飘落 | 树叶飘落声、风声、虫鸣声 |
| 13 | 林蛙的眼睛 | 虫鸣声 |
| 14 | 树叶落地 | 树叶落地声、虫鸣声 |
| 15 | 林蛙的眼睛 | 蛙的咕咕声、虫鸣声、鸟叫声 |
| 16 | 林间树叶飘落 | 树叶落地声、虫鸣声 |
| 17 | 林蛙的眼睛 | 无 |
| 18 | 树叶落地 | 树叶落地声、两种虫鸣声、鸟叫声 |
| 19 | 林蛙 | 鸟叫声 |
| 20 | 林蛙的眼睛 | 鸟叫声、虫鸣声 |

这20个镜头若只看音效，确实相较于10年前的作品，其音效种类多了一些，但是总体上还是不够细致和丰富，如鸟叫和虫鸣，同时出现的虫鸣声最多仅2种，对比《小巨人》中多时达到4种的鸟叫声，还是相形见绌了。

《自然的力量》中，有些片段的音效制作不尽如人意。在这个红松的故事中，有一段关于花栗鼠找寻松果，啃食松子的情节；这段情节里，无论花栗鼠啃食的是松果的外壳，还是剥开的松子，甚至是松鼠舔爪子，用的都是同一个音效！这样不严谨的工作态度令人感到十分的遗憾。

《狂野北美》(North America, 2013)中也有一段关于森林的场景, 从展现橡子掉落的镜头开始(表5-14)。

表5-14 《狂野北美》中橡子掉落镜头音效设计

| 镜号 | 画面内容 | 音效 |
| --- | --- | --- |
| 1 | 橡子掉落在地 | 橡子掉落的特效声, 橡子落地砸在落叶上的声音 |
| 2 | 橡子掉落在地 | 橡子掉落的特效声, 橡子落地砸在落叶上的声音 |
| 3 | 橡子掉落 | 橡子掉落的特效声 |
| 4 | 橡子掉落在树根上 | 橡子掉落的特效声, 橡子掉落在树干的咔哒声 |
| 5 | 橡子掉落在落叶堆里 | 橡子掉落在落叶堆上的声音, 鸟叫声 |
| 6 | 花栗鼠 | 无 |
| 7 | 花栗鼠跳开 | 无 |
| 8 | 花栗鼠在林间跳跃 | 橡子掉落的特效声 |
| 9 | 橡子穿过树叶 | 橡子打穿树叶声 |
| 10 | 橡子掉落地面 | 橡子掉落的特效声, 橡子掉落地面声 |
| 11 | 橡子打在树枝上, 落在地面 | 橡子打在树枝上的声音, 落地声 |
| 12 | 花栗鼠在林间跳跃 | 鸟叫声 |
| 13 | 花栗鼠嗅闻橡子, 咬起一颗 | 咬橡子声, 花栗鼠拖过橡子声 |
| 14 | 花栗鼠在林间跳跃 | 鸟叫声、虫鸣声、风声 |
| 15 | 花栗鼠把橡子塞进颊囊 | 牙齿和橡子的磕碰声, 啃咬声、两种鸟叫声、虫鸣声、风声 |
| 16 | 花栗鼠俯身去捡另一颗橡子, 塞进嘴里 | 3种鸟叫声、花栗鼠扒拉地面声、虫鸣声、风声 |
| 17 | 花栗鼠往颊囊里塞橡子 | 塞橡子声、虫鸣声 |
| 18 | 花栗鼠把橡子塞进嘴里, 掉了, 花栗鼠去捡 | 咬橡子声、扒拉地面声 |

这18个镜头表现了花栗鼠在树林中搜集橡子的过程, 其中有些镜头非常短, 不到一秒, 所以并没有太多音效, 但稍微长一些的镜头音效就会比较丰富, 如第十五和十六个镜头, 最多的时候同时有3种鸟叫的声音, 这些声音补足了观众看不到的地方, 拓展了画面。

(二) 非现实音效

非现实音效可以理解为现实中没有或者听不见的, 在影片中人为配上的声音效果。如上面《小巨人》和《狂野北美》的例子中, 橡子从天而降就属于非现实音效。需要再提一下《微观世界》(Microcosmos, 1996)这部生态纪录片, 这部影片将虫子的世界放大, 其音效的设计非常有真实感, 为了营造一个微观的世界的立体感, 在环境音效的设计中, 有时在一个场景中观众能同时听到多达七八种虫鸣, 还有四五种鸟叫; 而这部纪录片中同样增加了很多现实中根本听不见, 却因为微距镜头的放大, 而模拟昆虫动作音效的设计。如蚂蚁吸食小水珠的场景, 蚂蚁用腿触碰水珠都有非常逼真的音效; 一颗水珠在草叶上消失, 也设计了水珠慢慢消失的音效; 还有苍蝇用腿摩擦翅膀、摩擦口器时都有音效的设计。这样的设计让观众仿佛感受到了一个立体的昆虫世界。

(三) 音效特写

前面提到了关于音效需要区别对待的问题, 即指音效的音量大小不能全都一样, 要根据画面内容的需要调整。一般来说，当使用空镜介绍环境的时候，环境音效是主体，可以在所有音效中占最大音量；而环境音效中也有远近和轻重之分，有些声音较远，如山林深处传来的声音就必须小一些，辅助的声音，如轻柔的风声也可以小一些；如果画面上有流水，流水声可以大一些；一个规律就是，离观众最近的声音要最大，成为主音效；如果某个音效对推动叙事非常关键，那么这个音效就应该成为主音效。

主音效再进一步，就是音效特写了。音效特写是借用景别中特写的意思，也就是将其他声部削弱，仅突出需要表现的音效，将这个音效从所有音效中推选出来，夸张和强调。一般被特写的音效是用来强调这个音效所搭配的动作的刺激性和紧张性，或表现此时此刻主体的情绪及事件氛围。

例如，假设拍摄到一只老虎在树林中行走，在老虎出现之前，可以先用音效特写先来表现在空荡荡的山林中，有沉重而缓慢的脚步声传来，这个声音甚至使其他一些小型动物有些慌乱。老虎的脚步自然不可能那么沉重，那为什么这么做呢？这是为了表现老虎在这片山林中的地位，塑造老虎这个动物的形象。

《猎捕》(The Hunt，2015)第一集中有一段螳螂捕猎虫子的情节，螳螂在等待猎物的时候，解说词解释道："不过和变色龙一样，它也看不到静止的猎物。需要猎物移动才能确定那是它的食物——只需一点点生命的迹象。"接着，接了一个螳螂的头部的特写，两只鼓鼓的眼睛引人注目，接下来便是猎物的头部的特写，猎物转动了一下触须，配以咯吱咯吱的音响特写——立刻提起了这个动作带来的紧张感，悬念产生，冲突即将开始——果然，下面的情节就是螳螂冲了过去。如果没有这个音效特写仅有动作，那么紧张感和悬念感就不会那么突出。当螳螂吃完它的猎物，没想到随着"唰唰"的声音，一条软软的的舌头向螳螂飞了过来，"啪"地吸住了螳螂的脑袋，将它拽了过去，只留下空空的枝头，下一个镜头便是"噗滋噗滋"嚼着螳螂的变色龙的大嘴。正是音效特写为这一系列镜头增加了立体感，并增添了戏剧性；雨林里的螳螂也逃不过"螳螂捕蝉，黄雀在后"的命运。

还有生活在马达加斯加的达尔文树皮蛛，它要吐出超过25米长的蛛丝，让蛛丝到达河对岸，然后在河中间织出一张捕猎的大网。在表现蜘蛛吐出长丝的过程中，在吐丝开始的一瞬间加入了"咻"的音效特写，过程中是"嘶嘶"的音效特写，让观众对这个吐丝的过程印象深刻。

## 二、台词

在纪录片，尤其是生态纪录片中，台词包含同期声和解说词，大部分时候尤以解说词为主。

在本章前文中提过，有些初学者喜欢先将纪录片的解说词写好，然后照着解说词将画面拼贴上去。但事实上，对故事、结构、素材有相当的把握之后，才应该开始解说词的写作。生态纪录片仍然是以画面叙事为主，但是由于动物无法说话，情节靠捕捉，生态纪录片的画面有时候无法完全依靠画面来叙事，这个时候解说词就派上了用场；即在画面叙事不能将情节完美呈现的情况下再插入解说词才是解说词正确的使用方式。很多国产生态纪录片有一个非常不好的习惯——画面不够，解说词来凑。这个"画面不够"并不是因为上面

所说的生态纪录片的特点所致,而是拍摄时没有捕捉到叙事关键的画面。因此,很多国产生态纪录片常常依赖解说词来负担起整部纪录片的叙事功能。这样做导致零碎的画面无法生动展现情节;影片说理性太重,难以通过生动情节吸引观众,欠缺观赏性。

充分发挥画面的叙事功能,应该是从选题策划部分就开始有的意识,并应是从策划阶段到拍摄阶段再到后期一以贯之的意识。那么怎样的解说词才是好的解说词呢?或者说,解说词应该在什么情况下出现呢?来看看以下几个例子。

捕猎是生态纪录片中戏剧性最强的情节段落之一,仍然以捕猎场面为例来看看画面和解说词的关系。

《猎捕》(*The Hunt*, 2015)第一集当中,雨林中的捕猎段落的解说词是这样设计的(表5-15)。

表5-15 《猎捕》中雨林捕猎段落解说词设计

| 场景号 | 场景时长 | 画面内容 | 解说词 |
| --- | --- | --- | --- |
| 1 | 10秒 | 草原上非洲野狗团撕咬一只牛羚 | 团队协作和耐力,在非洲开阔的草原上,被证明是一种制胜的结合 |
| 2 | 19秒 | 雨林的镜头 | 但在茂密而复杂的丛林世界里,捕猎是一场永不结束的捉迷藏游戏 |
| 3 | 23秒 | 一动不动的各种虫子;一只蝗虫在慢慢爬动;突然被一条长长的舌头卷走 | 在这里,最好能一动不动地坐着,与环境融为一体;因为你永远不知道谁在盯着你 |
| 4 | 37秒 | 国王变色龙在树上爬,它转动着眼睛;一只一动不动的竹节虫 | 国王变色龙就特别擅长在暗处窥探而不被发现;它的眼睛承担了全部工作,身体的其他部分则缓慢移动,以防吓到潜在目标;问题在于,它只能看到移动的猎物;那么这到底是只竹节虫,还是根树枝? |
| 5 | 21秒 | 国王变色龙转动眼睛,看见一只爬动的蝗虫;国王变色龙立刻喷出长舌,将蝗虫卷进大嘴 | 啊哈!到了发动秘密武器的时刻了;也就是,比身体还长的舌头 |
| 6 | 60秒 | 鼻角变色龙在树枝间慢慢挪动,接近它的猎物,猎物竖起触须,鼻角变色龙慢慢后退;它又开始寻找;又找到一只,却仍然不合适 | 国王变色龙的亲戚鼻角变色龙,拥有同样的武器,不过是微型的;武器小如火柴棍,它需要更靠近猎物;尽管它的眼睛和胃一般大,这可不是它期盼的理想猎物;在丛林中,当自己是个头小的捕食者,要找到大小合适的猎物是比较困难的;大好的机会可能转眼就令人失望 |
| 7 | 35秒 | 雨林的全景;一只螳螂,螳螂身体的各部分展现 | 在这个茂密的绿色世界里,发现任何猎物都很难;如果真的找到了,必须确保它不会逃掉;螳螂前肢的出击速度比眨眼还快十倍,而且它们是唯一已知的拥有三维视觉的昆虫,可以完美用于确定出击距离 |
| 8 | 22秒 | 螳螂发现一只猎物,悄悄爬过去;猎物不动,螳螂盯着前方 | 不过和变色龙一样,它的问题同样在于无法看到静止的猎物;它需要一些移动来确认那是食物——只要一点点生命的迹象 |
| 9 | 13秒 | 猎物稍微动了一下触须,螳螂迅速将其捕获 | 好了,这就够了;闪电般的袭击速度给了它捕捉昆虫猎物的优势 |
| 10 | 20秒 | 刚刚将猎物享用完,一条长长的舌头袭来,将它卷走;卷进了国王变色龙的嘴里 | 但是骄傲自满可没有好结果。在丛林的军备竞赛中,总有人拥有更强大的武器 |

## 第五章 剪辑

在这段 4 分多钟的场景中，仅有 543 个字的解说词①。仔细寻找的话，是找不到叙事性的解说词的，而是对画面的解释性补充。这并不是由于画面不在叙事，相反，正是因为画面负担了大部分的叙事功能，而无法用画面负担的说明阐述功能则由解说词来负责。在解说词的说明中，开头部分是转折和总起，从上一场戏转入下一场戏，并引出雨林这场戏的中心意思——捕猎是一场捉迷藏游戏；接下来当画面展现出一个出其不意摸不着头脑的捕猎场景时，便开始解释，为什么是捉迷藏游戏；然后出现刚才的主角国王变色龙，它的捕猎体现出的是眼睛上下转动搜寻猎物的有趣情节，同时解说词给我们补充其捕猎的特点——只能看到动的猎物以及比身体还长的舌头。接下来是另一个例子——鼻角变色龙，解说词也是补充了一些观众所不知道的情节背景：它是国王变色龙的亲戚，舌头只有火柴棍长短，个头小所以很难找到适合自己大小的猎物。最后是螳螂的部分，同样，它介绍了螳螂猎捕的特点：比眨眼还快十倍的速度，是唯一已知的拥有三维视觉的昆虫，只能看见活动的猎物。而当螳螂猎捕的时候，没有太多的描述性语言，只有一句"好的，这就够了"，将紧张氛围一下烘托出来；末尾，在螳螂出其不意被变色龙吃掉的时候，总结性地陈述结束这一场雨林"捉迷藏游戏"。

以说相声类比，画面相当于"逗哏"，解说词相当于"捧哏"；解说词对于画面来说，要起着"点睛"的作用。对于那些有追击过程的猎捕，解说词更容易体现出它的点睛作用。

再看《猎捕》中黑猩猩捕猎疣猴的段落（表 5-16）。

表 5-16 《猎捕》中黑猩猩猎捕疣猴段落解说词设计

| 场景号 | 场景时长 | 画面内容 | 解说词 |
| --- | --- | --- | --- |
| 1 | 60 秒 | 黑猩猩群在森林中走动；听到猴子叫声，安静地靠近 | 虽然大多数森林捕食者都是独自猎捕，但有些也会团队协作；黑猩猩捕猎猴子所用的伏击法是最巧妙、最错综复杂的；当它们决定发动一场伏击时，黑猩猩群倾巢而出，长途跋涉搜索猎物。一旦它们听到猴子的叫声，所有的黑猩猩就会全部安静下来；它们在树下悄悄靠近。那是疣猴，在 30 米高的茂密树冠中 |
| 2 | 23 秒 | 黑猩猩们在树下望着树冠层的疣猴们 | 在这片森林中，一只黑猩猩想要单枪匹马抓到一只猴子，几乎是不可能的；疣猴的体重不到黑猩猩的一半，可以借助小树枝逃跑，但那些树枝可承受不起黑猩猩的重量；黑猩猩们必须团结协作设下陷阱 |
| 3 | 53 秒 | 不同任务的黑猩猩爬到不同的位置，做好猎捕的准备 | 最厉害的黑猩猩猎手，判断出了疣猴可能的逃跑路线，于是悄无声息地到前方静候着；它提前占据了一个伏击位置，躲在树冠下的树枝上；其他的黑猩猩拦截者们，也在它的带领下，爬上了疣猴两边的树，以封锁它其他的逃生路线；最后这只黑猩猩是驱赶者，它负责把疣猴赶到陷阱里去 |

---

① 尽管原解说词是英文，但对于我们中文的解说词写作来说其字数也是可以参考的。

(续)

| 场景号 | 场景时长 | 画面内容 | 解说词 |
|---|---|---|---|
| 4 | 69 秒 | 黑猩猩发起进攻，将疣猴赶进陷阱，伏击成功 | 一切就位后，驱赶者发起了进攻；驱赶者在不停地追赶猴子的同时，拦截者们也随之移动去堵住出路；猴子们逃向陷阱，它们一跳到有伏击的树上，陷阱便现形了；一只疣猴落到了地上 |
| 5 | 46 秒 | 黑猩猩们拆分着猎物，未分到的大喊大叫着跳开 | 每只黑猩猩都急切地想分一杯羹；但黑猩猩们有它们自己的一套分肉方法，猎手们可以分到上等肉，地位高的雌黑猩猩及其子女也能分到一部分；但没有参与猎捕的雄性黑猩猩感觉受到了不公的待遇，一个个都十分沮丧，气急败坏 |
| 6 | 39 秒 | 黑猩猩们享受着自己的猎物 | 黑猩猩平时以素食为主，因此肉显得格外珍贵；但它在黑猩猩族群中扮演着重要角色。黑猩猩巩固了彼此的关系纽带，这使它们能够团结协作，取得成功；尽管黑猩猩善于团队协作，智慧超群，它们的捕猎成功率也就50%左右 |

这段将近5分钟的段落，大约有600多字解说词；开始出击至伏击结束的场景共69秒，是这个段落中时间最长的情节，但解说词却是最少的，仅有82个字；解说词的内容是解释在伏击中出现的各路黑猩猩，以及指明疣猴逃跑的路线。这就是一个用画面叙事的案例。

69秒并不算最长的，还有更长的例子，如前面提到过的《猎捕》里非洲野狗捕猎牛羚的段落，由于其中情节有至少两处的转折，整个捕猎过程将近6分钟。上一次分析了这个段落的动静相接，现在来分析一下它的画面和解说词的配合（表5-17）。

表5-17 《猎捕》中非洲野狗猎捕牛羚段落解说词设计

| 场景号 | 场景时长 | 画面内容 | 解说词 |
|---|---|---|---|
| 1 | 21 秒 | 非洲野狗群弓着背向前行进 | 野犬们需要让牛羚跑起来；成功的关键，就是用长途追赶耗尽它的体力 |
| 2 | 46 秒 | 非洲野狗开始跑起来，牛羚受到惊吓奔跑，却一会儿停下来；非洲野狗束手无策 | 当猎物跑起来，野犬们就有了优势；但当牛羚稳住阵脚，局势就发生了扭转；面对一大片牛角，犬群束手无策 |
| 3 | 62 秒 | 有落单的牛羚还在奔跑，带头的母犬追了上去 | 但并非所有的牛羚都有勇气停下；真正的比拼这才开始。牛羚庞大而强壮，但野犬富有耐力；现在双方的速度都达到每小时40英里，野犬可以保持这个速度狂奔几英里；牛羚就不行了 |

## 第五章 剪辑

（续）

| 场景号 | 场景时长 | 画面内容 | 解说词 |
|---|---|---|---|
| 4 | 79秒 | 牛羚跑散，不同的野犬朝着不同的方向追过去；有些野犬追停两头牛羚，但束手无策。野犬们的母亲仍在追赶奔跑的牛羚 | 一头牛羚跑开了，接着两头又散开了；这让经验不足的犬群乱了阵脚，它们朝着不同方向追去；母亲和一只幼犬继续追赶，其他成员都停下了，自以为找到了容易对付的目标；它们错了，如同长了两个头的野兽，两头牛羚互相保护着对方的后面，犬群无计可施；前方，追逐仍在继续；又一头牛羚跑开了，现在母犬眼前只有一头牛羚了，但没有犬群的帮助，这根本毫无意义；双方陷入了僵局 |
| 5 | 147秒 | 无计可施的野狗们去追赶它们的妈妈，最后将牛羚咬住，成功捕获猎物 | 年轻的野犬浪费了宝贵的时间，它们必须努力赶上它们的母亲；前面，它们的母亲显露疲态；牛羚很清楚这一点，跳着显示自己还很有力气，想让野犬放弃；但年轻的野犬追赶得很快；当一只野犬累了，总会有另一只接过领头的位置；现在犬群的数量足以拿下牛羚；啃咬牛羚可能导致下颌被踢裂白，但只有攻击腿部，才能让牛羚停下；而且它们必须在它跑进牛羚群之前就把它拿下；牛羚群就在几百米开外；20分钟的追逐过后，牛羚的体力几乎耗尽；这一次牛羚群也保护不了它了；犬群的耐力得到了回报，现在它们要做的，就是把猎物击倒；团队协作，使野犬足以对付体重十倍于自身的大型猎物 |

这段追捕段落6分钟不到，解说词总共600字左右。和前面黑猩猩捕猎的一段相比，画面和解说词的频率差不多，也同样说明捕猎段落主要靠画面叙事，而解说词只用来补充背景信息及画面无法完成的信息。

那有没有比以上场景解说词还少的段落呢？当然有，接下来以《地球脉动2》中《城市》里恒河猕猴在市场上偷抢的段落为例来看看其中解说词的设计（表5-18）。

表5-18 《城市》恒河猕猴偷抢段落解说词设计

| 场景号 | 场景时长 | 画面内容 | 解说词 |
|---|---|---|---|
| 1 | 30秒 | 热闹的市场，猕猴们的眼神 | （复杂的城市生活需要智取），但是要想在白天与人类竞争，需要的可不止智慧，还有胆量；一群雄心勃勃的猴子，搬到了印度斋普尔市，恒河猕猴 |
| 2 | 76秒 | 猕猴们向市场进发 | 如何拿到这些鲜嫩多汁的水果呢？每天早上，猴子军团都会和上班族一样，走同样的路线，穿越城市丛林；有时候难免遇上交通拥堵。等它们抵达市场，麻烦就开始了 |
| 3 | 76秒 | 猕猴们在市场上偷抢东西 | 有勇有谋才能在人类的地盘占上风；简直是光天化日的抢劫 |

这一段落时长 3 分钟，仅有 153 个字的解说词，其中主要段落猕猴在市场上抢东西时，76 秒的时长仅有 27 个字的解说词，基本上是靠画面在叙事。

总结说来，解说词要注意以下几点：第一，故事开启时的环境背景介绍需要用解说词完成，如介绍时间、地点、气候、生态环境等，同时和故事情节相关的要素也需要依靠解说词，如主要物种、主体间的关系、事件或情节背后的深层原因等；第二，体现对事件或情节的总结；第三，解说词切忌"看图说话"——不要将画面可以展现的内容再用解说词复述一遍，而是要辅助画面、深化画面，和画面有机配合才能拓展画面功能，在视听语言的配合上达到完美效果。

### 三、音乐

影视作品中的音乐和普通的音乐不同，是依附于画面存在的，以是否体现作品总体构思和意图为评判准绳，好的影视音乐应该是融化在作品总体艺术构思中的。生态纪录片也是这样。

当然最好的做法是请专业人士为纪录片配乐，但是大部分初学者不太可能做到这一点，那么在选择音乐上就需要注意与自己的作品相匹配了。

一般来说，音乐是用来对氛围进行营造，对情绪进行强化的。对于初学者来说，使用音乐最容易出现的第一个问题是"情绪不够，音乐来凑"，大段音乐铺陈是初学者非常容易犯的错误。一部纪录片中，一定不是从头到尾都是情绪和氛围的，还有叙事的部分，一味地铺音乐就会影响到观众对叙事的理解；从另一个角度来说，从头到尾铺音乐容易让观众对音乐产生审美疲劳，原本应有的情绪和氛围段落反倒不突出了。有些创作者认为没有音乐的画面显得干巴巴的。的确是因为没有音乐的原因吗？很多时候答案是否定的——很可能是画面的叙事力不够，叙事呆板没有节奏感；或者缺少对音效的设计。因此，当觉得画面"很干"的时候，一定要先从其他方面找原因，不要一开始就用音乐来补救。而在使用音乐的时候一定要"节省"，能不使用音乐的地方就不要使用音乐，必须要使用的地方再将音乐铺上，如需要渲染氛围或强调情绪时可以考虑使用音乐；除了这两个主要作用，音乐还可以用来塑造主角形象，在虚构剧情片中，主要人物常常会有主题音乐，也就是每个主要人物的出场、情绪、氛围营造等都有属于每个人物的音乐旋律，这样音乐旋律的专属性会强化观众对这个人物的印象；在生态纪录片中也可以尝试这种用法，可以给不同的物种不同的音乐旋律，强化它们的形象。说到主题音乐，一般来说，一部影片会有一个主要的音乐旋律，作用就是从音乐上给这部影片的主题定下基调，也就是用音乐强化影片的主基调。因此，在选择主旋律时，一定要符合纪录片本身的基调。

使用音乐时容易出现的第二个问题常常是音乐的出入点没有掐准。音乐和画面要想配合得好，那么音乐出现和终止的时机就要精准。初学者常常囫囵吞枣，不太注意音乐应该配合画面的哪个点开始又或哪个点结束，而仅仅对一大段的内容做粗略的估计，从头至尾铺上音乐就行。一般来说，音乐是具有流动感的，它和运动相匹配能使运动获得加倍的效果，因此，音乐的入点和出点常常配合画面上主体的动作或者画面的运动进行。看BBC的生态纪录片就会发现，它音乐的出入点掐得非常精准，对气氛和情绪的营造效果显著——当然BBC的影片都有专人配乐，但应该向它们学习的是对音乐和画面的配合与理解，无论是否专门配乐，都能够使音乐与画面精准配合。

例如，在《冰冻星球》(Frozen Planet, 2011)的第二集中，有一个北极熊捕猎的场景，北极熊先是在冰面上慢慢地走着，解说词表示：现在是海豹哺育幼崽的时候，正是北极熊捕猎的大好时机；而冰海海潮的涨落带来冰面的凸起和裂纹，都是寻找海豹的好地方。接下来的画面就是北极熊在仔细确认一条冰面的凸起，开始它的捕猎，解说词："它已经探测到冰面下有海豹洞。"这时音乐隐约地进入，缓慢的旋律渲染着一种紧张的气氛；音乐一直持续，北极熊在仔细地嗅闻，轻手轻脚，解说词表示：紧张的时刻就要到来，这只北极熊要击碎一米厚的积雪，如果目标不准，海豹就会逃之夭夭。北极熊谨慎地抬起腿，它突然冲击冰面，随着冰面的"咔咔"声，音乐立刻停止；于是观众的注意力全都集中在情节叙事上了——没有，什么都没有；海豹带着它的小宝宝从另一个冰洞钻了出来；雌性海豹下海捕鱼，将小海豹留在了冰面，解说词告诉观众：尽管小海豹的伪装很好，但北极熊仍然能够闻得到它；就在这时，刚才的渲染紧张气氛的音乐又隐隐约约地出现了，它强化了画面和解说词想传达给观众的气氛——小海豹没有了妈妈的保护，处在危险之中；但当北极熊冲着它跑过来时，小海豹倏地跳进冰洞中，留下北极熊呆呆望着冰洞的身影，这时的音乐旋律已经变得有些失落了。再如《地球脉动2》中《山脉》一集有关于北美灰熊下山后，在树干上"蹭痒痒"的情节，这一段的配乐也堪称经典：一开始，熊妈妈带着小熊们向树林走去，解说词告诉观众："天气转暖，灰熊们急切地想脱下它们厚重的冬衣。"这里都没有音乐，只有解说词和音效在协助画面叙事；当一头灰熊找到一棵大树，直起身子双爪抓住身前的树枝，开始用肥胖的身躯在树上魔性地扭动着身体时，有节奏的鼓点也开始出现，配合着不同的灰熊的魔性"舞姿"，音乐呈现出不同的段落，让"魔性舞姿"更"魔性"，使观众不禁捧腹。随着最后一头灰熊蹭完皮毛下地离开，音乐也干脆利落地结束。

使用音乐容易出现的第三个问题是音乐杂乱。一部影片的叙事风格是统一的，那么一部影片的音乐风格也应该是统一的。初学者常常将许多风格杂乱的音乐堆砌在同一部影片中，究其根本原因，是没有将整部影片的音乐作为一个整体来考虑。杂乱的音乐会打乱整部影片的风格，破坏影片该有的节奏和整体感。BBC的生态纪录片一般都使用交响乐作为音乐，无论以交响乐团中的哪种乐器为主，都会有一种整体感。在一部纪录片的不同情绪段落，一般会有不同的音乐旋律，如紧张氛围的音乐、忧伤情绪的音乐、欢快情绪的音乐、诙谐场景的音乐等，在相同或类似的气氛或情绪段落，可以使用同样的音乐旋律来增强整部影片的整体感。

使用音乐容易出现的第四个问题是音乐没有配合画面产生段落感。很多叙事场景都是由不同段落组成的，如捕猎会有准备、开始、发展、高潮、结局几个基本的段落，并且在整个过程中可能会遇到阻力，捕猎者可能暂时受挫，那么这些段落其实都可以使用音乐来区分和间隔并且强化氛围；可能初学者会将捕猎一味地理解为快，全部铺上快节奏的音乐，但是如果仔细区分，为一场戏的不同段落铺上不同气氛效果的音乐，就会使整个段落显得更为精致。BBC 惯常的做法是在捕猎开始之前，先用慢节奏的音乐配合捕猎者和猎物双方的正反打近景和特写镜头，渲染捕猎即将开始的紧张感；当捕猎一开始，和捕猎者的动作点配合，激烈的快节奏音乐立刻上来，将捕猎的追击过程渲染得激烈而刺激；在捕猎中，会随着捕猎过程的转折而配以不同的音乐节奏，直至捕猎过程的结束。在前面讲过的《地球脉动2》里《沙漠》一集狮子捕猎长颈鹿的片段就是这样（表5-19）。

表 5-19 《沙漠》中狮子猎捕长颈鹿段落镜头设计

| 镜号 | 画面内容 | 镜号 | 画面内容 |
| --- | --- | --- | --- |
| 1 | 狮子朝画外走来 | 13 | 长颈鹿奔跑的腿 |
| 2 | 长颈鹿从树枝后探出头 | 14 | 狮子奋力奔跑，从狮子的单主体画面摇至狮子和长颈鹿的双主体画面 |
| 3 | 狮子的眼睛望向画右 | 15 | 其他狮子追上来 |
| 4 | 狮子朝向画左的侧面 | 16 | 长颈鹿跑向画面，至画面前方，其他狮子入镜，狮群追踪长颈鹿 |
| 5 | 长颈鹿的正面 | 17 | 两只狮子追踪长颈鹿 |
| 6 | 狮子的眼神，正面 | 18 | 狮子奔跑的背影 |
| 7 | 狮子的獠牙，滑动的舌头 | 19 | 狮群追踪长颈鹿 |
| 8 | 狮子的耳朵 | 20 | 领头的雌性狮子等待截击 |
| 9 | 狮子的眼睛望向画右 | 21 | 狮群追击长颈鹿 |
| 10 | 狮子的双眼 | 22 | 领头雌性狮子截击长颈鹿，被长颈鹿掀翻踩踏甩开，长颈鹿出画，只留下雌性狮子的背影 |
| 11 | 狮子轻轻抬起的脚 | 23 | 长颈鹿慢慢停下，加入鹿群 |
| 12 | 狮子奋力奔跑的背影 | | |

实际上，在这一次捕猎之前就有一次失败的捕猎，音乐也是自那次捕猎一直延续下来的；在狮子看到长颈鹿的时候，音乐开始若隐若现，并不十分明显，在第五个镜头处达到最低点，几乎消失；从第六个镜头狮子双眼的大特写开始，解说词配的是"但没有食物充饥，狮群已寸步难行"，音乐渐渐又出现，在第七个镜头獠牙特写时变得明显起来，加上吞咽口水的声音，让观众立体地感受到狮群的饥饿和急切；在狮子轻轻抬起脚的第十一个镜头的末尾，音乐渐渐加强，卡在第十二个镜头狮子跳出沙堆的头一帧，音乐强烈起来，开始为整个捕猎过程加速，将情节推向第一个高潮；由于使用的普遍是慢镜头，音乐比之前更快，节奏是一定上来了的，但并没有快到目不暇给；在前方等待截击的领头雌性狮子出现的时候，音乐更强烈起来，将情节推向最后的高潮；长颈鹿和雌性狮子正面相撞的前一刻音乐和情节都达到最高潮，随着雌性狮子被长颈鹿掀翻在地，音乐骤

然停止;长颈鹿甩开雌性狮子后,配合着狮子捕猎失败的低落情绪,音乐以缓慢的尾声结束。

有的人可能会问,BBC 也经常大段铺陈音乐,那也错了吗?实际上,BBC 的配乐是根据情节情绪专门配的,大段音乐中能够配合情节区分出非常明显的情绪段落,并且整体感很强;而当创作者选择现成音乐的时候,没有办法像专门配乐那样与影片的情绪配合得非常完美,所以就要注意节制使用音乐,让音乐用在必要的地方。

当然,无论如何,如果所制作的纪录片要进入商业用途,请保证选用的音乐是有使用权的。

最后关于音乐剪辑再补充几点:

第一,关于画面和声音的配合,有一个小技巧,一般初学者在剪辑的时候会非常工整地将画面轨道和声音轨道工整地对在一起[图 5-1(a)]。但是如果稍微将声音轨道拉长一些,也就是后一个画面的声音先进入到前一个画面的结尾(长度可以根据镜头情绪需要决定),这两个画面看起来就会连接得更流畅一些[图 5-1(b)]。

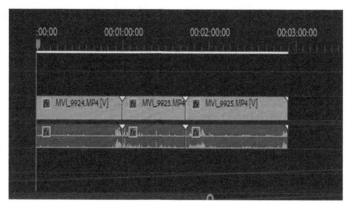

(a)工整的声画轨道(付倩姿供图)

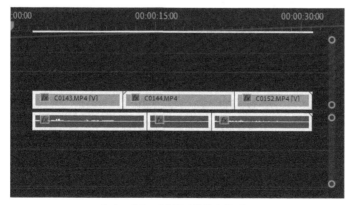

(b)L型和T型剪辑(付倩姿供图)

图 5-1 音乐剪辑对比

后者这种剪辑方式被称为"L"型或"T"型剪辑。为什么会产生这样的效果呢?因为观众会跟着先进入的声音或者音乐(尤其是音乐)进入到后一个画面的感觉之中,后一个画面的声音就像一个伏笔，有了伏笔后一个镜头就不那么突兀了。当然将前一个镜头中的音乐或者声音延续到下一个画面中也是可以的；但大多数时候创作者都喜欢前一种做法，这样后一个画面的声音就会成为开启下一个场景的方式。

第二，很多初学者在镜头连接不顺时常常喜欢用黑场、叠化或者闪白这样的特效方式来组接；这里要强调一下——特效不要滥用，而是需要用在点上，如黑场常常是一场戏的结束与开启，如同写文章时的"另起一段"一样，是造成段落感的一种方式，滥用会使影片变得零碎，显得没有章法；叠化也会造成强烈的碎片感，比较常用于碎片式的回忆、梦境等特殊场合，在生态纪录片中造成特殊效果的场合可以使用，如模拟动物受伤后不清醒的主观镜头等，但总体上还是比较少的；而闪白和黑场一样，大部分时候也是使用在段落与段落的连接中，比黑场要更为少见。

## 第三节 《地球脉动2》之《岛屿》剪辑分析

《地球脉动2》在本书中已经提到过多次，它实在是一个非常经典的教学案例。现在选择它的第一集《岛屿》，对其剪辑进行分析。

回顾其结构方式，它主要选择了8个岛屿的代表物种来讲述（表5-20），从这8个不同经纬度的具有代表性的岛屿出发，展现全球的岛屿生态，不仅让我们看到物种的丰富，并且反思人类给岛屿生态带来的破坏。

表5-20 《岛屿》中空间结构设计

| 空间 | 主要故事情节 |
| --- | --- |
| 巴拿马埃斯库多岛 | 雄性侏三趾树懒求偶 |
| 印度尼西亚科莫多岛 | 科莫多巨蜥争夺食物、领地与交配权 |
| 马达加斯加岛 | 冕狐猴带着幼崽寻找食物 |
| 费尔南迪纳岛 | 海鬣蜥宝宝逃离游蛇的追捕 |
| 新西兰亚南极地区岛屿 | 雄性信天翁等待分别6个月的妻子，一起筑巢育雏 |
| 非洲塞舌尔群岛 | 白燕鸥的蛋被塞尔福迪雀偷袭；学飞的幼鸟需要对抗腺果藤树种带来的重力 |
| 圣诞岛 | 入侵物种黄疯蚁攻击本地物种红蟹 |
| 扎沃多夫斯基岛 | 南极帽带企鹅对抗严苛的气候和环境 |

第一段巴拿马埃斯库多岛，直接开门见山地告诉观众这是侏三趾树懒的家园，接下来的情节就是关于这只侏三趾树懒求偶行为。影片先提出它的困难，制造悬念，岛上仅有几百只雌性侏三趾树懒，求偶是个难事。接下来的情节中视听元素是这样剪辑的（表5-21）：

表 5-21 《岛屿》中侏三趾树懒求偶段落镜头设计

| 镜号 | 时长 | 镜头内容 | 景别、角度 | 镜头调度、主体调度 | 音效 | 解说词 | 音乐 |
|---|---|---|---|---|---|---|---|
| 1 | 4秒 | 雄性侏三趾树懒的脸，原本闭着眼，听见叫声，缓慢睁开眼睛 | 特写，仰拍正面 | 无，无 | 风声，鸟叫，虫鸣，雌性侏三趾树懒的叫声 | 这诱人的叫声 | 轻快音乐 |
| 2 | 5秒 | 挂在树上的主角顺着叫声转头 | 全景，仰拍正侧面 | 无，无 | | 来自雌性 | |
| 3 | 5秒 | 岛上的景色 | 大远景，俯拍 | 右移，无 | 风声，海浪声，雌性侏三趾树懒的叫声 | 就在不远的某个地方 | |
| 4 | 4秒 | 主角缓慢地从树上爬下来 | 中景，平拍正侧面 | 拉及下移，向下 | 流水声 | 对树懒来说，这反应堪称迅猛 | |
| 5 | 4秒 | 主角缓慢地从一棵树爬到另一棵树 | 中景，俯拍背侧面 | 推，向内 | | | |
| 6 | 3秒 | 主角缓慢抓住树枝 | 近景至中景，平拍正侧面 | 拉，向外 | | 无 | |
| 7 | 3秒 | 主角缓慢抓住树枝，向右移动 | 近景，俯拍背面 | 右移，向右 | | | |
| 8 | 5秒 | 主角抓住树枝缓慢移动 | 全景，仰拍正面 | 右摇，向右 | | | |
| 9 | 4秒 | 主角抓住树枝缓慢向上爬 | 近景，仰拍正侧面 | 上移，向上 | 流水声，鸟叫声 | | |
| 10 | 4秒 | 主角抓着树干缓慢向前爬 | 远景，平拍正面 | 右移，向右 | 流水声，雌性的叫声 | | |
| 11 | 3秒 | 主角向前张望 | 近景，仰拍正面 | 无，无 | 流水声，鸟叫声 | | |
| 12 | 4秒 | 树影后的水潭 | 全景，平拍 | 右摇，无 | 流水声，雌性的叫声 | 问题是，中间隔着一渊深潭 | |
| 13 | 3秒 | 主角抱着树枝，呆呆地望 | 中景，正面仰拍 | 摇晃，无 | 流水声 | 那么一只血气方刚的树懒会怎么做呢 | |
| 14 | 7秒 | 远处的波涛，水中冒出一只树懒 | 远景，平拍 | 无，向右 | 波涛声 | 当然是游过去 | 音乐高昂起来 |

（续）

| 镜号 | 时长 | 镜头内容 | 景别、角度 | 镜头调度、主体调度 | 音效 | 解说词 | 音乐 |
|---|---|---|---|---|---|---|---|
| 15 | 4秒 | 主角在水中游 | 中景至全景，平拍正侧面 | 拉，向右 | 划水声 | 无 | 延续相对高昂的音乐 |
| 16 | 4秒 | | 全景，仰拍侧面 | 右摇，向右 | | | |
| 17 | 5秒 | | 远景至全景，平拍侧面 | 右移加推，向右 | | | |
| 18 | 4秒 | | 远景，水底仰拍侧面 | 上移，向右 | | | |
| 19 | 6秒 | | 全景至中景，仰拍侧面 | 右摇至推，向右 | | | |
| 20 | 2秒 | | 全景，平拍背面 | 无，向内 | | | |
| 21 | 1秒 | | 近景，正面俯拍 | 无，向外 | | | |
| 22 | 2秒 | 水中树懒的主观镜头，岸边快到了 | 全景，平拍 | 推，无 | | | |
| 23 | 2秒 | 树懒攀住树枝向上张望 | 全景，俯拍侧面 | 右移，无 | | | |
| 24 | 3秒 | 高高的树顶上挂着一只树懒 | 大远景，仰拍 | 上摇，无 | | 那会是她吗 | 音乐渐落 |
| 25 | 4秒 | 主角缓慢握住树枝的爪子 | 近景，平拍 | 上移，向上 | 无 | 无 | 相对激昂音乐起 |
| 26 | 5秒 | 主角倒挂在树枝上，缓慢向上爬 | 中景，平拍侧面 | 右移，向右 | 水流声 | 它尽全力加快速度 | 音乐延续 |
| 27 | 2秒 | | 全景，仰拍背侧面 | 右移，向右上 | | | |
| 28 | 6秒 | 树干后的主角缓慢向上爬 | 全景，仰拍 | 上移，向上 | 水流声 | 无 | |
| 29 | 3秒 | 主角攀爬着树枝 | 近景，平拍 | 右移，向右 | 水流声 | | |
| 30 | 10秒 | 雌性侏三趾树懒，宝宝从身后探出头来 | 近景至中景，平拍正侧面 | 拉，无 | 水流声，虫鸣声 | 但叫的不是她；这只雌树懒已经有了一只幼崽，在幼崽长到六个月离开她之前，她不会再次交配 | 音乐渐弱，变平缓 |

138

(续)

| 镜号 | 时长 | 镜头内容 | 景别、角度 | 镜头调度、主体调度 | 音效 | 解说词 | 音乐 |
|---|---|---|---|---|---|---|---|
| 31 | 3秒 | 主角挂在树上,有些不知所措 | 远景,仰拍正侧面 | 右摇,无 | 水流声,虫鸣声 | 无 | (同上) |
| 32 | 4秒 | 母树懒抱着宝宝,宝宝向前张望 | 中景,仰拍正侧面 | 微晃,无 | | 无 | |
| 33 | 7秒 | 主角坐在树上,向下看 | 全景,仰拍正侧面 | 上摇,无 | | 即便生活在天堂之岛也会有限制 | 音乐渐隐 |
| 34 | 2秒 | 岛上的树丛和水流 | 远景,平拍 | 右移,无 | 水流声,雌性的叫声 | 无 | 无 |
| 35 | 4秒 | 主角坐在树上,转头张望 | 全景,仰拍正侧面 | 无,无 | 风声,水流声 | 但至少她就在不远处 | 一个跳动音节 |

这段2分20秒的场景由35个镜头组成,这35个镜头中有20个镜头是表现树懒向着雌性树懒前进——树懒的动作实在是太缓慢了,因此用了多方位的镜头剪辑,使节奏显得快一些。解说词不到160个字,其中仅有讲到带着宝宝的雌性树懒在宝宝离开她之前不会再交配的时候算是科普知识,其他都是对剧情的连接和烘托;另外,选用的音乐节奏完全烘托出树懒的春心荡漾、急切,然后失落的心路历程。

接下来是印度尼西亚科莫多巨蜥岛上科莫多争夺食物、领地和配偶的故事(表5-22)。

表5-22 《岛屿》中科莫多巨蜥段落镜头设计

| 镜号 | 时长 | 镜头内容 | 景别、角度 | 镜头调度、主体调度 | 音效 | 解说词 | 音乐 |
|---|---|---|---|---|---|---|---|
| 1 | 8秒 | 一条尾巴在泥泞中蜿蜒前行 | 近景,俯拍背面 | 前移,向上 | 水声,脚步声 | | |
| 2 | 5秒 | 地下的水坑模糊映出科莫多巨蜥的身子 | 中景,俯拍侧面 | 右移,向右 | 脚步声,水声 | 无 | |
| 3 | 3秒 | 科莫多巨蜥的前肢抓在地上 | 近景,平拍正面 | 右摇,向外 | 脚重重地踩在沙子上的声音 | | |
| 4 | 6秒 | | 全景,平拍正面 | 后移,向外 | | 体长三米,重达六十八公斤 | 重要角色登场音乐,神秘,有份量 |
| 5 | 4秒 | 科莫多巨蜥在沙滩上爬行 | 近景,平拍侧面 | 右移,向右 | | 它们是地球上现存体型最大的蜥蜴 | |
| 6 | 7秒 | | 全景,平拍正面 | 后移,向右 | | 无 | |
| 7 | 4秒 | 科莫多巨蜥的眼睛 | 特写,平拍正侧面 | 无,无 | 无 | | |
| 8 | 17秒 | 科莫多巨蜥高高昂着头 | 中景,平拍正面至侧面 | 环摇,无 | 无 | 大型食肉动物在岛屿上并不常见;然而,四百万年来,科莫多巨蜥一直称霸这里 | |

(续)

| 镜号 | 时长 | 镜头内容 | 景别、角度 | 镜头调度、主体调度 | 音效 | 解说词 | 音乐 |
|---|---|---|---|---|---|---|---|
| 9 | 5秒 | 科莫多岛海边空镜 | 远景,平拍 | 急推 | 海浪声 | 无 | 突然重击的音乐 |
| 10 | 8秒 | 科莫多岛树林空镜 | 远景,俯拍 | 推 | 海浪声,鸥声 | 这么小的岛屿似乎不可能为这种庞然大物提供充足的食物来源 | |
| 11 | 3秒 | 科莫多巨蜥向前爬行 | 中景,平拍背面 | 前移,向内 | 行走在草丛里的声音 | 但冷血爬行动物只需要肉食性哺乳动物1/10的食物量 | |
| 12 | 3秒 | | 全景,平拍正面 | 无,向外 | 行走声,收回舌头声 | | |
| 13 | 2秒 | 科莫多巨蜥的主观镜头 | 全景 | 推,无 | 和草摩擦的窸窣声,鸟叫声 | | 节奏较慢,轻,以打击乐为主 |
| 14 | 3秒 | 科莫多巨蜥在草丛中爬行 | 全景,平拍侧面 | 右移,向右 | | 无 | |
| 15 | 3秒 | 树林里的鹿在觅食 | 中景,平拍侧面 | 右移,向右 | 虫鸣声 | 巨蜥吃一顿可以支撑一个月 | |
| 16 | 5秒 | 树后的科莫多巨蜥在爬行 | 中景,平拍侧面 | 右移,向右 | 虫鸣声,鸟叫声,脚步声,吞咽口水声 | | |
| 17 | 3秒 | 鹿低头在地上觅食 | 中景,仰拍背侧面 | 右移,向右 | 水声,鸟叫声 | 它们的生存之道如此成功,以至于唯一的天敌就是它们的同类;而这座岛上约有2000只巨蜥 | |
| 18 | 7秒 | 科莫多巨蜥吐着舌头在爬行,抬头向右看 | 全景,平拍正侧面 | 右移,向右 | 虫鸣声,鸟叫声,脚步声 | | |
| 19 | 2秒 | 两只巨蜥在争夺食物 | 全景,平拍侧面 | 右摇,无 | 撕咬声,争夺声 | | |
| 20 | 4秒 | 巨蜥撕咬猎物 | 中景,平拍正侧面 | 无,无 | 撕咬声 | 无 | 音乐增强,强劲 |
| 21 | 2秒 | 一只巨蜥爬上另一只,原来是第三只巨蜥加入争夺 | 中景,平拍侧面至正侧面 | 左摇,向左 | 攀爬声,喷气声 | | |
| 22 | 1秒 | 巨蜥的头 | 特写,仰拍侧面 | 无,无 | 喷气声 | | |

(续)

| 镜号 | 时长 | 镜头内容 | 景别、角度 | 镜头调度、主体调度 | 音效 | 解说词 | 音乐 |
|---|---|---|---|---|---|---|---|
| 23 | 2秒 | 3只巨蜥争夺食物 | 近景，平拍侧面 | 无，无 | 撕咬声，喷气声，吼声 | 无 | 音乐增强，强劲 |
| 24 | 1秒 |  | 近景，平拍侧面 | 无，向左 | 撕咬声 |  |  |
| 25 | 1秒 | 巨蜥强壮的腿 | 中景，平拍 | 无，向右 | 撕咬声 |  |  |
| 26 | 2秒 | 3只巨蜥争夺食物 | 中景，平拍侧面 | 无，向右 | 吼声，撕咬声 |  |  |
| 27 | 7秒 |  | 中景，平拍侧面 | 右摇，向右 | 撕咬声，脚步声 |  |  |
| 28 | 4秒 | 草丛中观战的巨蜥 | 近景，仰拍侧面 | 无，无 | 伸舌头的声音，喷气声 | 然而这只巨蜥并不是在寻找食物 | 音乐骤停 |
| 29 | 5秒 | 草丛中的巨蜥 | 近景，仰拍正面 | 无，无 | 鸟叫声 | 它在寻找配偶 |  |
| 30 | 5秒 | 巨蜥的眼 | 大特写，平拍侧面 | 无，无 | 张嘴声 | 雌性巨蜥一年发情一次 |  |
| 31 | 1秒 | 挂在下巴上的涎 | 特写，仰拍侧面 | 无，无 | 虫鸣声 | 无 | 舒缓音乐起 |
| 32 | 2秒 | 巨蜥转动一下眼睛 | 近景，仰拍正侧面 | 无，无 | 鸟叫声 |  |  |
| 33 | 3秒 | 巨蜥伸出舌头 | 大特写，平拍侧面 | 无，向左 | 鸟叫声，吐舌声 |  |  |
| 34 | 3秒 | 一头巨蜥嗅闻另一头 | 中景，平拍侧面 | 右摇，向右 | 尖啸声，脚踩草地声，喷气声 |  |  |
| 35 | 3秒 |  | 近景，平拍侧面 | 上摇，无 | 尖啸声 | 它并不排斥 |  |
| 36 | 3秒 | 巨蜥昂着头 | 中景，仰拍正侧面 | 无，无 | 飞虫嗡嗡声，鸟叫声 | 无 |  |
| 37 | 6秒 | 巨蜥用爪子碰碰她，吐吐舌头，用嘴碰碰它 | 中景，平拍侧面 | 无，无 | 鸟叫声，吐舌声，尖啸声，触碰声 | 目前为止，一切顺利 |  |
| 38 | 2秒 | 巨蜥昂着头低下 | 中景，仰拍正侧面 | 无，无 | 尖啸声 |  |  |
| 39 | 7秒 | 巨蜥的爪子搭上它的身子 | 中景，仰拍侧面 | 无，无 | 爪子触碰声 | 但它误入别人的领地 | 音乐在镜头末尾突然加强 |
| 40 | 4秒 | 一只身躯庞大的巨蜥 | 中景，仰拍 | 环移，无 | 虫鸣声 | 无 |  |
| 41 | 4秒 | 庞大巨蜥的头部 | 近景，仰拍侧面(逆光) | 左移，无 | 虫鸣声 | 另一只雄性认为，它才是这里的王；岛屿上空间有限，巨蜥的地盘时常重叠，这导致冲突不断 | 强劲的音乐 |
| 42 | 7秒 | 这只巨蜥向前爬行 | 中景，侧面仰拍 | 右移，向右 | 爬行声 |  |  |
| 43 | 2秒 | 头顶茂密的树叶 | 全景，仰拍 | 下移，无 | 鸟叫，爬行声 |  |  |

(续)

| 镜号 | 时长 | 镜头内容 | 景别、角度 | 镜头调度、主体调度 | 音效 | 解说词 | 音乐 |
|---|---|---|---|---|---|---|---|
| 44 | 2秒 | 巨蜥向前爬行 | 全景,仰拍背面 | 前移,向内 | 爬行声 | (同上) | 强劲的音乐 |
| 45 | 1秒 | 巨蜥已经爬到求偶处了 | 全景,平拍正面 | 无,向外 | | | |
| 46 | 2秒 | 巨蜥向前的腿 | 近景,平拍正面 | 无,向右 | | | |
| 47 | 1秒 | 巨蜥虎视眈眈地冲着闯入者过来 | 近景,平拍正面 | 无,向外(前景巨蜥向左) | 打斗声 | 在巨蜥族群中,体型决定一切 | |
| 48 | 7秒 | 两只雄性巨蜥扭打 | 全景,平拍侧面 | 右摇至上摇,向右至向上 | | | |
| 49 | 2秒 | 上面的巨蜥吐出舌头 | 特写,仰拍正侧面 | 无,向左 | 无 | | |
| 50 | 4秒 | 巨蜥扭打撕咬,一只落荒而逃 | 中景,平拍侧面 | 右摇,向右 | 打斗声,吼叫声 | 无 | |
| 51 | 3秒 | 后面的巨蜥追上,压在它身上,攻击 | 中景,仰拍正面至侧面 | 右摇,向右 | | | |
| 52 | 4秒 | 一只巨蜥将另一只压在身下,下面的巨蜥反抗 | 中景,仰拍正侧面 | 左摇,向外 | 打斗声 | | |
| 53 | 4秒 | | 全景,仰拍侧面 | 右摇 | | | |
| 54 | 6秒 | 两只科莫多巨蜥仍在争斗 | 中景,仰拍正侧面 | 拉,向外 | | 但如果双方体型相当,鹿死谁手就很难预料 | |
| 55 | 2秒 | 前一只将尾巴如鞭子般甩响 | 远景,平拍侧面 | 无,无 | 尾巴甩击声 | | 音乐渐弱 |
| 56 | 1秒 | 两只巨蜥开始追逐 | 全景,仰拍正侧面 | 右摇,向外 | 追跑声 | 无 | |
| 57 | 2秒 | | 全景,仰拍正面 | 右摇,向外 | 追跑打斗声 | | 音乐突强 |
| 58 | 1秒 | 两只巨蜥打斗,一只尾巴狠狠甩了一记 | 中景,仰拍背面 | 右摇 | 打斗声 | | |
| 59 | 1秒 | 另一只反击撞去 | 中景,平拍背面 | 左摇,向左 | | 强壮的尾巴一击如同重锤 | |

(续)

| 镜号 | 时长 | 镜头内容 | 景别、角度 | 镜头调度、主体调度 | 音效 | 解说词 | 音乐 |
|---|---|---|---|---|---|---|---|
| 60 | 1秒 | 前面的巨蜥又一击尾巴重击 | 中景,仰拍侧面 | 右摇,向右 | 尾巴甩击声,打击声 | （同上） | |
| 61 | 2秒 | 两只巨蜥打斗,不停甩着尾巴 | 全景,平拍正面 | 左摇,无 | | | |
| 62 | 2秒 | 两只巨蜥打斗,掀起地上的杂草 | 中景,仰拍侧面 | 右摇,向右 | 打斗声,掀起杂草声 | | |
| 63 | 1秒 | 打斗中巨蜥的腿掀起沙石 | 近景,仰拍侧面 | 无,向左 | 掀起沙石声 | 无 | |
| 64 | 1秒 | 打斗中巨蜥的尾巴在甩动 | 特写,仰拍侧面 | 无,无 | 尾巴划动沙石声 | | |
| 65 | 2秒 | 巨蜥打斗,尾巴重甩 | 全景,仰拍侧面 | 无,无 | 尾巴重击声 | | |
| 66 | 1秒 | 重重的踩在地上的腿 | 近景,平拍侧面 | 右摇,向右 | 重重踩地的声音 | | |
| 67 | 2秒 | 两只巨蜥追逐打斗 | 全景,平拍正面 | 无,向外 | 追逐踩地声 | | |
| 68 | 2秒 | 后面的巨蜥张嘴咬 | 全景,仰拍侧面 | 右移,向右 | 张嘴咬的声音,追逐声,吼叫声 | 锯齿形状的牙齿像牛排刀一样锋利 | 音乐突强 |
| 69 | 2秒 | 后面的巨蜥张嘴咬住前面巨蜥的尾巴 | 远景,仰拍侧面 | 右移,向右 | 咬住声,追逐声 | | |
| 70 | 1秒 | 被咬住的巨蜥怒吼的脸 | 全景,仰拍侧面 | 无,向左 | 吼叫声 | | |
| 71 | 1秒 | 后面的巨蜥咬住,前面的巨蜥挣脱 | 中景,仰拍正侧面 | 无,无 | 尾巴在地上摩擦声 | | |
| 72 | 1秒 | 前面的巨蜥转身的身子 | 全景,仰拍侧面 | 上摇,向上 | 转身的声音 | | |
| 73 | 4秒 | 两只巨蜥正面撞击 | 近景,仰拍正侧面 | 上摇,无 | 撞击声,摩擦声 | 无 | |
| 74 | 4秒 | 一只咬住另一只的前肢 | 近景,仰拍侧面 | 右移,向右 | 咬定声,打斗声 | | |
| 75 | 1秒 | 一只巨蜥抬起腿向后退 | 中景,仰拍 | 上摇,向上 | 抬脚声 | | |
| 76 | 5秒 | 一只咬住另一只的脖子,都站了起来 | 中景,仰拍侧面 | 上摇,向上 | 紧咬声 | | |

（续）

| 镜号 | 时长 | 镜头内容 | 景别、角度 | 镜头调度、主体调度 | 音效 | 解说词 | 音乐 |
|---|---|---|---|---|---|---|---|
| 77 | 2秒 | 仍在打斗 | 中景，仰拍侧面 | 上摇，向上 | 打斗声 | 无 | 音乐突强 |
| 78 | 1秒 | | 远景，仰拍侧面 | 无，无 | | | |
| 79 | 4秒 | | 中景，仰拍侧面 | 上摇，无 | | | |
| 80 | 4秒 | 一旁的雌性在草丛中走动观望 | 全景，平拍侧面 | 左移，向左 | 草丛中走动声 | | |
| 81 | 3秒 | 两只雄性扭打，一只拍了另一只一掌，扭打着立起 | 中景，仰拍侧面 | 上摇，向上 | 拍击声，扭打声，吼叫声 | | |
| 82 | 10秒 | 扭打，一只将另一只压倒在地 | 远景，仰拍侧面 | 无 | 扭打声，撞地声 | 胜利；只有最强壮的巨蜥才有权交配 | 音乐至高潮骤停 |
| 83 | 3秒 | 胜利者昂着头，嘴角还有血 | 中景，仰拍正侧面 | 无，无 | 鸟叫声，虫鸣声，飞虫嗡嗡声 | | 音乐缓缓起 |
| 84 | 5秒 | 被打败者趴在地上，胜利者把压在他身上的爪子放下 | 中景，平拍正侧面 | 无，无 | 喷气声，爪子摩擦皮肤声，鸟叫声 | 无 | |

科莫多巨蜥这段共4分48秒，由84个镜头组成，解说词350字左右。这一段的主题是"争夺"——争夺食物、地盘和配偶。主要的争斗场景有两段，分别是第十九至第二十七个镜头的第一段争夺食物，共22秒；以及第四十八个镜头到最后段落的第二段争夺地盘和配偶，共1分43秒；第二段争夺到白热化阶段的镜头都非常短促，基本上平均一秒一个，使这段打斗突显紧张而激烈；而在打斗结束时，使用了一个长达10秒的远景，让观众看到胜利者将战败者压在身下，从时长到景别都给了打斗段落一个完美的结尾。

解说词大多分布在巨蜥行走、观望等没有多少戏剧性冲突的部分，在戏剧性冲突强烈的部分，靠画面叙事，解说词只点拨。注意一下两只巨蜥出场方式的剪辑：第一只是这个段落中科莫多巨蜥的第一次出场，在观众看到它的真面目之前，先从尾巴的镜头开始，"以尾识龙"①，接着是水坑中的影子和前肢，神秘面纱一层一层揭开，直到第四个镜头才出现它的真面目；而在它闯入另一只科莫多巨蜥的地盘的时候，解说词暗示那只巨蜥才是这里的"王"，这只"王"出现时用仰拍的环移镜头表现了它的王者气派，然后逆光给它强烈的轮廓，阳光如王冠在它头上闪耀，这两个镜头的剪辑非常到位地塑造了这只巨蜥的形象。

再来分析一下这一集中精彩的段落——海鬣蜥宝宝逃脱游蛇追捕。在开始猎捕之前，解说词介绍了这个岛屿的生态背景和海鬣蜥的特征及行为习惯，接下来就开始紧张的追击段落了（表5-23）。

---

① 原片中将科莫多岛称为"home to dragons"。

表 5-23 《岛屿》中海鬣蜥宝宝逃脱追捕段落镜头分析

| 镜号 | 时长 | 镜头内容 | 景别、角度 | 镜头调度、主体调度 | 音效 | 解说词 | 音乐 |
|---|---|---|---|---|---|---|---|
| 1 | 10秒 | 沙砾下有什么东西在动——一只小小的脑袋探出 | 全景，平拍正侧面 | 右移，向上 | 沙砾摩擦声 | 但岛上的生态关系并不是都如此和谐 | （从上一段开始）缓慢但有些神秘的音乐 |
| 2 | 8秒 | 海鬣蜥宝宝的脑袋探出来 | 近景，平拍正侧面 | 无，向上 | | 海鬣蜥将蛋产在沙子里。每到六月，刚破壳的小鬣蜥异常脆弱 | |
| 3 | 4秒 | 海鬣蜥宝宝慢慢爬出来 | 中景，平拍正侧面 | 无，向上 | | | |
| 4 | 2秒 | 海鬣蜥宝宝往外爬 | 全景，平拍背侧面 | 无，向内 | | 无 | |
| 5 | 8秒 | 海鬣蜥宝宝慢慢爬 | 远景，俯拍背面 | 无，向内 | 轻微的在沙砾上爬行声 | 它们必须到海边与成年海鬣蜥汇合，但这将是一次危险的旅程 | |
| 6 | 10秒 | 海鬣蜥宝宝在沙滩上爬，身后是海鬣蜥的尸体 | 大远景，俯拍侧面 | 左摇，向左 | 无 | 无 | |
| 7 | 3秒 | 岸边的成年海鬣蜥们趴在石头上，突然有一只喷水 | 远景，仰拍正侧面 | 无，无 | 喷水声 | | |
| 8 | 13秒 | 海鬣蜥宝宝在沙滩上谨慎地爬行，几条游蛇悄悄入画，跟在海鬣蜥宝宝身后 | 大远景，俯拍侧面 | 左摇，向左上 | 游蛇爬行声 | | 音乐变紧张 |
| 9 | 5秒 | 游蛇跟在海鬣蜥宝宝身后，海鬣蜥宝宝发觉不对，立刻加速 | 远景，俯拍背面（倾斜构图） | 无，向左上 | | | 随着海鬣蜥宝宝加速，音乐突然加快节奏 |
| 10 | 8秒 | 海鬣蜥宝宝快速奔逃，游蛇在后面追击 | 大远景，俯拍背侧面 | 左摇至推，斜向内 | 海鬣蜥宝宝奔跑声，游蛇爬行声 | 无 | |
| 11 | 3秒 | 从四面八方爬来十几条游蛇 | 远景，俯拍正侧面 | 后移，向右下 | 游蛇爬行声 | | 快节奏音乐 |
| 12 | 2秒 | 海鬣蜥宝宝奔逃 | 远景，平拍侧面 | 左摇，向左 | 海鬣蜥宝宝奔跑声 | | |
| 13 | 1秒 | | 远景，平拍背面 | 左摇，向内 | | | |

(续)

| 镜号 | 时长 | 镜头内容 | 景别、角度 | 镜头调度、主体调度 | 音效 | 解说词 | 音乐 |
|---|---|---|---|---|---|---|---|
| 14 | 6秒 | 海鬣蜥宝宝奔向岩石，游蛇在后追赶，海鬣蜥宝宝在岩石上放慢速度 | 大远景，平拍背面 | 无，向内 | 无 | 无 | 快节奏音乐 |
| 15 | 3秒 | 海鬣蜥宝宝慢慢爬上岩石 | 中景，仰拍正侧面 | 无，向右 | 海鬣蜥宝宝爬行声 | | 音乐渐弱 |
| 16 | 3秒 | 沙滩上游蛇在爬行 | 大远景，俯拍侧面 | 无，向右 | 无 | 游蛇错失了这次机会 | |
| 17 | 4秒 | 海鬣蜥的残骸，背后游蛇在爬行 | 中景，俯拍侧面 | 左摇，向左 | 游蛇爬行声 | 无 | |
| 18 | 11秒 | 海鬣蜥的头骨，一只海鬣蜥宝宝从沙砾中探出头 | 中景，平拍侧面 | 左移至变焦至左移，无 | 沙砾摩擦声 | 但还有更多的海鬣蜥宝宝即将孵化 | |
| 19 | 2秒 | 岩石缝中虎视眈眈的游蛇们 | 中景，平拍正侧面 | 环移，无 | 无 | 这些游蛇正虎视眈眈 | |
| 20 | 3秒 | 两条虎视眈眈的游蛇 | 中景，平拍侧面 | 环移，无 | | | |
| 21 | 2秒 | 探出头的海鬣蜥宝宝往外爬 | 中景，平拍正侧面 | 无，向左 | 沙砾摩擦声 | 这是它们一年里最佳的捕食时机 | |
| 22 | 2秒 | 岩石下一群游蛇蠢蠢欲动 | 远景，平拍侧面 | 左摇，向左 | 游蛇"哒哒"声 | | 音乐加重，又稍轻下来 |
| 23 | 2秒 | 海鬣蜥宝宝在沙滩上爬 | 远景，平拍侧面 | 左摇，向左 | 海鬣蜥宝宝爬行声 | | |
| 24 | 1秒 | | 中景，平拍侧面 | 无，向左 | | | |
| 25 | 2秒 | 游蛇出动 | 全景，俯拍侧面 | 无，向左 | 游蛇爬行声 | | |
| 26 | 2秒 | | 中景，平拍侧面 | 左移，向左 | | 无 | |
| 27 | 3秒 | 海鬣蜥宝宝在沙滩上爬 | 中景，仰拍正侧面 | 左移，向左 | 海鬣蜥宝宝爬行声 | | |
| 28 | 5秒 | 海鬣蜥宝宝在沙滩上爬行，游蛇跟在身后；海鬣蜥宝宝突然停住，游蛇也停住，游蛇突然出击，海鬣蜥宝宝慌忙加速逃跑 | 远景，俯拍正侧面 | 左摇，向左 | 爬行声 | | 蛇突然出击时音乐加重加速 |

(续)

| 镜号 | 时长 | 镜头内容 | 景别、角度 | 镜头调度、主体调度 | 音效 | 解说词 | 音乐 |
|---|---|---|---|---|---|---|---|
| 29 | 3秒 | 海鬣蜥宝宝没命地逃，游蛇拼命追 | 大远景，俯拍背面 | 无，向内 | 爬行声 | 海鬣蜥宝宝在平地上跑得比游蛇快 | 强烈节奏感音乐 |
| 30 | 6秒 | 小鬣蜥在岩石间穿梭，跳上岩石时，被埋伏的蛇咬住 | 大远景，平拍侧面 | 左摇，向左 | | 但周围还有其他蛇在埋伏 | 随着被蛇咬住，节奏感降下来 |
| 31 | 1秒 | 小鬣蜥被蛇卷住 | 全景，俯拍背面 | 拉，无 | 紧紧缠绕声 | | 音乐渐强 |
| 32 | 1秒 | 另一只刚刚从沙砾中探出头的海鬣蜥宝宝，抬手准备爬出 | 近景，平拍正侧面 | 无，无 | 沙砾摩擦声 | | |
| 33 | 1秒 | 海鬣蜥宝宝迅速爬出 | 特写，平拍正侧面 | 无，向外 | | | 音乐重音 |
| 34 | 2秒 | 迅速追击的游蛇 | 中景，俯拍侧面 | 左移，向左 | 爬行声 | | |
| 35 | 7秒 | 飞奔的海鬣蜥宝宝被游蛇卷住 | 大远景，俯拍侧面 | 左摇，向左 | 无 | | |
| 36 | 1秒 | 游蛇紧紧缠住海鬣蜥宝宝 | 全景，平拍侧面 | 无，无 | 紧紧缠住的声音 | 无 | 节奏感非常强的音乐 |
| 37 | 1秒 | 探出头的海鬣蜥宝宝谨慎地看了一眼 | 近景，平拍正侧面 | 无，无 | 无 | | |
| 38 | 3秒 | 追击中的游蛇 | 中景，俯拍侧面 | 推，向右上 | 游蛇爬行声 | | |
| 39 | 2秒 | 海鬣蜥宝宝飞快从沙砾中爬出，一条游蛇立马追上 | 近景，平拍正侧面 | 无，向右上 | 沙砾摩擦声 | | |
| 40 | 2秒 | 几条游蛇向前追击，缠住从洞中跑出的海鬣蜥宝宝 | 远景，俯拍背侧面 | 右上摇，向右上 | 与沙砾摩擦声，缠绕收紧声 | | |
| 41 | 2秒 | 游蛇卷住海鬣蜥宝宝 | 近景，平拍侧面 | 无，无 | 缠绕收紧声 | | 缠住时音乐减慢变弱 |
| 42 | 1秒 | 游蛇张大嘴吞向海鬣蜥宝宝的脑袋 | 近景，平拍侧面 | 无，无 | 缠绕收紧声，吞咬声 | | |
| 43 | 9秒 | 一条游蛇爬过，游蛇身旁就是一只埋在沙底下的海鬣蜥的小脑袋 | 中景，俯拍正侧面 | 推，向左 | 游蛇爬过沙砾声 | 一只刚孵化的海鬣蜥宝宝，第一次见识了这个危险的世界 | |

(续)

| 镜号 | 时长 | 镜头内容 | 景别、角度 | 镜头调度、主体调度 | 音效 | 解说词 | 音乐 |
|---|---|---|---|---|---|---|---|
| 44 | 1秒 | 海鬣蜥宝宝被蛇卷住，甩着尾巴挣扎 | 全景，仰拍背面（主观镜头） | 无，无 | 缠绕收紧声 | 无 | 缓慢但有些紧张感的音乐 |
| 45 | 2秒 | 埋在沙砾里的海鬣蜥宝宝 | 中景至近景，俯拍正侧面 | 推，无 | | | |
| 46 | 2秒 | 被缠住的海鬣蜥宝宝挣扎的前肢 | 特写，仰拍侧面 | 无，无 | | | |
| 47 | 3秒 | 海鬣蜥宝宝谨慎地爬了两步 | 中景，平拍至仰拍背面 | 上摇，向内 | 沙砾摩擦声 | | |
| 48 | 1秒 | 一群游蛇紧紧缠住一只海鬣蜥宝宝 | 全景，平拍侧面 | 无，无 | 沙砾摩擦声，缠绕收紧声 | | |
| 49 | 4秒 | 海鬣蜥宝宝一边看着一边慢慢向左爬了一步 | 大远景，俯拍背面 | 无，向左 | 海鬣蜥宝宝爬行声 | | |
| 50 | 1秒 | 海鬣蜥宝宝看着远处 | 近景，仰拍侧面 | 无，无 | 无 | | |
| 51 | 4秒 | 搜寻的游蛇，不远处是海鬣蜥宝宝，海鬣蜥宝宝爬到岩石后消失 | 远景，平拍侧面（变焦） | 无，向内 | 游蛇爬行声 | | |
| 52 | 9秒 | 海鬣蜥宝宝谨慎地在岩石边爬，不远处的游蛇在搜寻 | 远景，平拍背面（变焦） | 左摇，向左 | 海鬣蜥宝宝爬行声 | | |
| 53 | 1秒 | 突然竖起的游蛇 | 中景，平拍侧面 | 无，向上 | 无 | | 随着游蛇的动作突然出现重音 |
| 54 | 3秒 | 海鬣蜥宝宝飞速奔跑 | 全景，平拍侧面 | 左摇，向左 | 飞奔声，游蛇爬行声 | | 音乐重音配合海鬣蜥宝宝奔出的第一步 |
| 55 | 1秒 | 游蛇追击海鬣蜥宝宝 | 大远景，俯拍侧面 | 左摇，向左 | | | |
| 56 | 1秒 | 海鬣蜥宝宝跃上岩石 | 远景，平拍背面 | 无，向上 | 海鬣蜥宝宝飞奔声 | | 强烈节奏感音乐 |
| 57 | 2秒 | 海鬣蜥宝宝跃上岩石，游蛇在后追击 | 远景，俯拍至仰拍，侧面 | 上摇，向上 | 游蛇爬行声 | | |

（续）

| 镜号 | 时长 | 镜头内容 | 景别、角度 | 镜头调度、主体调度 | 音效 | 解说词 | 音乐 |
|---|---|---|---|---|---|---|---|
| 58 | 2秒 | 岩石上的海鬣蜥宝宝跃下沙滩 | 大远景，平拍侧面 | 左摇，向下 | 跃下岩石踩踏沙砾声 | 无 | 随着一跃而下音乐变缓 |
| 59 | 2秒 | 海鬣蜥宝宝慢慢爬行几步 | 远景，俯拍背面 | 左摇，向左 | 海鬣蜥宝宝爬行声 | | 缓慢但紧张的音乐 |
| 60 | 2秒 | 岩石下的游蛇们蠢蠢欲动 | 中景，平拍侧面 | 右移，向右 | 蛇出击声 | | 音乐重音 |
| 61 | 1秒 | 海鬣蜥宝宝慢慢转头 | 近景，平拍侧面 | 无，无 | 无 | | |
| 62 | 4秒 | 岩石下的游蛇们虎视眈眈蠢蠢欲动 | 中景，平拍侧面 | 左摇，向左 | 游蛇爬行声 | | |
| 63 | 2秒 | 海鬣蜥宝宝趴在沙滩上，转头看 | 远景，平拍正侧面 | 无，无 | 无 | | |
| 64 | 2秒 | 一条游蛇向岩石后爬，只露出一条尾巴，从岩石上掉下 | 远景，仰拍背面 | 左摇，向下 | 游蛇爬行声 | | |
| 65 | 3秒 | 一条游蛇缓慢爬行 | 中景，俯拍背面 | 前移，向内 | | | |
| 66 | 2秒 | 海鬣蜥宝宝转动一下脑袋 | 中景，平拍侧面 | 无，无 | 无 | | |
| 67 | 2秒 | 游蛇的脑袋，吐出信子向前移动 | 近景，平拍侧面 | 左移，向左 | 游蛇爬行声 | 蛇的视力并不是很好，但它们可以感知到移动的物体；所以如果这只海鬣蜥宝宝能保持冷静，也许能逃出它们的视线 | 缓慢但紧张的音乐 |
| 68 | 7秒 | 趴在沙砾上的海鬣蜥宝宝的背后爬来一条游蛇 | 远景，俯拍背面 | 右摇，向内 | | | |
| 69 | 4秒 | 海鬣蜥宝宝转动眼睛向左看 | 特写，俯拍侧面 | 无，无 | 无 | | |
| 70 | 6秒 | 游蛇缓慢向前探测 | 中景，俯拍侧面 | 左后移，向左下 | 游蛇爬行声 | | |
| 71 | 7秒 | 海鬣蜥宝宝警惕地一动不动，一条游蛇经过它的前方没有发现它 | 远景，俯拍背面 | 推，向左下 | 轻微的游蛇爬行声 | 无 | |
| 72 | 3秒 | 游蛇蜿蜒的尾巴 | 中景，平拍侧面 | 无，向左 | 游蛇爬行声 | | |
| 73 | 1秒 | 海鬣蜥宝宝向下看了一眼 | 特写，平拍正侧面 | 无，无 | 无 | | |

（续）

| 镜号 | 时长 | 镜头内容 | 景别、角度 | 镜头调度、主体调度 | 音效 | 解说词 | 音乐 |
|---|---|---|---|---|---|---|---|
| 74 | 4秒 | 游蛇向前探测的头，向上，转头 | 近景，平拍正侧面 | 上摇，向上 | 轻微的游蛇爬行声 | | （同上） |
| 75 | 11秒 | 海鬣蜥宝宝仍然一动不动，身后有游蛇爬来，越来越近，几乎触到海鬣蜥宝宝的一刹那，海鬣蜥宝宝飞奔出去 | 远景，平拍正侧面 | 上下晃动，向左至向外 | 海鬣蜥宝宝奔跑声 | | 音乐渐强 |
| 76 | 9秒 | 海鬣蜥宝宝飞奔，岩石后钻出一群游蛇追赶 | 远景，平拍侧面 | 右移，向右至向内 | 海鬣蜥宝宝奔跑声，游蛇爬行声 | | 音乐加入重音，渐强 |
| 77 | 3秒 | 一群游蛇追赶 | 远景，俯拍正侧面 | 后移，向右下 | 游蛇爬行声 | | 音乐节奏感变强 |
| 78 | 5秒 | 一群游蛇追赶海鬣蜥宝宝 | 大远景，俯拍正侧面至侧面 | 推至右摇，向外至向右 | 无 | | |
| 79 | 5秒 | 奔跑中的海鬣蜥宝宝被游蛇截击 | 大远景至远景，平拍侧面 | 推，向右 | 截击声，咬住声 | | 随着海鬣蜥宝宝被截击音乐变弱 |
| 80 | 1秒 | 游蛇群缠住海鬣蜥宝宝 | 近景，平拍侧面 | 无，无 | 缠绕收紧声 | 无 | |
| 81 | 10秒 | 几条蛇纠缠在一起，将海鬣蜥宝宝缠住，海鬣蜥宝宝挣扎钻出 | 远景，平拍侧面 | 微晃，向右 | 缠绕声，挣扎声 | | 音乐随着海鬣蜥宝宝的挣扎渐渐增强 |
| 82 | 8秒 | 挣脱的海鬣蜥宝宝飞奔向岸边，岩石上到处是游蛇 | 大远景，平拍侧面 | 右移，向右 | 无 | | |
| 83 | 6秒 | 海鬣蜥宝宝爬上岩石，游蛇紧追不舍，一条游蛇差点就咬住它 | 全景，平拍至仰拍，背面 | 上摇，向上 | 攀爬岩石声，游蛇的"咝咝"声 | | 恢复追逃时的强烈节奏音乐 |
| 84 | 3秒 | 海鬣蜥宝宝在岩石上飞奔，游蛇紧追 | 远景，平拍侧面 | 右摇，向右 | 海鬣蜥攀爬岩石声 | | |
| 85 | 4秒 | 游蛇紧紧追逐海鬣蜥宝宝 | 全景，仰拍背面 | 右摇，向右上 | 游蛇的"咝咝"声 | | |
| 86 | 5秒 | 海鬣蜥宝宝跳上最高的岩石快速爬走 | 全景，仰拍背面 | 上摇，向上至向右 | 海鬣蜥攀爬声 | | 音乐随海鬣蜥宝宝跳上最高的岩石而在高点减弱 |

(续)

| 镜号 | 时长 | 镜头内容 | 景别、角度 | 镜头调度、主体调度 | 音效 | 解说词 | 音乐 |
|---|---|---|---|---|---|---|---|
| 87 | 4秒 | 海鬣蜥宝宝爬到海鬣蜥身边 | 中景，仰拍正面和侧面 | 无，向右 | 海鬣蜥宝宝爬动声，海浪声 | 近乎奇迹地逃出生天 | 微弱的收尾音乐 |
| 88 | 7秒 | 游蛇爬至岩石后，露出一截身子 | 中景，俯拍侧面 | 无，向左 | 游蛇爬行声，风声 | 有幸活下来的海鬣蜥宝宝可以开始学习…… | |

　　这一段时长5分41秒，共有88个镜头，尽管镜头数不算多，但节奏非常强烈，整个段落颇有一气呵成之感；张弛有度的剪辑使这个段落精彩程度堪比好莱坞大片。有人对生态纪录片颇有偏见，认为生态纪录片都是关于动物，没什么好看，跟以人为拍摄对象的剧情片和纪录片差远了；但在看过这个片段之后，大部分观众都会讶异于这一段强烈的吸引力和紧张感，悬念迭出，高潮一次接一次，音乐激动人心；会发现原来生态纪录片也可以这么好看。从这个段落中可以理解到以下几点：

　　第一，这是一个非常典型的三幕式结构：完全可以把这一场戏分成开端、发展和高潮结局。第一幕开端部分是第一至第十六个镜头，展示了这一部分的主要角色——刚出生的海鬣蜥宝宝和游蛇，明确了这场戏的主要任务——海鬣蜥宝宝要冲破游蛇的追捕，到岸边与成年海鬣蜥汇合，提出了困难——游蛇相当多，并且速度很快；第二部分发展段落是从第十七至第六十六个镜头，这一部分中观众看到了危机四伏的海滩上被猎捕吃掉的好几只海鬣蜥宝宝，以各种方式，各种姿势被猎捕被卷住，不禁为剩下的海鬣蜥宝宝们的命运担忧；第三部分高潮结局段落是从第六十七个镜头开始，英雄海鬣蜥宝宝要登场了，在前面目睹了那么多惨状之后，主角能不能顺利逃亡呢？观众不禁为它捏一把汗。这里插入了一段关于蛇的视力的科普，可谓非常及时，也和前面的各种奔跑区别开，并且为英雄的逃亡之路做了一个氛围上的铺垫；英雄果然是不一样的，不仅沉着冷静，还很智慧勇猛，在游蛇就要触到它的时刻飞奔，时机掐得非常准；而在被游蛇截击缠住后，竟然奇迹般地钻出来继续奔逃！观众的心便随着这情节的起伏而起伏；而当英雄几乎要到达目的地了，还有游蛇张开大嘴撕咬，幸而只差一点点——英雄最终还是要胜利的。这一波三折、最后一分钟营救在这个段落中体现得淋漓尽致，堪称典范。另外，这个5分多钟的场景能够剪辑得如此精彩，有一个重要的原因就是拍摄的素材非常多，足以支撑一个戏剧性如此强烈的段落。

　　第二，这一段的解说词是非常少的，230个字左右，也就是说绝大部分是靠画面在叙事。像海鬣蜥宝宝逃亡的段落几乎没有解说词，仅靠画面和音乐就给观众制造了一个非常紧张的场景。

　　第三，这一段有几处主观镜头和客观镜头的剪辑转换尽管不是特别主要的部分，但在气氛的烘托和制造上剪辑得非常到位。如第四十三至第四十六个镜头，一只藏在沙砾底下的海鬣蜥宝宝的近景和一群蛇缠绕杀死一只海鬣蜥宝宝交替剪辑，解说词是"一只刚孵化的海鬣蜥宝宝，第一次见识了这个危险的世界"。事实上，这两个镜头很可能是剪辑完成的，

但是由于整个场景的真实性使得观众完全沉浸其中。因此，观众不会对此产生疑虑，并且非常好地塑造了这只海鬣蜥宝宝的形象。

第四，这一段的配乐尽管对整个追逃过程的气氛烘托得非常到位，但在最后英雄胜利的时刻并没有过分地煽情，而是保持了纪录片的理智。

那么这样剪辑出来的影片还能算纪录片吗？事实上的素材可能不会如此具有戏剧性，但游蛇对海鬣蜥宝宝的捕杀、危险等是确实存在的，创作者只是高度浓缩了这些素材，用较为戏剧化的方式将海鬣蜥宝宝逃亡的场景变得更为集中而已；它的效果与历史纪录片中的情景重现相似。

再来看看扎沃多夫斯基岛帽带企鹅的剪辑。这一段落的雄性帽带企鹅去海边捕食的场景也是十分惊心动魄的(表5-24)。

**表5-24 《岛屿》中雄性企鹅捕食段落镜头设计**

| 镜号 | 时长 | 镜头内容 | 景别、角度 | 镜头调度、主体调度 | 音效 | 解说词 | 音乐 |
|---|---|---|---|---|---|---|---|
| 1 | 5秒 | 火山口冒着浓浓白雾 | 全景，俯拍 | 无，无 | 海浪声 | 这里是地球上你最不愿居住的地方 | 无 |
| 2 | 6秒 | 海浪猛烈拍击岸边的岩石 | 远景，平拍 | 无，向上 | | 无 | |
| 3 | 6秒 | 一只企鹅跳上岩石，和其他观望着的企鹅一起，海浪向它们劈头打来 | 全景，平拍背面 | 无，向内 | 海浪声，企鹅叫声 | 除非你是一只南极帽带企鹅 | |
| 4 | 4秒 | 海浪拍击岩石，背景处是活火山 | 远景，平拍 | 推，无 | | 这里的水域食物充足，但若想享用美食 | |
| 5 | 4秒 | 海水中的企鹅随波逐流 | 大远景，俯拍 | 右摇，无 | | 这些企鹅得冒着生命危险 | |
| 6 | 3秒 | 巨大的海浪翻卷 | 全景，俯拍 | 左摇，向左 | 海浪声 | 无 | 快节奏音乐在镜头末尾起 |
| 7 | 5秒 | 巨大的海浪冲击岩石，岸边有企鹅向下跳 | 大远景，平拍侧面 | 左摇，向左 | | | |
| 8 | 2秒 | 巨大的海浪冲向站在岸边礁石上的企鹅 | 远景，仰拍侧面 | 左摇，向左 | | | 快节奏音乐 |
| 9 | 1秒 | 巨大的浪扑向岸边站着的企鹅 | 全景，平拍背面 | 无，向外 | | | |
| 10 | 3秒 | 巨大的浪把企鹅扑下岸 | 全景，平拍侧面 | 无，向右 | | | |

(续)

| 镜号 | 时长 | 镜头内容 | 景别、角度 | 镜头调度、主体调度 | 音效 | 解说词 | 音乐 |
|---|---|---|---|---|---|---|---|
| 11 | 2秒 | 海浪向小岛奔涌 | 大远景,平拍 | 左摇,向左 | 海浪声 | 无 | 快乐奏音乐 |
| 12 | 2秒 | 海浪里翻滚的企鹅 | 大远景,俯拍侧面 | 左摇,向右 | | | |
| 13 | 4秒 | 海浪拍击岩石,不少企鹅都在海浪里翻滚 | 大远景,俯拍侧面 | 左摇,向左 | | | |
| 14 | 1秒 | 一只岩石上的企鹅准备向下跳,一个浪头把它吞没 | 全景,俯拍侧面 | 无,向左 | 海浪声,企鹅叫声 | | |
| 15 | 1秒 | 一群企鹅向海浪里跳下 | 大远景,俯拍侧面 | 无,向右 | | | |
| 16 | 1秒 | 海浪打向岸边 | 大远景,俯拍侧面 | 无,向右 | | | |
| 17 | 1秒 | 一只企鹅跳下,一个浪头把它吞没 | 远景,平拍背侧面 | 无,向右 | | | |
| 18 | 2秒 | 海浪打向岸边,企鹅一只只往下跳 | 大远景,平拍侧面 | 无,向右 | | | |
| 19 | 1秒 | 一只企鹅奋不顾身向浪里跳,还有些被浪打翻进海里 | 远景,俯拍侧面 | 推,向右 | | | |
| 20 | 3秒 | 一只企鹅没站稳,翻进浪里 | 全景,俯拍侧面 | 下摇,向右 | | | |
| 21 | 3秒 | 海浪扑向岸上的企鹅,浪里还有好些企鹅在翻滚 | 大远景,俯拍侧面 | 无,向左至向右 | 海浪声 | | |
| 22 | 3秒 | 海浪扑向岸上的企鹅 | 大远景,俯拍正面 | 前移,向上 | | | |
| 23 | 3秒 | 海浪扑向岸上的企鹅,浪里还有好些企鹅在翻滚 | 大远景,俯拍侧面 | 无,向左 | | | |
| 24 | 2秒 | 站在岩壁上的企鹅向下试探着,不小心滑下去 | 远景,俯拍侧面 | 无,向右下 | | | |
| 25 | 4秒 | 企鹅掉进海浪里 | 全景,俯拍侧面 | 下摇,向右下 | | | |
| 26 | 7秒 | 又一只企鹅跳进海里 | 远景,俯拍侧面 | 下摇,向下 | | 这里的生活险象环生 | 音乐渐弱 |
| 27 | 2秒 | 一只企鹅奋力爬上岩石,却掉了下去 | 全景,侧面平拍 | 下摇,向下 | | 无 | |

(续)

| 镜号 | 时长 | 镜头内容 | 景别、角度 | 镜头调度、主体调度 | 音效 | 解说词 | 音乐 |
|---|---|---|---|---|---|---|---|
| 28 | 2秒 | 一只企鹅掉了下去，海浪拍击岩石，还有企鹅向下跳 | 大远景，侧面俯拍 | 无，向左 | 海浪声 | 无 | 音乐悲壮 |
| 29 | 1秒 | 巨大的海浪冲击岩石，海水里的企鹅随波翻滚 | 大远景，俯拍侧面 | 无，向左 | | | |
| 30 | 4秒 | 企鹅奋不顾身向浪里跳，被海浪淹没 | 全景，俯拍背侧面 | 下摇，向内 | | | 音乐渐隐 |
| 31 | 5秒 | 岛内的企鹅们 | 大远景，俯拍 | 右移，无 | 企鹅叫声 | 但生活在火山上还是有一些好处的；每年火山的热量都早早地融化了积雪 | 无 |
| 32 | 9秒 | 企鹅闭着眼，睁开，四处看看 | 近景，仰拍侧面 | 上摇，向上 | | | 轻柔舒缓音乐起 |
| 33 | 10秒 | 企鹅宝宝衔起一块石子，掉落在地，企鹅妈妈探身去看，企鹅宝宝啄妈妈的喙 | 中景，仰拍侧面 | 无，无 | 衔石子声，石子掉落声，企鹅叫声，海浪声 | 到了一月，南极地区的仲夏时节，整座岛被小企鹅覆盖 | 舒缓轻柔音乐 |
| 34 | 7秒 | 企鹅妈妈和宝宝站着，四处张望 | 全景，仰拍正面 | 无，无 | 风声，企鹅叫声 | 双亲轮流守护幼崽，直到它们成长到足以独立生活 | |
| 35 | 6秒 | 企鹅宝宝啄妈妈的喙 | 近景，仰拍侧面 | 无，无 | | 这只企鹅的宝宝们饿了 | |
| 36 | 7秒 | 企鹅宝宝向妈妈要吃的 | 中景，俯拍侧面 | 无，无 | 企鹅叫声，风声 | 但她没有食物可以喂给它们；生存与否取决于他们的父亲能否带食物归来 | 音乐开始有点沉重 |
| 37 | 3秒 | 岛上几千只企鹅在等待，远处是碧蓝的海 | 大远景，俯拍 | 拉，无 | 企鹅叫声 | 无 | |
| 38 | 2秒 | 贼鸥从天空飞过，底下是密密麻麻的企鹅们 | 大远景，俯拍 | 无，向右 | | | |

(续)

| 镜号 | 时长 | 镜头内容 | 景别、角度 | 镜头调度、主体调度 | 音效 | 解说词 | 音乐 |
|---|---|---|---|---|---|---|---|
| 39 | 5秒 | 海面上啄食企鹅的贼鸥 | 全景,俯拍侧面 | 摇晃,无 | 海浪声,鸥叫声 | 但是有些企鹅一去不返 | |
| 40 | 6秒 | 海水撞击岩石,激起巨大的海浪,海面上的鸟儿都被掀翻,岸上是密密麻麻的企鹅 | 大远景,仰拍 | 无,无 | | 无 | |
| 41 | 3秒 | 飞翔的贼鸥 | 全景,仰拍正面 | 跟,无 | 海浪声,鸥声,风声 | | |
| 42 | 2秒 | 帽带企鹅在叫着 | 中景,仰拍背面 | 无,向右转 | 海浪声,风声,企鹅叫声 | | |
| 43 | 1秒 | 低飞的贼鸥向下扑 | 全景,仰拍正侧面 | 上摇,向外 | 海浪声,风声 | | |
| 44 | 2秒 | 雌性企鹅保护着企鹅宝宝,冲着贼鸥喊叫 | 全景,仰拍侧面 | 右移,无 | 海浪声,企鹅叫声,海浪声 | 贼鸥不断侵扰着企鹅,希望能趁机叼走一只雏鸟 | 音乐开始有点沉重 |
| 45 | 3秒 | 贼鸥在空中飞翔 | 全景,仰拍侧面 | 无,向外 | 贼鸥叫声,海浪声 | | |
| 46 | 3秒 | 企鹅妈妈冲贼鸥叫喊 | 中景,仰拍正侧面 | 左摇,无 | 企鹅叫声,海浪声 | 无 | |
| 47 | 4秒 | 贼鸥落在地上,对企鹅宝宝虎视眈眈 | 远景,仰拍 | 左移,向右下 | 企鹅叫声,鸥声,海浪声 | 母亲不能冒险离开自己的幼雏 | |
| 48 | 5秒 | 帽带企鹅妈妈守着她的宝宝们,和宝宝们互动 | 全景,仰拍侧面 | 推,无 | | 无 | |
| 49 | 3秒 | 企鹅宝宝仰望着 | 近景,平拍侧面 | 无,无 | 企鹅叫声,鸥声,海浪声 | 只要父亲尽快回来,情况就会好转 | |
| 50 | 4秒 | 企鹅妈妈眨着眼 | 特写,仰拍侧面 | 无,无 | | | |
| 51 | 4秒 | 宽广的海面 | 大远景,平拍 | 无,无 | | | 加入缠绵的提琴声 |
| 52 | 7秒 | 海浪汹涌,企鹅在翻涌的波涛中前行 | 大远景,俯拍侧面 | 左摇,向左 | 海浪声 | 无 | 提琴声变强,渐渐转为有些悲壮 |
| 53 | 8秒 | 波涛汹涌的海浪,企鹅被吞没 | 远景,俯拍侧面 | 无,向左 | | | 音乐悲壮 |

（续）

| 镜号 | 时长 | 镜头内容 | 景别、角度 | 镜头调度、主体调度 | 音效 | 解说词 | 音乐 |
|---|---|---|---|---|---|---|---|
| 54 | 4秒 | 波涛汹涌的海浪，企鹅在其中穿行 | 远景，俯拍侧面 | 左摇，向左 | 海浪声 | 无 | |
| 55 | 3秒 | 岸上的帽带企鹅在等待 | 中景，仰拍侧面 | 右摇，无 | 海浪声，企鹅叫声 | | |
| 56 | 5秒 | 雄性企鹅在波涛中穿行 | 远景，俯拍正面 | 无，向外 | | 它前往远离海岸80公里的海域捕鱼，但它现在离家不远了 | |
| 57 | 4秒 | 岸上的企鹅看着波涛中穿行的雄性企鹅们 | 大远景，俯拍正面 | 无，向外 | | | |
| 58 | 3秒 | 巨大的浪冲击着小岛 | 大远景，俯拍 | 无，向内 | | 对于它和这里所有的企鹅父母来说，归途中最糟糕的还在后面 | |
| 59 | 6秒 | 随着波涛翻滚的企鹅们 | 大远景，俯拍 | 左移至上摇，向左 | 海浪声 | | 音乐悲壮 |
| 60 | 6秒 | | 大远景，俯拍 | 左移至上摇，向左 | | | |
| 61 | 3秒 | 浪头打过在波涛中翻滚的企鹅们 | 远景，俯拍侧面 | 左摇，向左 | | | |
| 62 | 2秒 | 站在石头上的企鹅，在浪里翻滚的企鹅 | 全景，俯拍侧面 | 左摇，向右 | | 无 | |
| 63 | 3秒 | 浪头向石头上的企鹅们打去 | 远景，俯拍侧面 | 无，无 | | | |
| 64 | 3秒 | 浪头一个接一个拍向岸边 | 大远景，俯拍 | 下移，向上 | | | |
| 65 | 4秒 | 海里的企鹅在浪里翻滚却靠不了岸 | 远景，俯拍 | 摇晃，向右上 | | | |
| 66 | 2秒 | 岸边有一些登岸的企鹅，还有不少仍在浪里翻滚 | 远景，俯拍侧面 | 无，向左上 | | | |
| 67 | 5秒 | 被浪冲击，努力扒住岩石的企鹅们 | 全景，俯拍侧面 | 右上摇，向右上 | 海浪声，企鹅叫声 | | |
| 68 | 4秒 | 在海浪的冲击下，努力爬上岸的企鹅 | 全景，俯拍侧面 | 右上摇，向右上 | | | |
| 69 | 2秒 | 在海浪中努力要上岸的企鹅们 | 远景，俯拍背侧面 | 上摇，向左上 | | 小脚爪帮助它攀附住陡峭的火山岩 | |
| 70 | 4秒 | 一只雄性企鹅往上攀爬，一个浪头冲向它将其淹没 | 全景，俯拍背侧面 | 上摇，向右上 | | | |

(续)

| 镜号 | 时长 | 镜头内容 | 景别、角度 | 镜头调度、主体调度 | 音效 | 解说词 | 音乐 |
|---|---|---|---|---|---|---|---|
| 71 | 4秒 | 不管浪多大,这只企鹅紧紧地攀附住岩壁 | 全景,俯拍背侧面 | 上摇,向右上 | 海浪声 | 无 | 音乐变得激昂 |
| 72 | 3秒 | 爬上岸的企鹅,跳向另一边 | 全景,仰拍正侧面 | 右摇,向右 | 无 | | |
| 73 | 2秒 | 企鹅落地的爪子,向前走 | 近景,俯拍正侧面 | 无,向右 | 落地声 | | |
| 74 | 2秒 | 到达岸边的企鹅,后景是波涛汹涌的海浪 | 全景,平拍侧面 | 左移 | 海浪声,企鹅叫声 | | 随着脚掌落地音乐渐弱 |
| 75 | 3秒 | 海浪打向岸边的企鹅,向镜头扑过来 | 中景,平拍正侧面 | 无,向外 | 海浪扑来声 | | |
| 76 | 7秒 | 上岸的企鹅向岛内走,眼前是密密麻麻的企鹅 | 全景,仰拍背侧面 | 推,向内 | 企鹅叫声,海浪声 | 对于这些往返的企鹅来说,现在是高峰时刻 | 无 |
| 77 | 4秒 | 一只受伤的企鹅脚步蹒跚 | 全景,平拍侧面 | 左移,向左 | 企鹅叫声,走路声,海浪声 | 有些企鹅今天不太顺利 | |
| 78 | 3秒 | 白色腹部都是血 | 中景,平拍至俯拍 | 下摇,向外 | | 无 | |
| 79 | 4秒 | 一只企鹅摇摇摆摆向前走 | 近景,俯拍至仰拍,正侧面 | 上摇,向外 | | 这位企鹅父亲要走3公里的路才能到家。肚子里塞满食物,路更加不好走了 | |
| 80 | 3秒 | | 远景,俯拍正面 | 后移,向外 | 企鹅叫声,海浪声 | | |
| 81 | 4秒 | 企鹅奋力向上跳 | 全景,仰拍侧面 | 向右,向右上 | 企鹅叫声,海浪声,跳跃声 | | |

这个段落时长5分08秒,共81个镜头。主要内容就是雌性企鹅带着企鹅宝宝,一边防止贼鸥叼走宝宝,一边等待着出海捕鱼的雄性企鹅;而雄性企鹅面对滔天的海浪也要下去捕鱼,它们随时可能意外死亡。这个段落的主要镜头就是雄性企鹅与海浪的搏击——说搏击还不如说是逃亡,奋不顾身跳进海浪,又要奋不顾身逃回岸边。和前几段一样,在雄性企鹅和海浪搏斗的这段戏剧性冲突最为强烈的段落中,很多镜头都非常短促,最短的也就1秒左右,观众从各个角度、方位、景别等不断地看到企鹅被浪头劈下,在浪里翻滚,着实会感叹帽带企鹅生存的不易。这一段要注意的是创作者对于群体场面的剪辑。顾名思义,群体场景指的是包含3个以上主体的场景,群体场景最需要注意的是由于主体较多,一方面要表现出事件的规模和氛围,另一方面又要通过个体细节带动观众的情绪。在第一

个出海的段落中,共有29个镜头表现,有15个表现事件规模和气氛的远景和大远景这样的大景别,其余14个是表现个体的小景别镜头,这些小景别镜头中有站在岸边观望被浪头打的、有没抓住岩壁滑下去的、有翻滚着下去的、有自己奋不顾身跳下去的,这些小景别为观众展现了这个大场景中的细节。注意,大景别的场景和小景别的细节是要交替剪辑在一起的,也就是时而让观众感受到氛围,时而让观众被主体的动作和情节牵引情绪;在大景别和小景别的连接上,可以选择小景别跟随在大景别后去展现大景别中的细节,也可以使用大景别作为不同情节的转场。

最后再来简单说一说段落与段落之间的转场。《地球脉动2》的转场基本上是用解说词转场,然后配上大远景这样简单明了的方式。如从第一场埃斯库多岛转到科莫多岛,利用运动的大远景和大远景镜头的组接,直接跳到下一个故事的发生地,画面和解说词的匹配见表5-25。

表5-25 《岛屿》中埃斯库多岛至科莫多岛转场镜头及解说词设计

| 镜号 | 画面内容及镜头设计 | 解说词 |
| --- | --- | --- |
| 1 | 埃斯库多岛景色拉镜头 | 地球上所有的侏三趾树懒都生活在这片面积不及纽约中央公园大的岛屿上 |
| 2 | 俯拍埃斯库多岛全岛远景拉至大远景 | 岛屿的大小极大地影响着生活在那里的动物 |
| 3 | 平拍科莫多岛大远景推镜头 | 这是印度尼西亚的科莫多岛 |
| 4 | 俯拍科莫多岛远景 | 无 |
| 5 | 平拍科莫多岛推镜头 | 龙之巢穴 |

从科莫多岛转到马达加斯加也是如此,不过解说词的衔接要更有机一些(表5-26)。

表5-26 《岛屿》中科莫多岛至马达加斯加岛转场镜头及解说词设计

| 镜号 | 画面内容及镜头设计 | 解说词 |
| --- | --- | --- |
| 1 | 俯拍科莫多岛远景推镜头 | 岛屿上有限的食物和空间时常激起激烈的竞争,但有些岛屿却幅员辽阔 |
| 2 | 从海面摇上推至马达加斯加岛丛林远景镜头 | 更像是一块小型大陆,这为不同生命的进化与试验提供了机会 |
| 3 | 平拍马达加斯加岛的山脉远景 | 马达加斯加是地球上最大的岛屿之一,也是最古老的岛屿之一 |
| 4 | 马达加斯加山脉远景 | 它在一亿两千万年前就已经脱离非洲大陆 |

而从费尔南迪纳岛转到下一座岛屿则与前面几个段落的转折又稍稍有些不一样。这两个岛屿是用两个段落的被拍摄主体来转场的,从海鬣蜥转到了鸟类,接下来的故事讲的便是迁徙到这座岛上的鸟类(表5-27)。

表5-27 《岛屿》中费尔南迪纳岛转场镜头及解说词设计

| 镜号 | 画面内容及镜头设计 | 解说词 |
| --- | --- | --- |
| 1 | 岩石上趴着的海鬣蜥们的远景 | |
| 2 | 岩石上趴着的两只海鬣蜥,浪头打在它们身上,中景 | 尽管海鬣蜥是游泳的行家,他们也无法横渡广阔的大海 |

(续)

| 镜号 | 画面内容及镜头设计 | 解说词 |
|---|---|---|
| 3 | 海上巨大的海浪的远景推镜头 | 无 |
| 4 | 汹涌的波涛 | 但再汹涌的海水都无法阻挡鸟类 |
| 5 | 波涛汹涌的海上，海鸟在飞翔 | |
| 6 | 波涛汹涌的海浪打着岸边的礁石 | 无 |
| 7 | 石头上的草被风吹得瑟瑟，远处波涛汹涌 | 阵阵烈风加上低温，让新西兰亚南极地区的这座岛屿，在冬天变得尤其不友好 |
| 8 | 仰拍在风里摇晃的树木 | |

☞ 推 荐 观 摩 ☜

1. 国外：《猎捕》。
2. 国内：《萤火虫》。

☞ 思 考 题 ☜

请举例分析生态纪录片中，快节奏段落和慢节奏段落的节奏感是如何形成的。

# 第六章

# 生态纪录片创作经验分享

本章将挑选一些学生们创作的生态纪录片的解说词，以及每位导演的拍摄感想进行分享。这些纪录片是近几年较好的学生作品，当然也会有一些瑕疵。但无论是优点还是缺点，放在书的终章是希望站在学生的角度，以他们的切身经验给读者一些启发。

# 第一节 《万物有灵》

《万物有灵》分为《森林的诗篇》《鸟类的家园》《长江的精灵》《自然的日记》《生命的印记》《诺亚的方舟》6集。主要是以南京本地自然爱好者和保护者的故事为线索，展示南京及周边城市物种。

## 一、《万物有灵》解说词（撰稿：唐晨、胡姝、王芹芹、张诗逸、张琨、陆春雨、朱亚洁、齐维薇等）

### （一）《森林的诗篇》

谷雨前后，窑头村飘出阵阵香气。老陶和村民们正在炒制新茶。老陶的茶园位于老山脚下，山林间温润的气候酝酿出这缕清香。

老山，位于长江北岸，丰沛的水汽使得这里植被茂盛。

村庄依山而建，林间刮来的风总是带着清新。

这天一早，老陶便出门了。30年前，老陶成为了一名护林员，今天他的任务便是守护山间的毛竹林。初春，山间的毛竹笋全部生长出来，鲜嫩的毛竹笋常常引来不速之客。

（老陶：这毛竹笋经常有人来偷，它有时候早上就要派人看，看的时候偷盗者把他堵下来，它都要保护的，保护起来。）（图6-1）

图6-1 《森林的诗篇》画面

老陶巡一次山需要两小时,但是巡山路可不沉闷。

几场春雨后,山林悄然发生着变化(图6-2)。森林中总是存在着无言的斗争。野花利用树木的惰性,在树冠夺走赋予万物生机的光线之前,争先恐后地生长着。这种策略有助于它们在光线紧缺的拥挤环境下艰难生存。

图6-2 《森林的诗篇》画面

山林中的春天总是过得很快。立夏,老陶虽不用再巡山,但他每天仍会到山上走走。

(老陶:枫香树,它就像朴树一样,长得蛮快的,从小我们就看着它长大的,大约有十几年二十年的样子,这个树的叶子要到十月份,叫红叶树,这个树这个时候蛮漂亮的。)

伴随老陶的是老山里的草木,而对于生活在城市中的陈超来说,自然的气息似乎被阻断。

这时,一座位于城市中心的山林,便是一部自然百科,满足着陈超的探索心理。

这天是周末,陈超打算去紫金山享受短暂的自然之旅。紫金山,与老山隔江眺望,动植物资源非常丰富。

(陈超:这个就是刺蛾的茧,像一个一个小圆的,刺蛾的幼虫就是平时我们所说的洋辣子,我们现在看到它已经是破茧而出了。)

陈超一边提防着可能出现的毒蛇——短尾蝮,一边观察着四周的生物;紫金山良好的生态环境为它们提供了理想的居所。

(陈超:看见没,这两个都是的,都是有那个笋的这个外皮,就是那个新长出来的,应该是今年新长出来的。)(图6-3)

在茂密的森林中,潜伏着大量未知。

(陈超:这个是一段朽木,就是死掉的树,这些小洞呢,可能就是一些蛀木昆虫,它们的幼虫在里面,以这个朽木为食,比如说这些独角仙,或者是锹甲的幼虫可能就躲在这个里面。)

自然界的生物都有属于她的私密空间,我们最好不要去打扰,而有的生物,我们在遇到时,最好将它一把捞起。

(陈超:夹人一点都不疼的,按理说是不应该存在在这些天然的水体里面的。如果在野外看到小龙虾的话,能捞就把它捞起来。)

图 6-3 《森林的诗篇》画面

陈超享受完短暂的自然之旅后,又要赶回去准备晚上的星空课堂。

傍晚,陈超来到紫金山下准备晚上的星空课堂。

(陈超:这个小的叫寻星镜;因为它放大倍数比较小,所以它看的范围比较广,可以很方便地看到我们想要看的那颗星星。那颗最亮的,最亮的星,它实际上不是一颗恒星,是我们太阳系最大的行星,叫木星;我们在望远镜里面呢,一般可以看到它的几个大卫星,最多的时候可以看到四个大卫星。你一旦看到了自己想要看的目标的话,顿时会觉得有一种非常大的成就感;就是享受的这一个过程。)

从摘果为食到筑木为巢,森林是人类感受自然眷顾之情的最初方式。我们走出自然太久,享受着城市带给我们的便利时,是否早已忘记自然原本的模样,丧失了与自然打交道的能力。但如果你看到这些充满灵性的自然万物时,心中仍然充满了欣喜与感动,那还不算太迟(图6-4)。因为这份欣喜、感动,便是证明我们人类与自然之间永远无法分割的证据。

图 6-4 《森林的诗篇》画面

## （二）《鸟类的家园》

四月末的绿水湾，岸边焕发生机。绿水湾是南京的一片湿地。

湿地被誉为自然之肾（图6-5），它不仅有丰富的资源，更是鸟类赖以生存的地方。

图6-5 《鸟类的家园》画面

随着候鸟向北方迁徙，整片湿地显得有些空荡，但这并不能妨碍武亦乾的热情，水中央的芦苇丛，是最有可能观测到鸟的地点，武亦乾靠在岸边，举起手里的相机，在所有可能的地方搜寻着。

南京地处宁镇山脉西北部，是鸟类理想的栖息地，据统计，南京能观测到的鸟类接近90%都是候鸟，候鸟们在冬天来临之际飞来，又在春天将逝之时离去，到了夏天，又会有夏季的候鸟陆续赶来。

在南京栖息的野鸟中，有几种是非常常见的，小䴙䴘作为南京最常见的水鸟之一，偏爱有丰富水生生物的栖息地；黑水鸡不擅飞行，起飞前需要先在水上助跑很长一段距离；而中华攀雀则主要分布于俄罗斯的极东部及中国东北，到了冬季就会飞来南方过冬（图6-6）。

图6-6 《鸟类的家园》画面

武亦乾此次前来是为了寻找一种珍稀鸟类——震旦鸦雀。震旦鸦雀是一种全球性濒危鸟类，被誉为"鸟中大熊猫"；而南京的湿地是震旦鸦雀为数不多的栖息地之一。

想要观测到越珍稀的鸟类，等待的时间也就越长。天色渐暗，武亦乾等了接近一天，震旦雅雀还是没有出现。

一个月后，武亦乾打算去盐城寻找震旦鸦雀。

（武亦乾：去年我在盐城做黄海鸟类调查的时候，我们需要走过一片非常危险的淤泥至光滩,然后当时呢,由于材料的限制,我只能穿一个比我脚大一号的鞋子,但是当时渔夫跟我说,说这里由于非常危险,你绝对不能停。但当时我走在上面的时候,那个淤泥就把我的鞋给吸住了,我脚拔出来的时候没法把我的鞋拔出来,就我往前身子一倾,我的相机直接戳在了泥滩里,然后当时结果非常危险,最后那个渔夫他只能用一根竹竿把我从淤泥当中拉了出来。然后这真的是一次非常,非常惊险的一次经历。)

即使十分艰苦,武亦乾依然对观鸟保持着极大的热情。

盐城有中国沿海地区面积最大的滩涂,由于环境破坏较少,这里栖息着许多野生鸟类。邀请武亦乾的是大丰麋鹿园保卫处处长刘彬,是武亦乾在鸟调中偶然认识的。此次观测的东川海堤是盐城市沿海的一块区域,经历过漫长的车程,便可深入到一望无际的芦苇丛中。

(刘彬:看到了吗?)

面对终于见到的震旦鸦雀,武亦乾快速地用镜头捕捉下了这难得的画面(图6-7)。

图6-7 《鸟类的家园》画面

(刘彬:湿地被称为地球之肾,它对于人类和野生动物来说都是非常重要的。尤其是对于一些鸟类来说,它不仅为它们提供食物和隐蔽的场所,而且它对于尤其是一些鸟类,比如长距离迁徙的这些鸟类来说,是一个重要的中间补给站。所以说呢,如果说没有湿地,也就不会有这么多,地球上如此丰富多彩的生物。)

即使一路荆棘万分,但此刻他们所感受到的惊喜却更加真切,这些观鸟人眼中所看到的不止是鸟,那些丹顶鹤,那些雁鸭,那些白鹭,它们在这片湿地过冬,然后天气回暖,它们又会飞往西伯利亚,飞往俄罗斯,飞往更多更远的地方,人们眼中的鸟,它们的迁徙联系成这个世界,并且这种联系比起人类的所有交流,都来得更加传统,更加美丽。

(三)《长江的精灵》

四月的长江经历一个严冬后重焕生机。今天一早,天蒙蒙亮,老林的船就出发了,他要寻找的是一种银白、体型细长的鱼。

这便是老林正在搜寻的鱼——江刀。江刀,平时生活在海里,至性腺成熟时才溯江产卵。每年三四月,正是江刀的繁殖季节(图6-8)。

老林在江上漂泊了半辈子,深知与长江的相处之道。一张渔网,凝练着渔民与长江达成的共识。网膜都大于两根手指的宽度,抓大放小,不仅让江刀能够繁衍生息,更是渔民对长江恩惠的回报。

图 6-8 《长江的精灵》画面

长江每年都有禁渔期。渔民捕捞的资格要特许,捕捞时间要特定。
(老林:24 小时都是这样,按 3 个小时一网,就是到时间就要开船。)
这是为了维护长江物种的多样性和平衡。
网撒下以后,老林能做的便是静静等候。
长江里有一片宁静的水域。2014 年这里被划为自然保护区,生活着江豚这一旗舰物种。江豚,是继白鱀豚功能性灭绝后长江流域仅剩的淡水豚类,它黑灰色的身子、头部钝圆、吻部短阔、上下颌几乎一样长,挂着憨态可掬的"微笑"。在长江南京段水域,仅生活着 20~30 头野生江豚。
(姜盟:白暨豚那个时候是书上的明星,经常讲;就像现在的江豚,但是现在已经灭绝了。心里头就觉得自己现在有能力就一定要为这个事做点什么。)
2015 年 9 月,姜盟牵头成立了南京江豚保护协会。
今天,姜盟要去水文码头,对江豚进行科学考察。等待是观测江豚中的常事,有时一整天也不见它们的身影(图 6-9)。突然,江面上突然飞来了几只黑耳鸢,吸引了姜盟的注意。黑耳鸢是老鹰中常见的一种,鱼是它们最喜爱的食物之一,因此有鱼群就会吸引黑耳鸢,黑耳鸢的出现,常常意味着同样爱吃鱼的江豚也就在附近。

图 6-9 《长江的精灵》画面

果然没有多久，江豚露出了身影(图6-10)，它们在江面上嬉戏打闹。

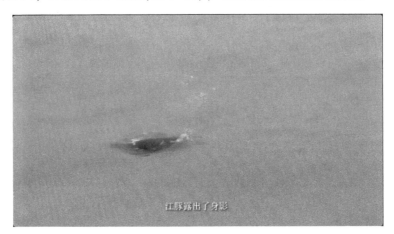

图6-10 《长江的精灵》画面

老林这一网捕上十几条江刀，他很知足。

为了保护江豚、保护长江，捕鱼这个行业会在不久的将来消失，捕了一辈子鱼的老林，将会开始新的生活。

长江养育了两岸的我们，也养育了水里岸边大大小小的生物；我们常说，她是我们的母亲河，而她同样是它们的母亲河(图6-11)。

图6-11 《长江的精灵》画面

(四)《自然的日记》

春天，天气回暖，位于南京东郊的紫金山上，野花野草又开始争奇斗艳。

小怡(画外音)：我从小就喜欢动植物，一直有一个心愿，想做一本植物画册，记录南京常见的野生植物。

如果直接临摹照片，会让植物画册制作的难度降低不少，但小怡更愿意在自然中寻找野花。

小怡(画外音)：野花不同于盆栽植物，它们看起来很柔弱，但是更坚韧，这一点让我很动容。所以我决定从最喜欢的鹅掌草开始画起。

城市的硬化让这种小花难以寻觅,小怡决定去紫金山看看。

翻越了半座山,小怡终于发现了鹅掌草的身影。

(小怡:可惜了,闭合了,画不了;再往上走走看有没有开的吧。)

鹅掌草会随着光线变暗而闭合。太阳渐渐向西方落去,小怡此行想要画盛开的鹅掌草,必须得加快步伐。

(小怡:找到开花的了,得赶紧画,不然等会儿它又要合起来了。)

小怡(画外音):每次在野外临摹的时候,总会有好奇的小朋友凑过来(图6-12)。我很喜欢孩子,他们的笑容比野花更灿烂,脑袋里也总有些古灵精怪的念头。

图6-12 《自然的日记》画面

小男孩:姐姐你在画的什么呀?

小怡:我在画你面前的这株小植物。

小男孩:什么植物?

小怡:叫鹅掌草。

小男孩:草?但我看这个它……

小怡:鹅掌草。

小男孩:鹅掌草?但我看这个它,我看这个像花嘛。

小怡:它这植物叫鹅掌草,这是鹅掌草开的花。然后,我觉得它叫鹅掌草,可能因为它的叶子比较像鹅的掌吧。你觉得像不像?

小男孩:我觉得它这个像鹅掌一样,这个花。

小怡:是呀。

小男孩:难怪叫鹅掌草。

小怡:是的,它花没开的时候外面是粉红色的,特别好看,开了之后就变成白颜色的。

小男孩:对,像鹅掌一样。

小怡:是哒。

小怡:对于我而说,就是想这种在野外写生的经历,真的是很喜欢,第一个是我自己在自然界里面我的感触就很舒服。所以我希望会有更多的人去关注一些这种野生的小花小草小植物，包括一些小动物。

小怡（画外音）：春城无处不飞花，我也会把我的植物画册进行到底（图6-13）。

图6-13 《自然的日记》画面

海纳（画外音）：今天和黄老师爬了紫金山，但还是没有看到中华虎凤蝶。

海纳是个昆虫小爱好者，他的愿望是见到中华虎凤蝶。

中华虎凤蝶翅膀基色为黄色，国家二级保护动物，是南京的明星物种。前翅外缘有宽的黑带，翅面有一些黑色短纹，犹如虎皮。

今天一早，海纳就和黄老师上山了。清明雨后，春意盎然（图6-14）；交配的水黾，成长的石蛾幼虫，访花的长角蜂，停在落叶上歇息的蚂蚱。宁静的紫金山，是这些灵动的昆虫生物的家园。

图6-14 《自然的日记》画面

海纳（画外音）：我们走了一会儿便有了发现。

（黄老师：这个是杜衡，虎凤蝶在它的叶子上产卵，长大的幼虫也会以它的叶子作为食物。）

海纳(画外音)：黄老师告诉我一些小昆虫住在朽木中。我很想和它们做朋友。

海纳：蜈蚣蜈蚣！

黄老师：蜈蚣。

海纳：小甲虫小甲虫！这是小甲虫。这儿有个黑斑点。

黄老师：我看到了。一些昆虫幼虫，它在那个洞里面吃这个朽木的时候……

海纳：就是把有用的东西吃掉，然后没用的东西就从后面排……排便出来。

黄老师：这么大的可能是锹甲的。

海纳：黄老师，我抓到一只蝴蝶。

黄老师：这个是朴喙蝶。它是一种非常古老的蝴蝶，很多化石里面都会有，这种蝴蝶的化石。它的幼虫是吃朴树的。这个现在是越冬过来的成虫。如果把它这个翅膀撕下来以后，它就飞不了了。我们看一下的话，就准备把它放了吧。

海纳：我来把它放了吧。（图6-15）

图6-15 《自然的日记》画面

黄老师：三、二、一，放吧。

海纳(画外音)：太阳要下山了，虽然今天没有找到虎凤蝶，但是我很开心。黄老师告诉我，未来紫金山一定会有越来越多的虎凤蝶。

**(五)《生命的印记》**

留住生命的方式多种多样，有的雕刻在广袤的大地上(图6-16)，有的凝固在玻璃瓶中。无论哪种，它们都是用最璀璨的方式展现着生命最后的美丽。

邱镜宇是一名大学生，与她同龄的女生，平日里都喜欢外出游玩。而她却在这个小实验室里，与骨骼标本打着交道。

(邱镜宇：你与其把它扔到垃圾箱里，还不如这样做一下，可以留下来；这样不是比送到垃圾箱里然后烂掉要好得多吗？)

透明骨骼标本是一种展示生物体骨骼结构的形式，通过化学反应将骨骼染成绚丽的颜色，使各种精细结构展露无遗。制作染色标本必须保证骨骼大都是完整的，动物体型也不宜过大，体长3~10cm较为合适。制作过程是个细致活。

图6-16 《生命的印记》画面

(邱镜宇：因为软骨不太稳定，所以如果之前材料不够新鲜或者保存不当的话，就很容易染不上色。现在还看不出来。)

要想真正确定尸体保存的完好程度，只能等完全脱色才能显现。

人有鬼斧神工，大自然也有它雕刻生命的艺术。诺诺和子墨最喜欢的事情就是在空闲时间一起来探究化石的奥秘，通过触摸化石，他们能感受到来自远古生命的脉动。这天，诺诺和子墨相约着一起来到南京郊区，开始期待已久的寻找化石之旅（图6-17）。这山丘看似荒凉的外表下，涌动着悄无声息的生命，他们默默的在这里生长、变迁，直到消逝，留下一道又一道的足迹。化石便是这生命最后也是最永久的足迹。

图6-17 《生命的印记》画面

(诺诺：刚才我一摔才摔出层来。啊！我找到一个很漂亮的菊石！

子墨：哇，这个好大！用手套吧，来，手套给你。

诺诺：我不用手套。我用这个地质锤悄悄地……)

这化石上留下的菊石图案告诉我们，这里曾经也许是一片海洋，海中，生活着各式各样的生物，菊石，就是其中之一（图6-18）。有一天，它的生命被永远定格，随着时间的推移,它们的尸体与岩石融为一体变成了地壳的一部分,就藏在这些地质层中。一个月后,在邱镜宇的双手下,逝去的玉米蛇变成了美丽而永恒的存在。

图6-18 《生命的印记》画面

透明骨骼标本在被定格的瞬间展现出它们最后的秘密。体现逝去生命价值的方式有多种,而我们的选择中最重要的,是尊重和敬畏(图6-19),尊重每一个物种每一个生命,敬畏它们的存在,从而留存它们的美好。

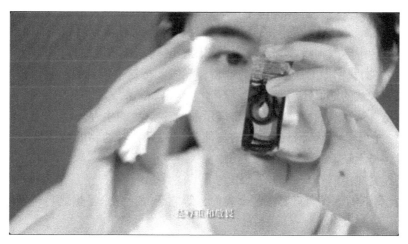

图6-19 《生命的印记》画面

(六)《诺亚的方舟》

现代社会中,丰富的渠道,使得人类与动物之间的距离从未这样近过。我们了解着动物,同样,也是在了解我们自己。

大海是一名资深的动物园爱好者。多年来,他走遍了全国各地多所动物园。来到南京后,他自然成了红山森林动物园的常客(图6-20)。而小熊猫馆,是他闲暇之余常常会去的地方。

图 6-20 《诺亚的方舟》画面

在我国，小熊猫主要分布在西南地区。它是一种树栖动物，最喜欢在运动场上爬树，在树上晒太阳，睡觉。小熊猫的户外场馆是一种无栏舍的设计，这种模拟动物栖息地的生态环境，对于动物园中的动物来说至关重要，这是动物园独具匠心的丰容设计。

（大海：丰容这个词简单地说，就是给动物园里圈养的这些动物，让它的生活变得丰富起来，每天有更多的事情可以做，每天可以遇到更多的一些新奇的新事物，更像在野外的状态下。那么丰容工作呢，让动物更多的表现机会，能够表达它的天性，这样它的身体和心理就会获得健康。）

丰容的目的之一，是让动物园的环境更接近自然，而环境地台，则向人们展现着动物生存的野外环境。中学教师涂轊立，常常利用闲暇时间制作环境地台。

（涂轊立：这次我们做的是藏羚羊的地台，我们就把这个地台的形状，做成咱们可可西里自然保护区的大致的地形图。）

环境地台是自然景观的微缩复原，它展示着野生动物的生存环境，让人们多方位地了解动物，因此，它需要创作者具备丰富的自然知识，只有对动物的生存环境了如指掌，才能将地台做得完美无缺。

涂老师已经完成了制作基底前的工作。

（涂轊立：剩下的，我们只要在这个表面，等它干燥，完全干燥之后，做一层基底就可以了。）

小熊猫在动物园中生活的自由自在，但是照顾它们可不轻松。李钦，是小熊猫馆的饲养员，刚进动物园工作不久。一开始的时候，小熊猫不熟悉李钦的气味，会闪躲她；渐渐地，她发现了和小熊猫相处的方式：用食物获得它们的好感。

（李钦：它跟大熊猫是一样的，都吃竹子；但是小熊猫呢，只吃竹叶，不吃竹竿。）

除了喂食外，给小熊猫称体重，也是李钦每天的日常工作。它们每一天的体重变化都被会记录在每一只小熊猫的成长记录表中。平时光吃竹子可满足不了这些食量惊人的萌物，秤完体重，李钦会给这些圆滚滚的小熊猫们准备每天的"加餐"。

而在原生态的环境中，动物们的食物需要靠自己的努力去获得。可可西里地处青藏高原腹地,地势高亢,植被类型较少,食物条件较差,这对于藏羚羊都是不小的挑战。

此时涂老师手中的地台也渐渐成型。

(涂韡立:我们给这个地台再种上一些高原的苔草。首先先选取一定的量,测算好高度,然后再把它剪开来。鹿毛的特点就是剪裁也非常的方便。把它粘到我们要粘的一个位置。)

这一过程需要足够的耐心和细心(图6-21)。涂老师反复种上一些高原的苔草,使草地看起来有立体感。

图6-21 《诺亚的方舟》画面

(涂韡立:做完之后再补一点雪粉,把它轻轻地洒在这些土地和草间。)

高寒草原在五月到九月是雨季,涂老师在地台上做了一些小坑,并倒入假水做成小水潭。

(涂韡立:因为我们在江南地区,很少能看到高山草甸这样一个生态环境,我们通过模型是起到教育作用,我们通过制作这样的场景地台,其实也是对大众来科普我们这种保护动物的一个理念。)

经过李钦的照顾(图6-22),小熊猫们向大家展示着最接近自然的生活状态;而涂老师手中展示藏羚羊生存环境的地台,已经生动地出现在我们眼前。

图6-22 《诺亚的方舟》画面

我们通过不同的方式，了解着生物，了解着我们自己。希波克拉底说过，"即使有不同的躯体，万物生灵仍然拥有一样的灵魂"（图6-23），唯有我们与各种生物和谐相处，载着人与动物的诺亚方舟才能继续平稳地前进。

图6-23 《诺亚的方舟》画面

## 二、《万物有灵》创作心得

### 万物生灵，灵生万物

唐　晨

还记得是一个寒冷的冬天，在机房里熬了很长时间剪《万物有灵》，当时的情景现在回头看却仍历历在目。在做完《万物有灵》后，我经常把这个片子拿出来看，看的时候就会觉得很生气。自己就会想，如果当时前期策划时做的再完善一点，拍摄时再多用点心，剪辑时再尝试一下有没有其他可能，这个片子最终呈现效果就会更好一些，这大多有点事后诸葛的感觉，但我觉得人还是要不断去反思的，以求下次的进步。

我至今都记得，拍摄《万物有灵》系列这个最初的想法也是在一个下雪的寒冬里产生的。当时冯老师在路上和我表达了下学期想让我们班同学分组拍生态微纪录片的想法，最后还要形成一个系列，最后全班一起去展映。听到这个后，我脑袋里一片空白，因为一提到生态纪录片，我想到的就是BBC那种华美的画面，何况最后还要展映，心里有点害怕。当时以为就此揭过了，没想到后面就开始真的步上了正轨，然后大家就在大年初二的早上收到了冯老师的新年大礼包，里面列了长长的书单、片单以及寒假作业，大家内心都是崩溃的，大学里第一次收到了寒假作业。

我接到这个任务时，其实内心很期待也很焦灼，有面临挑战的那种兴奋。因为这个题材和类型是我从来没有接触过的，所以觉得非常新奇、激动，然后瞬间拉了一个拍摄小组。

我觉得做生态纪录片给我带来的最大的收获就是让我打开了思路、去关注了我们平时经常忽略但又非常重要的自然环境。打开思路是件非常重要的事情，毫无疑问关注自然、关注周边的环境是个好的选题和方向。对于学生创作作品和进行选题而言，大家经常会去

## 第六章 生态纪录片创作经验分享

扎堆选择非遗等人文历史性比较强的选题，一方面制作、拍摄起来相对容易，另一方面也比较契合当今传承优秀传统文化的这个潮流，但是我觉得如果大家都扎堆去做并不是件好事，因为大家很容易在拍摄、制作中变得"油"，采访的主人公也会变得"油"。我们自己可能已经掌握了一套这种拍摄非遗纪录片的方法，加之非遗对于大多数人而言仅仅也停留在猎奇的这个范畴，再加上一个城市的非遗传承人其实就那么几位，媒体、学生都会扎堆去选择他们作为主人公，这样纪录片的主人公也同样会变得很"油"，不会拿真情实感去对待我们。我记得最清楚的一次拍摄就是我们去找一个手工艺人，他见到我们首先避开了摄像头，问我们能给他什么好处。虽然知道这是人之常情，我们的拍摄必然会给他们带来一些麻烦，但对于我来说，拍摄纪录片最重要的就是真情实感。这个"要好处"从一开始就把这种真情实感给打破了，我是非常不能接受的，所以最后就没有选择拍摄，这次的冲击对我来说也比较大，所以之后我对于手工艺人的拍摄其实一度有些抵触。所以如果经常性的拍摄这种选题，对于我们自身来说是件非常不利的事情。一方面，我们的思维会僵化，拍摄时很难投入，基本上就是按照固有模式去做，另一方面，选题过度单一会导致大家的审美疲劳。

所以拍摄《万物有灵》这种自然题材对于我们学生来说是一个挑战，更是一种突破。它将我们的目光延伸到自然、地球和我们息息相关的环境。

回到《万物有灵》的摄制，我被分配到了第一集，作为整个系列的开篇，老师给我们的要求是唤醒大家对身边自然的爱，发现身边自然的美，不像别的组有一个很明确的拍摄对象，比如鸟、江豚、植物之类的。我们这集如果处理不好，就会有点虚无缥缈，所以压力比较大，经过小组商议，我们决定在本集当中采用"脚踩大地，仰望星空"的理念，选择了一名护林员和一名星空爱好者来讲述本集的故事。

寻找护林员是个难题，因为有两个组已经把目光放在了紫金山，所以为了扩展我们纪录片的版图，我们只能往其他的山去搜寻，最后我们选择了南京的另一座名山——老山。南京老山国家森林公园，位于南京市浦口区中部的老山林场，横贯浦口区境内，南临长江，北枕滁河，素有"南京绿肺、江北明珠"之美誉，是江苏省内最大的国家级森林公园。老山系淮阳山脉余脉，横贯浦口，山峦起伏叠嶂，有大小山峰近百座，东西长35公里，南北宽15公里，总面积7493.33公顷，森林覆盖率超过80%。

我们通过电话联系到了一个护林员，但临去拜访前，对方突然说不接受拍摄了，所以我们决定亲自去当地找。这也给了我一个教训，找主人公，最好实地去探访，不要太依赖网络、电话，这些远不如面对面交流来的效率高、能够打动人。

老山在江北，从学校出发要转3次地铁和两趟公交，来回一趟大概要4个多小时。第一次去踩点时，我们找错了地方，无功而返，这也给我们提了个醒，一定要做好功课。第二次经过村民指引，终于找到了我们拍摄了近4个月的地点——狮子岭。同时，很幸运的在山脚下，找到了我们的一个主人公——老陶。找到主人公的我们终于放下心来，并且主人公也很配合，所以当天我们便在山下的麻辣烫店庆祝了一番。

关于主人公的选择方面，我自己也思考过，到底什么样的组合搭配是最好、最合适的。因为本片是想要展现一些人对于自然的热爱，所以在主人公的选择上就会去往这方面靠。但是有时候我就觉得这种热爱有点虚，就是那种抛开人类生存先去谈敬畏、热爱自然，会

让我觉得有些飘在空中。所以我从头至尾一直觉得一个当地环境的原住民加上一个自然爱好者来共同完成一集的讲述是最合适的。如《长江的精灵》，他们一开始的主人公只有长江江豚保护协会的会长和江豚。在和他们组长聊天时，发现他们组内也是有很大困惑的，就是感觉拍摄的特别像一个宣传片。所以提出为什么不将本集扩展延伸一下，不让话题仅仅局限在江豚身上。其实，相比较江豚，长江的包容性和可讲述的内容会更多，而且长江就在我们身边，每天饮用的就是这一江水，所以对于我们而言更是息息相关、投入的情感会更真实。后来他们组就找到了一对祖祖辈辈都在长江上捕鱼的渔民夫妻。尽管有人可能会指责说，这是一种索取，但是我觉得这个必然就牵扯到人类的生存、发展和环境的问题，我没有办法去忽视这个问题，况且两者是不矛盾的。我们人类想要生存，就一定会给自然带来一定的变化，亦或美其名曰自然的馈赠，但只要控制在一定的限度内，就是合理的，所以我觉得不能过度去指责这些靠山吃山、靠水吃水的人。我们同样是不能去回避这些问题的，这其实也是拍摄自然纪录片给我带来的思考，在见到了各种各样的人和事后，自己会不断去思索，我们人类在这个星球上的定位到底是什么，我们到底该如何去处理人与自然的矛盾，我们的未来到底应该怎么办。有人可能会觉得这是自寻烦恼，但是达摩克利斯之剑一直悬在我们头顶上。

过后就是长达4个月的拍摄了，当时正是大二下学期，每周有17门课，所以我们只能挤时间去拍摄，大概一周去2~3次。其中最令我印象深刻的有几次，一次是上午上完两节英语课便赶到老山，下午又匆匆忙忙赶回学校上课；另一次是下大雨，我和小组另外一个同学还是决定去拍摄，我觉得雨景是必须的，我想记录这个山林的几种喜怒哀乐。最后两人被淋的浑身湿透，宁愿自己淋雨，也要给相机打伞。经过这四个月的拍摄，同学之间感情迅速升温，成为光荣的革命战友。还有一次是我们到了山里，老陶不在，打他电话也接不通，我们原本想要放弃本次拍摄，但又觉得不甘心，爬了半天的山问了一大圈人，最后才在山脚下的茶园找到他。通过这件事，我觉得素材、事件是要等出来的，这可能也是我们拍摄这个片子的一个遗憾吧，时间等各方面的不允许，所以拍摄出来的就是一个概括性很强的片子。

当然在拍摄过程中，也遇到了诸多的困难。在拍摄中，大家也会存在对拍摄这个题目有很多不理解，有那么多的选题，我们为什么要拍这么难的生态？我想这是当时大家心中最多的一个疑问。我自己也在想这个问题，一度有点钻牛角尖。但后来我在影像中，找到了答案。看着我们拍摄的这片山林从冬天的枯寂、了无生机到春季百花争艳再到盛夏时节的生机勃勃，满眼翠绿。我想这可能就是拍摄生态纪录片的意义，它让我们参与了大自然的这段生命的旅程。关于拍摄的问题，我只想说，多机位，多角度，多景别，带点后期的思维去做前期，也许可以事半功倍；还有就是别急躁，好镜头都是蹲守出来的，这一点尤其适用于拍摄的中后段。我觉得做出一部对得起自己的片子就是对自己努力的最佳证明，不要自己拍的东西自己都不想看，那就是彼此浪费时间。

下面说说其他几组。鸟组是一个非常拼的组，为了拍摄好的素材和故事，他们在假期前往了盐城进行拍摄，奉行了"地球不爆炸，广电不放假"的传统；植物组都是女生，每周爬山已经成为了她们的必修课；长江组是我们最羡慕的一组，他们和渔民叔叔打的火热，成功吃到了价格昂贵的刀鱼；动物园组逛了一学期的动物园，进到了小熊猫馆，接触到了饲养员的生活；衍生组沉迷于各种实验；化石组体会到了远古的奥秘，这都是我们同学宝贵的收获和重要的人生体验。

经历了这么久的拍摄，我自己也总结了一下：①一个团队真的要做到戮力同心，大家一定要团结。同伴间消极的配合比直接不配合要更可怕，有时候做纪录片做到后面真的觉得自己孤立无援，是特别孤独的做纪录片的状态。②真正投入拍摄的精力可能只占到50%，其他都被很琐碎的乱七八糟的事情占据着。③组员一定要给反应、给意见、给反馈，因为这个纪录片不是导演一个人的，是大家的，所以一定要讨论，哪怕是"吵架"都比沉默要好的多得多。④导演的心志一定要坚定，不要被左右摇晃，自己定下的拍摄计划一定要完成，不要给自己找理由、找借口，去拖延去不拍摄，前期拍摄不用心不用功，后期是很难补回来的。⑤多角度的拍摄，丰富叙事。直到做毕业设计，我才真正去触摸到叙事这门学问的表皮，可能归根到底还是自己阅片太少，拍的太少，经验不足，希望我可以在研究生阶段去弥补起来。

在后期统筹剪辑的时候，首先面对的就是庞大的素材。经过几次的失败经验和摸爬滚打，我终于意识到反复观看素材的重要性，只有当你对素材了如指掌时，在剪辑时才能得心应手，有新想法。有时候可以在脑子里进行剪辑，把一些片段在脑子里组装合成，这都基于对素材的熟悉度。哪怕是废素材，也打开看看，可能中间的某一小段就能用上；其次就是坚持，千万别泄气，这真的很重要！

有一次我被冯老师严肃的批评了，我至今都记得那句话，"如果你这样，这个片子就危险了"。当时我就觉得很沮丧，我觉得自己也尽了力啊，为什么还是被批评了。

但是当结合了老师的意见之后，再重新看自己的片子，真的觉得无地自容，哪哪儿都是漏洞，错误百出，并没有尽到自己100%的努力，只是把这个东西当成任务来对待了，并不是当作自己的作品。后来我们也迅速做出了调整，得到了老师的认可，"看到了光明"，得到冯老师的认可其实是件非常有成就感的事情，因为老师要求真的很严，不放过纪录片中的任何一个小错误。再看自己剪的片子并结合老师说的话时，就觉得老师说的真的很对，很明显的就看到了自己的不足，所以便会自我去纠正。这种和老师的良性互动对于自己的提升是非常有帮助的。

再后来，冯老师让我负责写这6集的解说，我当时觉得太难了，也意识到自己肚子里的墨水和人生经历是多么的少。所以读书也是很重要的，书到用时方恨少，阅读量与阅片量是一个人很宝贵的隐形财富。好在后来，老师也帮忙进行了润色。有一句解说，我看到后意识到了我与老师的差距。冯老师加了一句"她是我们的母亲河，而她同样也是它们的母亲河"，我当时就觉得这可能是继"才下舌尖，又上心间"后，我听到的第二个神仙解说词。

冯老师和剪辑组商量后，觉得要合并几集，调整这个系列的架构更为精炼。最后选择以地球的几种生态系统来划分，森林、湿地、江河、土壤；同时考虑到观影的趣味性和可看度，决定将其中的一集转变为日记体，以小朋友的口吻来诉说这个故事，可能更加充满烂漫、童趣；最后一集我们用了一个神话故事作为总结。我很感谢冯老师在最后剪辑阶段一直陪着我们，指导着我们，从早上呆到第二天凌晨，她给予我们创作的自由，让我们去尝试和犯错，这对于我们来说都是很重要的。

还要特别感谢剪辑组的王宇、胡欢、王芹芹、吴越、王舒雅5位同学，在我困难时，毫不犹豫的答应我一起进坑。因为大家的观念契合，剪辑室B110一直充满着欢声笑语。我

们有个微信群，群名叫万物有灵唠嗑，这也为后来我们在一起合作打下了基础吧。最后阶段，大家都在拼命，午饭晚饭都在机房解决，大家互相看彼此的片子，挑问题、修改，再看再修改，以追求最大限度的完美。有一次晚上十一点，系主任路过，打趣我们怎么又没下班。我想那真的是很难忘记的一段时光，记得剪辑组的一个同学和我说，有一次凌晨出机房，冯老师指着天上的星星和她们说那是什么星星，我当时听了后觉得这是件很浪漫的事情，可能只有热爱生命的人才能做出好纪录片吧。最后去影院试完片后，大家进入了一种神经质的状态，为了不出纰漏，40分钟的片子至少看了不下20多遍，一直在找字幕的错别字，一直在修改，直到放映前又导了最新修改的一版，以至于到现在，解说我都还能背下来。

终于到了最后的展映，大家都很忐忑，但丑媳妇最后还是要见公婆的，看到影院里坐满了人，我在人群中看到了我妈，我真实的怂了以及有点隐约的自豪感。我、剪辑组的同学和老师坐在了影院的角落，影片很快播放了，我全程不敢抬头，连再熟悉不过的解说都让我有些受不了，觉得心都要跳出来了，只有耳朵特别灵敏，一直在听观众的反馈、生怕出了差错。这种窒息的感觉一直持续到了片子结束，影院响起掌声，我实在是无法言说那种感触，非常复杂，回家后我又看了好几遍这个纪录片，突然觉得很激动，人真是太复杂了。

在做《万物有灵》整个项目的过程中，其实我听到了一些声音，认为我们最后做不出来，是瞎折腾。当时我们非常生气，心情都非常低落，后来也是冯老师开导了我们，让我们专心做纪录片，不要受到外界太多的干扰。后来冷静下来，我想我们并不是在"瞎折腾"，最重要的是体验，如果不在这个年纪去体验各种没有体验过的事情，那会是件非常遗憾的事。还有就是千万不要怕折腾，折腾是为了精益求精，让片子更加出色。拍纪录片本身就是一件复杂、麻烦的事情，所以更需要大家的齐心协力，一定不要怕麻烦。无数次的经验告诉我，但凡前期偷懒省事、后期都会变得很凄惨。

《万物有灵》带给我的收获绝对不仅仅是一部纪录片，还有日后做片子思路上的开拓，更多的是一种全新思考问题的方式。它让我们去思考人类与地球的相处之道，让我们感受自然的脉动，消除与自然的隔阂，倾听自然的声音，感受心灵的召唤。

最后，我真的很想感谢我们班32位同学，就像一个摄制团队，大家齐心协力地做一个纪录片真的是一个很美好的体验，可能之后也不会再有这个机会；我也很想感谢可爱的冯老师，冯老师真的是我上大学以来最想感恩的一位老师，她领我入门，不吝赐教，永远给予我们最真诚的意见！

## 第二节 《紫金山的秘密生命》

### 一、《紫金山的秘密生命》解说词（撰稿：班熙娅、韩潇潇）

清晨，一天中最楚楚动人的时分（图6-24），紫金山在薄雾中苏醒。一阵林间的清风，一场笑意盈盈的春雨,都是这山里的常客。从清晨开始后每分每秒中,它们倾听了万物无数的心声,目睹了万物波澜壮阔的生存影像。

图6-24 《紫金山的秘密生命》画面

字幕:那些感受大地之美的人,能从中获得生命的力量,直至一生。
——《寂静的春天》蕾切尔·卡逊

在山上某个角落,一场场生命的博弈正在展开。蜘蛛,隐藏的捕食者,是这片土地上隐秘而又伟大的生命之一。

络新妇,蜘蛛界织网的好手。它织出的丝拉力很大,在阳光下闪耀着光泽。没等多久,一只蝗虫便落入它的金网中。络新妇喷出的黏液与空气结合,发生了奇妙的反应,形成了透明而富有韧性的蛛丝。它利用口器向蝗虫体内注入毒液,等到蝗虫已完全没有了生命气息,络新妇便开始尽情享受属于它的饕餮盛宴。

与生存利益相关的博弈与和解,始终是自然界留下的终极考题。棘腹蛛的网在暴雨中遭遇了袭击,原本结实的网变得残破不堪,树枝上只留下了几缕残丝。棘腹蛛又要开始它的"织网伟业"了。

生命的存在从来就不是个体的单独存活,世间万物或多或少都彼此牵引、彼此联系。这只漏斗般倒立着的网上,有两只皿蛛,一黑一红,一雌一雄。性成熟的雄性蜘蛛很少自己织网,而是寻找一只雌性蜘蛛,与它共用着一张网。它们各自忙碌,却也相濡以沫。

它们和人一样,都具备一些与生俱来的灵感。

蜘蛛,这些看似微小的生命,也在自然的鞭策之下,散发出"隐秘而又伟大"的光芒(图6-25)。

字幕:只有那些跪在泥土里寻找春天的人,他们才会注意到葶苈,而且知道它们存在的数量多么惊人。
——《沙乡年鉴》奥尔多·利奥波德

普通并不等于无足轻重,只要我们给予重视,就会从中发现有趣的知识。

盛夏的暴雨说下就下,暴雨对蜗牛而言可不是喜事,水滴如同炸弹,不一会儿,行动迟缓的蜗牛就被淹没了。

而这只就比较幸运,它找到了一片树叶。心有余悸的它努力游向岸边,它理想的栖息

图 6-25 《紫金山的秘密生命》画面

之地是蕨类植物的背面。

对蕨类而言，雨水是大补的营养剂，一场暴雨过后，它们便可以野蛮生长。两个月前，这里还是春生短命植物延胡索的领地。延胡索的花期只有短短三四周，周围大树的树冠长出来后，会劫走所有的光能，它必须在此之前抢占先机，开花结果，繁衍后代。

树冠下，被浓荫遮蔽的延胡索没能逃过命运的安排，蛰伏到了地里，等待明年的怒放。

六月的梅雨季节漫长湿润（图 6-26），在蕨类吮吸雨水的时候，酢浆草却在为生存发愁。酢浆草喜欢温暖、排水良好的环境。每年六七月时，酢浆草便如临大敌。对于植物而言，在狂野中生存不是易事，但自然万物总是有它们自己的智慧。酢浆草的表面有一层绒面，能有效阻止露珠在叶片上逗留，使叶片保持干燥。让酢浆草在梅雨季节中挣扎着活下去。好在经历了连续的阴雨天后，酢浆草终于迎来了一个不错的晴天。

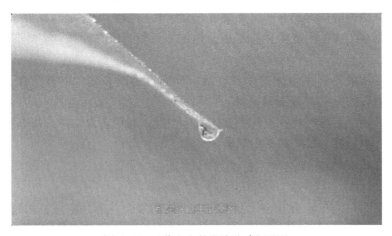

图 6-26 《紫金山的秘密生命》画面

有的蜗牛已经被迫结束了短暂的一生，有的却还在负重前行。酢浆草却可以大胆绽放出鲜艳的花朵，吸引着蜂蝶的目光。

在山野林间，微小的生命自成一派，有着属于自己独特的秀美气息，成为偌大的城市里小小的守望者。

字幕：我们的生存是以它们的死亡为基础的。世界本来就是处在一个永无穷尽的循环着的状态。　　　　　　　　　　　　　　——《昆虫记》让-亨利·卡西米尔·法布尔

白昼虽然结束了，但看似平静的黑夜里，却涌动着与生存抗争的力量。

一只桑黄星天牛，就是这场无声抗争的发起者。天牛的触角很长，往往超过身体的长度；如此神奇的触角是它感知世界的工具，味觉、嗅觉、湿度、温度等刺激通过触角反馈给它。眼前的桑黄星天牛正在与陡立的墙体做顽强的斗争。它试图登上台阶，一展自己的雄姿。

失败了。没关系，换种策略试试。

又失败了，再试一次。小心！

它终于获得了胜利。

夜晚也是捕食者的天下。蟾蜍，俗称癞蛤蟆。体表有许多疙瘩，藏着像它们一样冷酷的毒液。

蟾蜍是一个大胃王。它今天能饱餐一顿吗？

它似乎发现了什么。一条蚯蚓。蚯蚓的挣扎无济于事。

和蟾蜍一样的老饕泽陆蛙此刻也守护着自己的猎物。眼前的蟋蟀并未察觉，只是左右小步地警惕着周围环境。蟋蟀放松了戒备。

生存和繁衍，是生命永恒的课题。谈情说爱最怕旁人打搅，动物也不例外。两只绿缘扁角叶甲正在你侬我侬，但不解风情的总是有的。突如其来的第三者试图打破这种甜蜜。一次，两次，三次、四次。坚固的爱情打败了第三者。绿缘扁角叶甲交配持续时间最短5分钟，最长可达140分钟。这对叶甲情侣难分难舍，意犹未尽。

在昼夜更替的紫金山里，每一种生物每天都在经历生与死的惊心动魄。每种生物的一生，或许不为外人所知，但在这种境遇中生出的智慧，就是它们在这个世界生存过最好的证明。

## 二、《紫金山的秘密生命》创作心得

### 这是你的作品

#### 朱旭婷

自然类纪录片的拍摄可以说是一个修炼心态的过程，当我们把努力熬成运气，把等待当成习惯，拍摄就成功了大半。这个过程或许会有点漫长，但是千万不能随便，因为这不是一个作业，而是一个作品。你必须对作品负责，对自己负责。

拍摄的前期准备是必要而又折磨人的。自然类纪录片都带有一定的科普性质，这就意味着我们每句话都要有科学依据，不能胡编乱造，以免歪曲事实，给观众造成误导。然而我们只是一群门外汉，所以必须要提前看过一些相关书籍，首先自己得了解一些知识，这样才能确定要科普的拍摄对象和拍摄的内容。在拍摄前的那个寒假，冯俊苗老师和同学们确定好了"紫金山"这个拍摄地点，但是拍摄什么物种还无法确定，因为大家都不了解紫金

山上具体有什么种类的生物。如我们知道山上会有开花植物，却无法确定那是什么花，它有什么习性。所以，先了解后拍摄，这一点是非常基础的。不能说拿着器材就直接上山，拍到什么算什么。冯老师推荐了一些自然科普类的书给我们看，并且要求我们一星期看完一个章节，然后在群里讨论一次观后感，或者是章节的哪一部分给了我们一些文案、拍摄内容上的启发。每个人都必须发言，不许"潜水"，借此来督促我们提高看书效率，确保前期准备的进度。虽然老师已经尽量挑选那些有趣的，不那么学术的书了，但是对于我们一群走在路上也从不关心路旁的树是什么种类的人来说，要把自然类的书从头到尾精读下去，还要不断发表新的阅读感想，仍旧算得上是一件痛苦的事。所以那个寒假里，群消息的提示音就成为了大家最害怕听见的"紧箍咒"。

　　通过阅读别人的经历，我们对生物有了一些比较皮毛的认识。在校外自然老师的帮助下，紫金山的生物种类，以及一些生物有趣的习性和习惯，在我们脑子里有了大致的架构。这会儿，我们算是初步入门了，对拍摄对象有了一些了解。同时，我们对这个纪录片未来要花费的时间和精力有了一些心理准备。很多书里面都有提到，作为观察者的作者们，经常会在山上一待一整天，因为只有把自己融入环境，把自己变成环境，才能有机会看见生物们毫无戒备的，不为人知的那一面。等待是一件家常便饭的事，他们甚至把这当成是一种乐趣，在观察动植物的有趣的行为时，他们就会忘乎所以。我们也就明白了，将来的拍摄一定不能心急，要稳得住。

　　一个多月后，我们确定了拍摄物种，然后每个组深挖自己要拍的物种，单独查阅这个物种的资料，研究它们有没有比较有趣而又不那么为大众所知的行为特点，然后根据预设的情节创作解说词。一开始我会觉得这个过程好多余，因为动物的不可控因素太多了，谁又能确定别人看到过的动物行为，我们能在移动相机对好焦等一系列动作以后，还能被记录下来呢？这本来就是靠运气的事。既然一切都无法确定，那么提前写好解说词不是多此一举浪费时间吗？但是，后来我才明白，这是为了给我们的拍摄确定一个方向，有目的的拍摄效率会更高，能减少废素材的数量。而且我们在这个过程中也能加深对这个物种的了解，知道情节发生的环境，可以明确在偌大的紫金山上，是树林还是草丛，是白天还是晚上，才能更容易见到这个情节。千万不要害怕在前期准备上费时间，因为这个"费"不是浪费，而是用一部分心力去计划，不是拿上器材才算拍摄，前期准备才是拍摄中最重要的一部分，它为拍摄定下了主题和方向，像是一张地图，给我们接下去的每一步指明了路线。

　　开学后，《紫金山的秘密生命》就正式开拍了，老师给我们布置的任务是每周上山，每周交一个一分钟的汇总短片。我们组被分配到的拍摄对象是飞蛾，当时是三月，冬末春初，紫金山上的飞蛾寥寥无几。原先以为晚上一打开灯光，飞蛾就能被吸引过来了。现实是残酷的，在开着灯吹了两个晚上的冷风却毫无收获以后，我们意识到事情并不简单。咨询了一下自然老师，他告诉我们，我们的灯光瓦数不够，在这么大个山里太没有存在感了，得借专业的引诱设备，用车运上发电机和大瓦数的灯，支起来白布，灯诱才能有效果。而且这个时节飞蛾本来就很少。这样的话，一周一次的短片怎么办呢？我们就增加上山的次数，晚上没课就都去上山，用更多的时间来赶进度。可是即便是这样，那段时间里我们还是拍不到飞蛾，为了不空手而归，只能边拍一些别的昆虫边等待。而且总是有那些凑巧而又气人的事，有心等待的我们迟迟等不到飞蛾，拍别的生物的那些组总是能凑巧遇上。这个时候也只能摆正心态，劝说自己这都是在积累运气，越努力越幸运。所以，勤奋是必要的，没有人运气好到，一上山就能拍到想要的情节，但是可以确定的是，你上山越多，见到这个情节的机会越多，拍摄到的可能性越大。在勤奋之余，一定要沉得住气，哪怕比你不努力的人比你更幸运，也不能自暴自弃，要及时调整心态，一个组里面互相安慰、互相打气，哪怕是戏谑自嘲也会比"躺输"好，心态崩了就会有厌恶情绪，这对拍摄是非常不利的。如果厌恶的话，不仅会影响上山的积极性，还会把拍摄变成一个应付性的事情，觉得拍到一点东西就好，拍不到也随缘，不追求拍摄质量。这样的态度是不能完成一个好作品的，只能做出一个应付性的作业。如果一个组里面，有一个人持消极态度，那他是对组员的不尊重。如果一整个组都是消极的态度，那这个组多半会因为拍不出东西而解散。

  天气渐渐变暖，飞蛾变多了，拍到飞蛾变成了一件不太困难的事，只要视力好，就总能发现在灌木丛里、树丛里停着的飞蛾。此时拍摄又出现了一个重挫——错过。在等待了一个多月以后，终于有一天蹲到了飞蛾撞上蜘蛛网的画面，按照剧情，它接下来该奋力挣脱蜘蛛网了。我们打好光开始等待了，5分钟过去了，飞蛾一动也没动。我们决定动一动脚架的位置，靠得更近一些去拍摄，因为肯定越近拍出来的效果越好。当然，人生也总是充满了狗血，我们一动，飞蛾就在那两三秒之内挣脱了蜘蛛网飞走了，我们就这样错过了关键点，悔恨不已。这是我们血淋淋的教训，在拍摄过程中，千万不要随意中断拍摄，如果真的想要移动位置，达到更好的拍摄效果，也一定要保证有一个机位是在继续记录的，不怕多拍了一些没用的，就怕没拍到那些想要的。移动机位是无可厚非的，因为拍摄效果不好就不一定能派上用场，但如果在停掉的几秒内错过情节，和成功失之交臂，单纯就这件事也真的能痛骂自己一星期，因为那样的情节可能永远都无法遇上第二次了，所以一旦遇上，就千万不要轻举妄动。

  随后我们继续调整心态，但是拍了一只又一只飞蛾之后，我们发现了另一个问题——缺少情节和矛盾冲突，整个片子都因为没有激烈的素材而缺乏看点。飞蛾们实在是太平和了，独居，不抢配偶，大部分时候都不吃东西。所以我们当前拍到的飞蛾数量可能有20只，但是飞蛾的运动只有一个——扇翅膀飞走。原先设想的挣脱蜘蛛网，获取盐分，产卵后死去，我们都没能拍上，没能遇到。眼看着拍摄期限已经过去了大半，哪怕我们把拍摄频率改成了每晚都上山，依旧一无所获。某天我们回看素材，突然发现平时拍的其他小昆虫还有挺多桥段和剧情，这个时候，突然萌生了换一个拍摄对象的念头。因为其他组都是白天拍摄，那我们能不能就把"夜晚"当成我们的主题呢？征求了老师的同意以后，我们变成了夜晚组。这里有两个可以借鉴的经验。第一，及时整理素材是必不可少的一个环节，整理素材才能知道自己手头上有了什么，还缺什么，会比一味的埋头猛拍更有目标和针对性，也便于调整拍摄方向。第二，在已经付出了很多努力，仍旧毫无进展的时候，或许可以考虑及时止损，死磕会让最后的成片缺乏内容，改主题算得上是一个没有办法的办法，好在我们的结果还不错。之前等待飞蛾的同时拍摄的小昆虫们派上了很大的用场，由此可见，拍摄现场的灵活机变也是非常重要的，最好能留一个备用方案。等待是一件耗时间的事，但也要注意效率，不能白白浪费时间。一个组里面可以分成两拨人，一拨人继续等待，另一拨人拍摄别的内容。两拨人同时开始自己的任务，如果等待能成功，另一队人拍摄的其它镜头也可以用来做空镜；如果等待失败了，那至少还留了一手，有其他内容来补救。

不过这一招还是慎用,因为这毕竟会分散一个组里的时间和精力,在一定程度上会影响拍摄质量,还是应该把重点放在自己原先的主题上,因为那才是自己筹备良久的重点,拍起来会更有把握。除非实在是一筹莫展,没有拍到的可能了,才可以弃车保帅。

  补救也不是重新广撒网,从头再来,而是要精准。由于前面的重点是在飞蛾上,并没有把昆虫作为重点,我们现在要做的有两件事,一件事是重新构思解说词,另一件事是补充镜头,丰富素材。因为拍摄时间剩得不多了,为了按时完成,我们必须精准补拍,不能像以前一样盲目等待、随缘拍摄了。第一,我们整理了一下手头上的素材,确定一下具体有哪些小动物是可以继续拓展情节的。敲定了几个容易拍到的物种以后,我们继续上山,找到这些物种,或是重新等待,或是根据缺少的镜头补拍。因为已经积累了前面几个月的拍摄经验,又尽量挑了一些好找的物种,所以这个过程并不算太难。我们明白了,越是往树林深处走越容易找到小动物,越是耐心慢慢看,越是能发现隐藏着的居住者们。千万不能草草了事,或者是因为害怕不敢往前走,只有走到别人没走过的地方,才能拍到别人拍不到的东西。本着这个原则,我们想要的画面都在预期范围内完成了。更幸运的是,我们还在一个下雨的晚上,运气爆棚,遇上了扒蚯蚓吃的癞蛤蟆。所以这会儿我们真的相信了,所有的付出都会是有回报的,如果没有,可能是因为付出还不够多。关于解说词部分,情节多了以后,解说词也不像原来凭空乱造那样难了,看到视频脑子里就能出现文字。因为总觉得自然类纪录片都是大同小异,为了让我们的纪录片和其他有所区别,能更加吸引人,我们会尽量让解说词营造出一种悬疑风格,刚好拍摄到的情节又多是捕食、厮杀之类比较有斗争性的,我们就想制造出一种由一个案发现场开端的、循序渐近的、破案的效果。这个想法虽然好,但是在实际操作中,如何在故事性和真实性之间拿捏好尺寸,又成为了一个问题。如果只是为了可看性,用解说词来夸大画面的戏剧性,就更像是一个剧情片,会有失纪录片的真实性。第二,我们放弃了最初的设想,决定用多设疑问的方式来制造悬疑,避免偏离真实。哪怕自以为想了一个绝妙的点子,有时也应该及时舍弃,切忌去为了一个闪光点而偏离整个轨道。同时,我们还因为文采和前后过渡改了有五六版稿子。所以平时多读书多积累也很必要。好的写作能力不论在哪里都能派上用场,也是能让人脱颖而出的一个好工具、好利器。尤其对于纪录片来说,好的文案能补充画面内容,甚至可以拯救画面内容的贫瘠,因此文采是非常重要的。

  不疯魔不成活,拍摄到后期,我们真的已经"魔障"了。哪怕是在去上课的路上,我们都永远低着头,看见路上爬着一个什么不知名的虫子,都忍不住停下来观察5分钟,掏出手机拍一拍,想着要不要带回去孵化,好拍摄结茧的过程,或许还能当成空镜用上。一看见路边的树,就会开始思考这是什么种类,上面可能会有什么小昆虫。听见鸟叫,也忍不住到处找这个鸟在什么方位,会是什么种类的鸟。恨不得把眼睛变成摄像机,把脑子变成一张存储卡,走到哪里,看到哪里,拍到哪里。每日三省吾身,明天还上山吗?纪录片该怎么办?还缺了什么镜头?连做梦都是在约组员上紫金山,互相提醒要带什么。当时整个心思都已经扑在上面了。总之,我们可算是把努力熬成了运气,然后一切都豁然开朗了。

  最后就是剪辑了,所有拍摄时没有注意的小问题,都会在剪辑这一环节被放大一百倍,而且自然类纪录片不同于其它片子,它的情节都不是人为可控的,能遇上一次被拍下来已经是万幸了,想要补拍是几乎不可能的。

## 第六章 生态纪录片创作经验分享

首先出现的就是多机位的问题。剪辑的时候会发现有的镜头全程只有一个机位,这样会大大限制剪辑的空间,哪怕剪辑的人再怎么努力,也造不出素材拼出一朵花来。如果只有一个角度,剪辑痕迹会很明显,不好掌控节奏,也会让情节变得拖沓。所以这时候就能领悟到拍摄时多机位的重要性。拍摄千万不能怕麻烦,相机、脚架、灯光、稳定器等,有的尽量都带上,能多带就多带,别怕带了用不上,就怕要用了发现没带,这个时候一定要学会给自己"找麻烦"。而且一定要有多台可以使用的机子,这样才能有分配的余地。当大家发现了有趣的情节,觉得这个情节有拍摄价值的时候,一定要在不穿帮的情况下,至少用两个角度拍摄,同一情节有了不同的角度、不同的景别,后期才能有剪辑的余地,可以省略一些烦琐无聊的时间,放大矛盾冲突,让情节有急有缓,又能避免过重的剪辑痕迹,纪录片也能变得更加有看点。同时,这也是一种保底措施,万一有哪个机子出了问题,也能有补救的空间,比如说没对上焦,拍摄到关键点内存卡满了之类的意外情况,随时都有可能发生。所以,千万不能觉得有人拍下来就好了,在外面拍东西要学会"没事找事",别愣着玩手机,能给自己找事做就找事做,一定要记得多机位,自觉找一个拍摄角度。

其次,我们要靠后期来解决打光问题。毕竟平常拍摄的时候,动物没有办法配合我们调整好灯光以后再开始自己的动作,并且有时候看见有趣的情节,我们心里也激动不已,手忙脚乱就拍下来了,会把打光也抛之脑后。同时,对于灯光的运用很多时候是需要我们在实践中慢慢摸索的,特别是在器材有限的情况下,我们甚至要手动制作遮光罩来控制光线的方向。一定要多尝试才能熟能生巧。但是在前期尝试的时候,难免出错,这时候就需要后期来补救。由于我们是夜晚组,一定要体现出黑夜的特色,所以亮得像白天肯定不行,必须得通过后期来调整曝光、高光等,让周围环境变黑,还原夜晚本来的面貌。这里就有一个教训了,拍摄时一定要保持理智和安静,一方面是免得一惊一乍吓退小动物,让大家的等待功亏一篑。另一方面,如果有打光的话,随时要提醒自己注意灯光问题,不要过曝也不要有噪点,摄像和灯光要及时沟通调整光线。另外,打灯的同学千万不要随意晃动,因为晃动会导致光线一直在变化,在黑夜里,哪怕是细微的晃动造成的灯光变化也会变得尤为明显。注意打光细节也能给后期降低一些难度,能靠前期的千万不要扔给后期,除非后期水平超神了。

最后,色调问题也是需要后期解决的。由于我们各自的相机型号不太一样,然后也忽略了参数的调整,还有打光后,不同角度的机位拍摄出来的光线也会有一些差别,剪辑的时候会发现,多机位拍摄出来的色调会有差别,这个也是一个教训。在拍摄时,一定要记得先调好白平衡、光圈、快门等这些参数。尽量让不同相机的画面保持相近的色调。千万不要觉得色调的差别不是一个大问题,这个对观感的影响也是很大的。在同一场景里,如果换个角度,画面的色调就不一样了,片子的连贯性就会降低。观众会觉得这不是同一场景的内容,甚至会跳戏。"以前不会调色""以前没有调过",这些都不是理由,正是前期付出了那么多时间和精力,后期更不能疲倦懈怠,功败垂成的滋味是不好受的,都已经努力这么久了,几天剪辑的夜以继日又能算什么?就学呗。

最后,除了拍摄造成的后期问题以外,还有一些纯剪辑上的问题需要注意。

第一,纪录片首先也得有观赏性,不能胡乱剪辑。纪录片和剧情片的基本剪辑方式一样,都需要动接动、静接静,要在动作进行的中间切到下一个镜头等,任何片子直观的审

美感受都是相同的，如果认为纪录片只需要追求真实，越粗糙越显得真实，不需要美感，就大错特错了。纪录片不仅要讲故事，也要这个故事"好看"。一个粗制滥造的片子，不管它是什么类型的，观众都不会想看的。

第二，同一个片子，上下段落之间不要连接得过于紧密，要有段落感。在剪辑的时候，大家会常常感觉有用的素材永远不够，即便是空镜头，可能20里也挑不出一个可以放进成片里剪辑的，然后因为缺乏可以填补的素材，就会导致段落之间太过紧密，没有给观众留出舒缓情绪的时间，节奏过快。这时候哪怕在一段结束之后加个黑场也是可以的，一定不要紧接着就开始讲下一段的故事。最好是平时拍摄情节的时候，除了要把注意力放在拍摄对象身上以外，也顺便留心拍摄一下周围的环境，由发生故事的环境来连接上下段是最好不过的了。这个"留白"除了舒缓情绪以外，也相当于给观众一个提示：这段讲完了，注意下一段要开始了哦。这就是有头有尾，叙事完整了。

第三，找音效也是一个浩大的工程，最好是自己录一段长的现场音来当同期声，而不要网上找素材，一些找不到的音效也可以自己做。整个组出去拍摄的时候，难免互相之间要进行交流，这些话就会录进相机里影响同期声。哪怕不交流，有时候风声录进去听起来也会觉得难受刺耳。但是网上找音效，一方面很困难，因为自然类纪录片的音效并不多见，尤其是特定种类的鸟叫、虫子叫、或者是虫子走路的声音。另一方面，网上的音效可能会糅杂了各种昆虫鸟叫的声音，虽然难以辨别，但是总会有细心的观众听出区别，作为一个带有科普性质的纪录片，这样就不够准确，如果把一条同样的音轨素材从头铺到尾，就会偏离真实，如鸟更多是白天叫，青蛙是晚上叫，各种鸟叫的声音也不同，网上的素材可能不会注意到这些细节，但是这些点都是需要考究的。所以最好找一个无风的时候，录一下拍摄地点的环境音，作为备用，其他诸如昆虫吃东西、走路的声音，如果不好扒素材，也可以自己试着制作一下。哪怕现实生活中，那个昆虫并不会发出这个声音，加上音效以后，观众也会觉得这个纪录片更让人有代入感。同期声对于自然类纪录片来说是灵魂般的东西，一加上同期声就真实了许多，内容也会显得更丰富。

第四，关于字幕字体的小细节。最好用黑体，白色，加上黑色的外边框，这样就能看清字幕上说的是什么了。因为自然类纪录片还是会有一些专业名词或者是术语，所以一定要让观众看得清字幕，这样才能便于观众进一步理解。

第五，剪辑的分工问题也是需要注意的。由于拍摄周期比较长，素材比较多，如果觉得全部都由一个人剪辑，工程量过大的话，最好也是分工作剪辑，而不是分段剪辑。我为什么不建议一个人剪一段呢？因为同样的素材到了不同人的手里，哪怕是同一个剪辑水平，剪辑风格也会有差异，对剪辑节奏的把控也不一样，剪出来的片段会差别很大。为了让片子更加统一，最好是一个人做一项工作，剪辑、调色、配乐、字幕，然后给每个人分配好固定的时间，所有工作一项一项进行下去，传递下去，互相之间再保持沟通，如剪辑的人对配乐的人说，这一段我觉得可能适合加舒缓的音乐，这一段可能缺了哪个音效……只要及时沟通，互相补充，这一块就不会有什么大问题了。不得不提醒大家，剪辑最好也提早规划，任何事情还是要靠时间去磨，哪怕是熬夜，能挤出来的时间也是有限的，可能你每次看自己的成片，都会发现一个别的问题，不修改就容易一直记挂在心上。

总体上，作为整个团队主心骨的组长，他的态度对整个组的影响也会很大。一方面，前面说的很多注意点，需要有一个人来提醒，这个人选可以是组长。组长因为要顾好全局，必须格外留心，观察到大家忽略的细节，要提醒到位，提醒灯光、多机位等。另一方面，组长有时候可能要扮演一个"白脸"的角色，跟大家进行协商，然后严格执行，督促着大家努力。如经过一段时间的拍摄后，大家难免懈怠，会觉得上山太累，想要早点下山，组长应该提前和大家商量好时间，在大家定好的时间里坚定态度，除非有突然下暴雨之类的特殊情况，否则绝对不能提前下山，由此来保证协商的指令性和有足够的拍摄时间，免得大家一拍即合说走就走，组长应该充当一个监督者的作用。而且，组长本身应该是尽心的、负责的，真心想要做好这个纪录片的，只有组长有高标准高要求，才能带动大家一起奋斗，用一个人撬动一整个团队，形成一个良好的氛围，整个团队才能对纪录片上心。

拍摄自然类纪录片没有容易的，植物不能动，它能让你随意拍摄，但是本身看点很少；动物太爱动，虽然能有很多惊喜，但是你无法控制它，记录难度大。不论在多大的困难面前，只要记得一句话：这是你的作品，保持耐心，尊重努力。这就是支撑我们拍摄下去的动力，只要你真的想做好，所有的事情，都可以一件一件去解决。

## 第三节 《乌拉特牧歌》

### 一、《乌拉特牧歌》解说词（撰稿：王舒雅、胡欢）

王舒雅：我出生在内蒙古的小城镇，却并不熟悉草原。

胡欢：作为一个生活在城市的南方人，草原、牧民这样的词语对于我来说，有着太大的吸引力。

王舒雅：2018年10月13日，为了探寻草原生生不息的秘密，我们走向这片辽阔的大地（图6-27）。

图6-27 《乌拉特牧歌》画面

王舒雅：我们去拜访的是那生乌日图叔叔，大家都叫他齐叔。齐叔一家是蒙古族，祖祖辈辈都生活在阴山北部的乌拉特草原上。他们一直保持着蒙古族的早茶传统（图6-28）。曾经，放牧的路途遥远，正是高热量的奶制品让牧民们不容易感到饥饿和寒冷。

取自自然的奶制品是这片草原给牧民的馈赠，而牧民以游牧的方式对自然表示感恩。这里远看茫茫一片，近看是较为稀疏的植被。

图6-28 《乌拉特牧歌》画面

胡欢：乌拉特草原属于荒漠草原，几千年来的游牧方式使这片草原的资源尽可能被保存下来。传统的蒙古族诗歌里有这样的描述：北面的夏营地上，到处是丰收的乳浆。南面的夏营地上，家家户户油脂飘香。

然而，到了20世纪90年代，由于人类活动频繁以及过度放牧，草原的生态状况急剧恶化，因此国家给牧民划分了草场，牧民由游牧变成定牧（图6-29）。草原的游牧方式在网围栏拉起来以后，就逐渐消失了。

在这样一片干旱的草原上，"水"是一直存在的关键词。

图6-29 《乌拉特牧歌》画面

胡欢：阿姨告诉我们，她家分到的草场有6000亩，但是他们只能在南边有河槽的地方生活，因为北边都是没有地下水储存的无水草场。甘甜的井水每天都召唤着牛羊回家。

王舒雅：等牛群喝饱了水，阿姨就开始给一只叫"老牛"的奶牛挤奶，这需要娴熟的手法。草的能量在牛的体内转化成富有营养的奶，甘醇新鲜。这是自然的神奇之处。

胡欢：牛羊给牧民提供日常食物，牧民也用深沉的爱回报着牛羊，这是我们没有体会过的（图6-30）。牧民依赖着自然，因此他们对自然都怀有一份敬畏之心。阿姨说他们产生的垃圾，不会直接丢在草原上，而是定期到30多公里外的川井镇上处理。

事实上，牧民的放牧生活是最低碳环保的生活方式。正是由于他们对土地极低的索取，才能用极少的自然资源养活赖以生存的牛羊。

图6-30 《乌拉特牧歌》画面

王舒雅：夕阳西下，阿姨要去把牛赶到自家的草场，以防它们在夜里吃庄稼（图6-31）。叔叔也结束了在邻居家的帮忙，劳作了一天的他们即将进入最惬意的时光。牧民从大自然中感悟出最可贵的生活方式，最终牧民也成了草原美的一部分。

我们从阿姨的歌声中感受到的，是他们与这片土地最深的连结，是他们对自然的敬畏与热爱。他们深知与自然相处的最朴素的生活哲学，这种生活哲学让这片静默的大地，生生不息。

图6-31 《乌拉特牧歌》画面

## 二、《乌拉特牧歌》创作心得之一

### 草原上的牧歌

——《乌拉特牧歌》拍摄记

胡 欢

**（一）前期策划**

2018年9月底，我们开始着手仅此一次的毕业设计，并被告知这次的主题需要和生态有关。以往在拍摄生态纪录片时，寻找的对象都局限于南京城内，这次和我同组的王舒雅是内蒙古巴彦淖尔市人，于是高喊着"草原、黄河、牛羊"的我们兴奋地将拍摄地点定在了内蒙古。

在去往内蒙古之前，我们写的是关于阴山的策划案。作为一个土生土长的南方人，我查阅了很多资料，也无法在脑中勾勒出内蒙古的现实情况。《阴山文化》中写道，阴山的北面是以乌拉特草原和希拉穆仁草原为代表的大片草原，牧民依赖着自然以放牧为生，从北方南下的游牧民族在这里发展壮大，而阴山南面是农业种植区，黄河"百害唯富一套"的农耕文明在河套平原得以孕育与发展。阴山不仅是游牧文明与农耕文明的自然分界线，几千年来两种文明更是在此之前相互碰撞相互融合，留下了辉煌灿烂的历史。这也是我们选择阴山的原因。

然而在写这份策划的时候我就知道，这个纪录片最后的呈现一定会和这份策划案有很大的出入。

**（二）寻找主人公**

我们乘坐的是10月10号下午的飞机，从南京飞往呼和浩特。

带着欣喜和压力，我们出发了。对于之前没踩过点，只带着一纸策划案的我们，这次拍摄注定充满了不确定性。

到达呼和浩特，王舒雅的叔叔就担任起了我们的百科全书。我们想要尽快地了解到秋季的内蒙古是什么样子，秋季的大草原是什么样的，牧民还是像我们看的书里那样生活吗？我们想要拍摄的牧民在武川县真的能找到吗？但是当天晚上我们就被泼了一盆冷水，叔叔告诉我们，真正的牧民要去往很北边，还要靠运气才能在茫茫草原上看到一两家。

可以说，找到一家牧民是我们目前最大的难题。第二天一早，我们就出发了。我们看到了羊群的养殖售卖场，也看到了希拉穆仁草原上的草原旅游区，都和我们想要的生态素材相差甚远，也一次次地刷新了我对牧民的理解。我们坚持着原来的想法，一定要找到以放牧为生的牧民。

在乘坐每一班列车或是每夜睡前我都会思考无数次一系列问题：我们的纪录片结构是什么样的，要怎么拍，如果找不到主人公应该怎么办。在寻找主人公的过程中，我们也一直讨论着，并和冯老师沟通，推翻了选题又重新思考。首先，阴山太大了，拍摄起来非常困难，只能用一些航拍镜头和远景；其次，在和当地人沟通的时候也发现，他们并不会关注到阴山南北面对于生活的影响，甚至我们发现阴山北面的人也越来越多的开始种植农作物来补贴家用。在了解了农业相关知识后，发现阴山南北都有适合种植的农作物。阴山的北部适合种植土豆，并且是纯粹的"靠天吃饭"，每年的降水量直接影响着农业的生产活动。而阴山南面，为了保证农作物的产量，很大程度上靠着黄河水的灌溉。再次，为了满足羊肉的供给，羊群养殖已经变成一个热门的行业，原始的牧民供给的羊肉质量上乘，可是供不应求，很多商家看准商机开始发展养殖业，加快羊的生长速度以满足市场需求，使原始牧民很多迁居到城市谋生，我们想象中贴近生态的牧民越来越少。最后，我们也很难去诉说关于阴山的历史，缺少了人物故事有可能会让整个片子索然无味。于是阴山这个选题越来越让我们觉得并不实际。

在一个地广人稀的空间里，寻找主人公的历程显得异常艰难。虽然这几天的奔波让我们感到身心俱疲，但是对于第一次进入草原的我们也同样充满着惊喜。第一次进入到草原看到羊群牛群马群时，兴奋得差点喊出声，遇到过一队慢慢悠悠过马路的羊，被迫停下了车，看到阴山的高大雄伟，看到河套平原的美丽壮观，也看到了心心念念的沙漠。并且在这一路上，有很多给予我们帮助的人。非常感谢王舒雅能一直努力联系着这边的亲戚朋友来帮助我们寻找，不然我们可能要花费更久的时间。记得在去往希拉穆仁草原的路上碰到一位赶着十几只羊的叔叔，他主要以种植售卖向日葵为生，副业养了几只羊，等它们长大了就拉进城里卖掉，我们向他了解着这一片的情况，他也非常有耐心的回答我们让我们拍摄，当时能深刻地感受到蒙古族人的善良朴实与直爽。作为一个南方人，能看到草原真的算是实现了人生中的一个梦想。

记得在去临河的火车上，我们讨论着选题。当时我们就想到，为什么不把我们寻找的过程也放进去呢，这是我们人生中唯一一次的毕业设计，如果能把自己对于草原的印象和在旅途中的感受带入进去，就真的是"记录"片了。当然，后来这个想法也被否定掉了。原因是我们觉得如果是这样的拍摄方式，需要很细的镜头脚本和文字描述，以串起整个剧情，我们的前期准备太不充分了。最后，我们决定用日记的方式表达这个影片，这也是我们来到乌拉特草原与齐叔一家共度两天的最真实的记录，是我们情感的最真实的表达。

（三）拍摄历程

10月13日，我们在乌拉特草原上拜访了齐叔一家。齐叔蒙古名叫那生乌日图，祖祖辈辈都生活在阴山北部的乌拉特草原上。阿姨蒙古名叫白其其格，汉语里是花的意思，她来自通辽，在这里生活了30多年了。那天傍晚，我们看到了阿姨在夕阳下赶着奶牛，对着我们笑，毫无戒备地抱起两个月大的小羊羔递给我，让我拿起鞭子教我怎么赶羊。也看到叔叔骑着摩托车回家，对着我们嘿嘿地乐。当时的我们认定了这就是我们想要找的主人公，他们真的都太可爱了。

能拍到齐叔一家的生活是一件很幸运的事情。刚开始了解不深入的时候，可能只是单纯地看到他们有马群羊群奶牛，是非常原生态的牧民，并且世代都以放牧为生，对游牧文化有着自己的理解，也能了解到草原近些年来的变化。后来通过拍摄聊天相处，我们能很真实的感受到他们对于草原与牛羊的热爱。他们依赖着自然并且也用放牧的方式回报自然，他们对牛羊如同对待自己的孩子。他们在草原上生活的印记，对于这片土地的情感，都被记录在这部片子里，也让我们感到荣幸且难忘。不仅如此，他们勤劳、善良，热情地招待我们这些外来人并和我们分享他们的经历。让我觉得，这不仅是一次拍摄经历，它还让我与草原上的齐叔一家建立了联系与感情。虽然只相处了短短两天，但是离别时候那种感伤不舍的情绪让我至今都无法忘怀。

遇到了齐叔一家之后，我们的选题就定在牧民与自然的和谐相处上。此次拍摄以时间为线，去记录一家牧民一天的生活。我们住的地方距离齐叔的家有 100 多公里，为了早早的拍到齐叔放牧，我们凌晨 5 点多就出发了。清晨的草原带着凉意，车开到一半，能在云层中隐隐约约地看到太阳，天空从刚才的黑慢慢的变成粉色蓝色。旅途的过程也同样重要，我们在车上架好 Go Pro，拍着车一路行驶路过的风景。赶到齐叔家的时候刚好 7 点，羊群从家里走出去有一段距离了。现在的牧民赶羊都不再骑马了，摩托车成了他们的代步工具。我坐上了齐叔的摩托车，赶上了羊群。我们走在羊群的身后，一边走一边听着齐叔告诉我们这片草场的基本情况和他记忆里的放牧生活。他告诉我们他还是比较喜欢从前的游牧生活，虽然搬来搬去很辛苦，但是那样做草会长的好些羊也吃得好点，但是现如今的草原被网围栏划分成一片一片的，每户牧民都被要求在按人口划分好的草场上放牧。这里的风沙很大，气候也很干燥，叔叔的脸上有着深深的皱纹，阿姨每次出门都要戴上帽子和厚厚的口罩。

在齐叔的家里，我们体验到了很多没有体验过的生活方式。

早茶是让我印象深刻一件事。牧民都习惯了早上吃一些油脂高的奶制品，既御寒又不容易感到饥饿。然而对于我们就只能是小心翼翼地尝试，即使吃不惯我们还是着重记录了"体验"这一过程，拍摄我们去试吃奶皮奶酪奶茶的过程，我们想让片子的风格活泼一点又给人真实记录的感觉。吃完早茶叔叔就去邻居家帮忙了，之后的三轮车颠簸之行差点没让我们把刚才的早茶吐出来。这段在后期看素材的时候有点后悔，我光顾着坐在那里吃以及和阿姨聊天，拍摄的镜头真的很少。本来以为这段不需要但最后也放进了片子里，每次看到这都提醒着我，在现场，拍摄永远是最重要的一件事，而不是想当然的觉得用不着，意识到需要补拍的时候已经晚了。

除了早茶，看着中午阿姨给奶牛挤奶也让我们觉得很新奇。现在很少有牧民养奶牛了，牧民都去养羊，比较省事还能卖个好价钱。这些奶牛，每天中午都会自己走回家喝水，喝完水阿姨就要给其中的一只挤奶了，到了傍晚还要把它们赶去自家草场。挤奶真的是一项技术活，一开始很难挤出来，慢慢的学到了一些手法，好不容易能挤出来了以后控制不好方向就会溅自己一身，再加上挤的时间稍微长一点，手腕手指就会感到非常的酸痛，不得不歇一会。但是阿姨挤的又快又顺，半个小时左右可以挤上满满一桶奶，阿姨说不快点挤奶牛就会把奶憋回去一点。挤完奶后，阿姨把奶过滤后煮给我们喝，王舒雅和我坐在桌边一边喝一边感叹，太好喝了，房间里一直充满着浓浓的奶香味。

阿姨对牛羊有很深的情感，她会给每一头牛起名字，蒙语名也好汉语名也好，大多是通过外貌特征来起，我们也认识了很多新朋友。到现在也还记得鼻子上有白色点点的名字就叫"点点"，头上没有一点白色的叫"黑头"，有只黄灰色的小黄牛叫"灰灰"，还有"乌日究""老牛"等。短短两天的相处，让我们觉得牛羊是很通人性的。为了拍到阿姨把牛赶回的画面，我们跟着阿姨走到网围栏处，能远远的看到往家的方向慢悠悠走来的牛群。阿姨说不管是牛还是羊，都能自己认得回家的路。阿姨喊着他们的名字，他们也会抬头看看阿姨，阿姨拎着装满牛奶的桶或是饲料，他们也会在后面悄悄地跟着。

跟阿姨沟通相处的时间长了，阿姨也不会像一开始一样对着镜头紧张了，有的时候阿姨会给我们找些拍摄内容，自己找角度，非常可爱。阿姨把奶从锅里倒出来的时候，本来是背对镜头的，阿姨看了一下相机的位置，就正过来对着我们。还记得我们刚拍完挤奶的画面，拿着相机在看的时候，阿姨大声地招呼我们，快过来还有可以拍的呢。我们又屁颠屁颠的跑过去，阿姨就开始做奶皮子给我们拍。我们这次的拍摄没有刻意去安排齐叔一家的各种活动，而是顺其自然的单纯记录下他们一天所做的事情。阿姨还会满足我们的各种好奇心，给我们介绍起当地的婚俗礼仪，翻出女儿结婚时穿着蒙古袍的照片给我们看。

印象最深的是阿姨在给我们展示剪下来的羊耳朵。我们去的时候，阿姨家刚好有两只还没有成年的小羊。按照蒙古族的传统，为了好辨认自家新生的小羊，人们通常会在它们未成年的时候剪下羊耳朵的一角。家家户户剪羊耳朵的位置都不太一样，有的在耳朵尖上有的在耳朵的前后角。阿姨先是给我们展示了一串剪下来的羊耳朵角，都是这些年慢慢累积下来的，阿姨用一根线把它们串起来挂在墙边，里面也包括一些卖出去的羊。阿姨说她没想过把它们扔掉，希望能一直挂在那里，就当是一种念想。阿姨说为了让我们多点素材，她打算在这一天剪下羊耳朵，于是我们在远远的地方看着阿姨抓羊。羊群都会有点认生，当我们靠近时，它们会带着自己的孩子飞快的跑走，但是阿姨一走近，它们会亲昵的靠近她。不过剪羊耳朵的过程有点"血腥"，最后也没放进片子里。

采访过程中当我们问起降雨时，阿姨说今年的雨下的比较晚，6月23日下的第一场雨。他们会记住下雨的具体日期，因为每天都会关注着天气预报，在这里，一年平均下3场雨，主要集中在夏季，下一场雨能够保证草场一个多月的生长。近些年来，草原的生态环境恶化，手工打井都打不出水来了，为了生活，齐叔一家只能通过打机井来解决生活用水，百十来米深的机井也只能打在南边有河槽的地方，向北走都是打不出水的无水草场。白其其格阿姨非常会打理生活，走进阿姨的家里，能感觉到她把家收拾得很干净，吃的食物主要都是阿姨自己做的。他们产生的垃圾，都会定期到30多公里外的川井镇上处理。从齐叔一家的言语和行为上，都体现着他们对这片土地的珍惜和热爱。

阿姨很少骑摩托车去赶牛羊，她跟我说，走着去的路上，手机才有一点信号。阿姨利用网络去听她喜欢的蒙语歌，去和别人用微信聊天。我们有一个和阿姨的群聊，基本上都是当天说了话，阿姨第二天才回，我有时候想着阿姨肯定又在走着去赶牛的路上了。拍摄的那天中午，阿姨带我去了一个山头，她说这里比较高，能看到宽广的天空和广阔的草原，还能依稀看到他们的牛羊。阿姨说她时不时会在这里坐上片刻，就什么烦心事儿都没有了。如果心情好了就在这里唱歌，反正也没人听到，就当是唱给远处的牛羊。

草原的景色和他们的美是我们尽全力想要留下来的，我们都想着尽量多拍些素材。于是我们的镜头记录了日落、黄昏还有牛羊慢悠悠走过。也记录了阿姨唱着歌赶着羊，记录了阿姨说你们拍了我们这么久我也要拍你们，记录了离别时叔叔朝着镜头不停地挥手，记录了我们一起拍的合照……当然，我们没记录到阿姨和我说的很多话，也没记录到最后阿姨和我们结结实实的拥抱，没记录到阿姨说认识你们真好，没记录我们离别的眼泪。

这些我们设身处地感受到的情感是片子中很难表达的一部分，对他们来说，他们的生活好像并不丰富有趣，日复一日做着同样的事情。但是在我们看来他们的美是草原美的最

大组成部分。我们可能是他们生活中的一个小插曲，能感觉到叔叔阿姨在和我们聊天时也带着欣喜和热情，那天中午我拍着拍着突然问起阿姨，你们第一次看见我们是什么印象，阿姨说你们都是很青春的小孩，看到你们就像看到了自己的女儿。而他们也是我们人生中一段难忘的回忆，他们带着我们认识草原，认识牛羊，认识草原上的生活，也感受到了他们与自然无法割裂的情感。

### （四）剪辑过程

剪辑的时候我们发现很多问题。首先是因为相机不一样导致分辨率不一致，相机的不同也导致了色彩差别很大。还有我们的拍摄角度不够多，特写近景偏少。有些镜头很抖导致素材利用率下降。现在想想，总觉得还留有一些遗憾：如一直想让阿姨穿上蒙古袍给我们唱一段或是跳一段，叔叔因为一直在邻居家帮忙也没有多少时间和我们待在一起。还有的是我们自身的一些原因：很多镜头拍的很急没有好好的找角度，之后也没想起来补拍，总觉得我们在拍摄方面还是有些欠缺，日后还是得多培养自己对拍摄角度的敏感性，尽量多拍点有观赏性的镜头，毕竟纪录不同于纪实。另外，我们拍摄的时间很短，只有一天半，总会有种该拍的都拍了可又好像没拍完的感觉。和牧民相处的时间也不够长，显得仓促。也许在片子里，我们没有处理好生态知识和情感的关系，我们的表达方式有些杂乱，我们的内容也不够集中，但是我们很真诚的把这部影片当作一部作品，这些也是我们需要去慢慢攻克的难题。其次是在剪辑的过程中，总是会有一种镜头散碎的感觉。我觉得可能是我们的解说词多是一些空话，于是我们尝试着去找一些小细节来为我们的解说词做论述，让情节变得有趣且集中。最终我们把这部影片变成我和王舒雅的草原日记，有些人觉得像是一部 Vlog 记录着我们踏入这片草原直至离去的种种事情和情感，我觉得这更像是一种探索，探索我们想要去感受的未知的生活方式。我们将自己代入其中，体会着牧民对自然的热爱与和谐，也体会着他们的热情真诚。

当然这次旅行是我们都很难忘的回忆，在看素材时总会有新的笑点：总是在镜头前面横穿的吴越，因为休息不够满面愁容的我和蓬头垢面的王舒雅，还有出镜的王舒雅不停的口误，吴越走到脱胶的鞋子，都是我们这次旅行的快乐源泉。这次的旅程中，我们去到了戈壁沙漠、看到了银河、拍到了星轨，不仅见到了草原还认识了齐叔一家可爱的人，这都是我们人生中不可或缺的一段宝贵回忆。

拍摄纪录片除了我们自己努力，要感谢很多人。感谢冯老师一直给我们的远程教学指导，在我们找到主人公之前，接受我们对选题想法的好几波轰炸，在我们剪辑阶段，也对片子提出了宝贵的修改意见；感谢王舒雅一路上联系她的各位亲戚朋友，没有他们我们不可能顺利找到主人公；感谢和我们同行的小组成员让这一路充满了欢声笑语……

这次的拍摄经历是我人生中的宝贵财富，它让我有机会认识真正的草原和蒙古族人。作为记录者，我们生怕把这一次的纪录片搞砸了，所以我们用心准备也用心拍，希望能为这段旅程交出满意的答卷。我们努力地用镜头留下我们看到的一切，我们努力地用解说去表达我们的感情，也许这不能让人足够满意，但是这是我们对这次拍摄最完整的交代。在我经历着一次又一次的剪辑和修改的同时，我已经慢慢地学会了阿姨的那首蒙语歌，也开始想着下次相见的时间了。

## 三、《乌拉特牧歌》创作心得之二

### 我也是草原的孩子啊

王舒雅

#### （一）构思和准备

当南京入秋的时候，我们开始准备大学最重要的作业——毕业设计。在和冯老师以及同组的队友们讨论毕业设计的选题时，内蒙古以"陌生又神秘""辽阔又美丽"，以及"王舒雅的家乡，行动起来会比较方便"高票当选为拍摄地。当大家心怀期待地从网上寻找资料和从我口中寻找对家乡的描述的时候，我才发现自己对于草原、山脉、牛羊、农作物，以及那里的人，都知之甚少。这次纪录片的拍摄更像是给我一个契机，去从一个不同的、更深入的角度了解自己的家乡，去认识不曾接触过的人，由衷地觉得，纪录片时刻都在给我创造着新的感悟。回家之前，我又找出很多草原歌曲听，试图从以往对家乡的记忆以及音乐中找到辽阔、苍茫、孤单又热烈的感情。

我们决定两个人共同完成一个片子，我和搭档胡欢一组。我们这组一开始的选题并不是以草原为主，我们把目光看向我的家乡河套平原，这里因为黄河在阴山南侧脚下画出的世界独一无二的"几"字型而得到滋养，由此我们了解到了阴山这条分界线对于南北人们种田放牧的影响。阴山北边的牧民们逐水草而居，过着游牧生活；阴山南边的河套平原上，黄河水的灌溉使得这里的农业发展得很好，因此还有了"黄河百害，唯富一套"的说法。在这个基础上，我们设想了阴山山脉对于南北侧居住人们的生产生活的影响，关于阴山的资料，我们在网上解决（主要是论文、纪录片、新闻、旅游推送）；关于生活在阴山脚下的人，我拜托爸爸联系了亲戚朋友，并且和他们通了话，得到了一些最基本的关于农作物、种植生活的信息；至于牧民，大家似乎统一了口径：牧民不好找，你们得往草原深处走。这对于尚未抵达的我们来说，就像是一个谜。就这样，大家带着沉甸甸的器材和满腔的热情出发了。

#### （二）寻找主人公

2018年10月10日，我们从南京飞往呼和浩特，开始未知的拍摄旅程。

到达的第一日，大家用一桌涮羊肉适应了内蒙古的冷空气，当然啦，来了内蒙古怎么能少得了喝酒吃肉呢。相较于其他城市，这里可以说是十分地广人稀了，这也成为我们接下来3天中寻找选题的最大困难。两地总是相距甚远，车一开就是几十公里，导致我们每天的很大部分时间都花在了赶路上，时间长了难免疲惫，好在大家都专心于寻找主人公，偶尔看到牛群羊群也会很惊喜，这份舟车劳顿就变少了些。从呼和浩特的武川县到巴彦淖尔的黄河边上，再到乌拉特中旗的川井镇，我们几乎是不断用眼里看到的"草原""阴山"推翻之前的提纲，再去和冯老师交流，提出我们新的想法。由于阴山山脉过于绵长，我们将"阴山及其南北的差异"缩小为"阴山一边人们的居住情况"，并且着重寻找牧民。我们到达希拉穆仁草原的时候，看到草原旅游业成为了一些牧民的新出路，这让我们的寻找"纯粹"的牧民画上了问号，经营蒙古包的人说自己是牧民，那么曾经放牧现在进城务工的呢？

承包别人的草场放牧的外地人呢？我们开始意识到"牧民"这个词在当今社会，包含了很多种状态，如果真的要研究牧民，那将会是一个很大的选题，并不是这一两天可以完成的。绕了一大圈，我们还是坚持出发前拟定的需要"一直生活在草原上"的牧民主人公的要求，他们最能代表草原，关于草原的变迁也见证的最多。终于，在10月13号，理想主人公出现了。

### （三）拍摄历程

我们是在傍晚遇到乌拉特草原上的其其格阿姨的，她拿着鞭子，站在家门口，刚要把牛赶回自家的草场。阿姨看到举着相机的我们，有些害羞地说："别拍我呀，我穿的不好看"。我们和阿姨聊了一些关于放牧的情况，并且和阿姨约好第二天早上和他们一起去放羊。告别了阿姨，太阳已经落下了。草原的夜路很难走，接送我们的叔叔告诉我们，从前的人们，不熟悉草原绝不敢轻易走夜路，每条相似的路会让人轻易地迷失。即使是拥有四通八达的路以及导航发达的现在，在夜里的草原穿行依旧会让人生出对自然的敬畏感。在安全到达柏油路上后，我们把车停在路边，瑟瑟发抖地抬头看草原的星空。四周出奇安静，唯一的音源就是我们几个的大呼小叫。星星铺满了整个夜空，各种星座，认识的不认识的，都把草原变得更美了。当然，"广电狗"依旧"本性难移"，大家立马架起相机和三脚架，拿出定时快门线，开始找机位。十几分钟后，我们发着抖，轮流在车下与"咔嚓"声为伴，守着相机，思念着行李箱里压着的羽绒服。

接下来就是接连两天的拍摄了。我们的主人公是那生乌日图叔叔（大家都叫他齐叔），还有前一天遇到的其其格阿姨，他们夫妻都是蒙古族人。叔叔阿姨热情地用他们的早茶招待我们，初见的生分一下子就消失了。我们跟随叔叔阿姨走近他们的牧民生活，吃早茶、赶牛羊放牧、去邻居家帮忙收葵花、挤牛奶、做奶酪，这一件件他们生活必须做的事都完全融合在这片草原里，让人非常直观地感受到自然的力量，一张人与自然和谐相处的画卷，就这样被摊开展现在我们眼前。在拍摄的过程中，我们在草原上看到了日出日落，看到了牛羊"自由"地穿梭在网围栏之间的草场之上，看到草原上风和阳光提供着能源，看到草原的牧业是是如何进行的，当目标转到主人公身上的时候，他们的生活在我们的眼中由新奇，到思考这样是不是太单调，再到敬畏他们与自然的联系，眼里所见的场景转化成片子的思路：草原的一天。我们最初准备以体验式的拍摄来描绘草原的生活，加一些出镜和主持，事实上，在后期剪辑的过程中，这些有太强参与感的镜头都被我们去掉了。我们预计纪录片大概分为4个部分：清晨的早茶和放牧、乌拉特草原缺水的特征对叔叔家的影响、阿姨挤奶做奶酪，以及傍晚叔叔阿姨赶羊回来。我们将牧民生活中具有代表性的活动记录下来，虽然他们的生活本身就和生态息息相关，但是在解说以及情节的串联上还是要很注意，比如蒙古早茶与传统游牧的关系，放牧方式的改变与环境破坏的关系，水井深与乌拉特草原干旱特征的关系，牧民通过游牧以及对牛羊的爱与对自然的敬畏的关系等。

乌拉特草原北与蒙古国接壤，南靠阴山，它与其他草原的一个很大的不同就是，这里属于荒漠草原，气候十分干旱。阿姨清楚地记得这一年的第一场雨是在6月23号，在这之前草都长不出来，他们就买了玉米给牛羊吃，吃了一半的时候才终于盼到下雨。叔叔说，这里的草不如别的地方茂盛，但是也够牛羊吃了。草原上的风很大，早晚都很冷，叔叔总说着牛、羊、马会"自动"回来，但是直到离开的时候我们都没有看到叔叔家的马，它们就像一个谜。阿姨说她会把自家羊耳朵的一块儿剪下来，这样如果两家的羊混到一起，就可以区分出自家羊了，她把每一次剪下来的羊耳朵小块儿用绳子串起来挂在家里，一直舍不得扔。阿姨还会给每一头牛起名字，性情温顺的牛似乎都知道阿姨在叫自己，听到自己的名字会抬抬头。印象最深的是叔叔阿姨家养的一只小羊，它和人十分亲近，总跟在他们后面，还有一只叫"灰灰"的黄牛是所有牛里面年纪最小的，它是叔叔阿姨春天的时候买回家的，体格要小一些，性情很温顺。当齐叔去邻居家帮忙收葵花的时候，阿姨在家里给我们展示了自家女儿的蒙古族婚礼，他们有两个女儿，一远一近都在外地工作，这让阿姨提起自己老了以后放牧的问题时，会轻轻叹气。这里的一切看上去都慢慢的，他们总不需要去着急什么，日复一日看似平淡的放牧生活有着值得细细品味的哲学。总是有些许遗憾的，没有看到想象中的蒙古包，没有看到牧民们豪放的把酒言欢，没有看到草原最生机勃勃的一面，没有看到不被网围栏分隔的草场。游牧变为定牧是为了保护草场，草场退化很大一个原因是一些牧民为了经济效益养了很多吃草根的山羊，让原本就不丰茂的草场更加稀疏，草原要很久才能恢复。还有一个重要原因是新修的路，以及随之日益开发的旅游业，这一条条路在为草原打开通道的同时，也在将过多的负担强加给这片土地。令人感到难得的是，我们的主人公叔叔阿姨依旧认真坚定地进行着放牧生活，我们听上去惊讶的六千亩地，在他们的眼里并不是发财的契机，我们看到很多邻居都有小汽车，但他们还是会骑半天的摩托车到镇上，他们分到一些田地，种的经济作物向日葵也只是为了给牛羊吃。这是他们的生活，这是认真生活着的人们的样子，他们节省着这里的每一种资源，只取基本所需。或许他们自己还没有发觉，他们爱这片土地爱得深沉，而这片土地，也在不断地回馈着他们。又有谁不会觉得，这是令人向往的生活呢。

结束拍摄是在拍摄的第三天傍晚，我们镜头里的羊群慢慢走过夕阳，阿姨边走边唱着好听的蒙语歌，晚霞、风、草原，我们被这里的美震撼，想着尽可能多地留下更多的镜头，又想着只是把自己丢到草原上去，好好感受这片静谧的土地。临告别前，阿姨给的那个结结实实的拥抱，让我一瞬间要掉下眼泪来。

（四）剪辑过程

我们在每一晚都会整理当天拍摄的素材，把它们放到计算机里，再看看拍摄中重要的镜头。尽管这样，我们在第一天还是没能逃过内存卡出问题读不出来的"厄运"，这让大家都有些丧气，好在之后每一天素材的整理都也还算顺利。回到南京，整理与剪辑就开始了。一个大问题就是我们两台相机的画质和色调不同，这对于后来的素材选择和调色造成了很大的困扰，也是我们很不该的失误。接下来就是关于解说词内容和风格的确定，"日记"的形式让我们在第一版解说词中放入了太多的个人感情，我们像写游记一样倾倒着自己对这片草原的惊叹与留恋，在冯老师看过并指出我们缺乏探究关于牧民和生态的关系的问题后，沉浸在牧民阿姨歌声中的我们开始在表达感动的基础上又添加了向观众解释我们为什么感动。我们试着让每一句解说词都和生态，和人与自然和谐相处有关，在经历了数不清的解说词"最终版"后，胡欢与王舒雅的草原日记完成了，我们也用了自己的声音，一人一段读了下来。我们选择的是两个人先分别剪辑一半，最后再整合。在一开始，我在剪辑的时候每一个镜头都放的过于短，似乎是为了和解说词相匹配，但是冯老师说这是新闻的剪辑手法，纪录片不这样。于是我改变了方法，先把素材中可以拼接成故事的内容拼出来，再放

到解说词里，让画面内容有连贯性，又不失与解说的联系。拍摄与剪辑最好的配合就是在拍摄的时候脑海里有画面衔接的方向，这样在后期面对众多素材的时候，才会更流利一些，对素材的把握更大一些。在音乐的选择上，"公路"与"后摇"成为了我们搜索的关键词，我们认为这样的歌单与整个片子的契合度很高，也能很好的表达我们对草原的感受：空旷、壮阔，又饱含感情。我们的剪辑经历了几个集中期，从两个人的部分整合，一直到一月份毕业设计答辩前，大大小小的修改一直在进行。这个过程中有一个比较好的办法就是让不同的人看自己的片子，多听一些"局外人"的意见，这样比较不容易迷失剪辑的方向。当然了，关于牧民与生态和谐相处的主线我们一直没有放开。

### （五）反思与总结

关于片子的反思，首先，是在拍摄前期的构思上，我们随着所见而更改拍摄内容，到最后几乎是为片子架构了一个全新的框架，这样一来时间就过于紧张，尽管我们每晚都在向新的角度延伸，这样的办法比起准备好一切甚至是故事走向来说都有些仓促。其次，在拍摄时长方面，我们在牧民叔叔家停留的时间总共只有整整两天，这样的拍摄周期决定了我们的纪录片形式不能依靠纯观察，并且很难完整的展现这一户人家的方方面面，这也是我们最遗憾的。在外拍摄，如果距离很远，最好可以在拍摄地住下来，不要在路程上花费太多的时间和精力，最理想的当然是可以自己租车，自己开车了。再次，就是拍摄过程中，由于牧民生产生活的特殊性，叔叔阿姨很少出现在一个画面里，特别是他们其中的一个一走就是十几公里，尽管有一个摩托车，行动还是不怎么方便，因此我们在素材中能找到的叔叔阿姨同框就比较少，这样一来他们两个的联系会让观众看上去不够紧密，尽管这确实是他们的日常。另一个联系不够紧密的是我和搭档胡欢。因为大多数时候都是我们俩在互相拍，一起入镜的镜头只有自拍或者摆拍，这样一来不认识我们的人代入感会比较弱，很介意这方面的观众可能会有些云里雾里。最后，在剪辑方面，因为还有别的事情，我们的剪辑断断续续进行了很久，事实证明尽管一次次的修改会让整个片子的细节更加完善，但是集中剪辑也是很不可少的。在回顾整个拍摄过程的时候，拍摄日记显得尤为重要，有一些当时的反思或者是感触，会因为时间而变淡甚至遗忘，人们常说活在当下，那么记录当下的思考也十分重要。

我们希望将齐叔一家与草原的和谐相处呈现给不了解这里的人们，让大家也能感受到我们刚到达草原时的新鲜感，以及深入了解后的敬佩与感动。是他们对草原的善待让这片土地在受到创伤后慢慢恢复，又是他们对于放牧的坚定让气候干旱的乌拉特草原有了生生不息的希望。家里的老一辈人常说，当你走在草原上看到一户人家，是可以推门进去的，因为他们知道附近几十公里，你或许都遇不到下一户人家。如果他们不太忙的话，他们会拉着你聊天，邀请你一起吃饭，在蒙古族牧民家中，喝酒是躲不开的。空旷的草原让人与人之间的距离显得更加亲密，大家也显得更珍惜每一次见面，每一次热热闹闹的聚会。我们最终给片子命名为《乌拉特牧歌》，阿姨说她在放羊的时候喜欢对着羊群唱歌，她的歌声也十分好听。在我们看来，他们就是这片草原的牧歌，是牧民们用自己的行动唱给生养自己草原的赞美，飘荡在草原上空，久久不息。

我们是幸运的。在拍摄纪录片的过程中遇到了这么多善良的、热心的人，最应该感谢的是愿意向我们展现真实生活的主人公，他们面对镜头从不拘束，更重要的是，他们十分淳朴，这也是我经常和别人夸赞的，我的家乡人民的美好特质。要感谢的还有很多人：拍摄时远程关注与剪辑时严格要求我们的冯老师（在拍摄时，每当我们兴高采烈地告诉她我们的新思路，或者惆怅接下来的走向的时候，冯老师都帮助我们打开思路，并且时刻拽着"主线"）；一直耐心地帮我们联系熟人的我的父亲；不管多早多远都开车载我们去的叔叔们……当然，不可多得的队友们是每一次拍摄中的笑点承包以及精神支柱，当大家看着彼此浮现在脸上的"睡不好"和"气候干燥"而哈哈大笑的时候，或者彻夜讨论片子的构思的时候，又或者再累也扛着机器认真拍摄的时候，都会让人觉得自己很幸运。各位如果有靠谱的队友，请一定要珍惜。

我是在内蒙古的一个小县城里出生长大的，在读大学之前只去过一次草原，而且还是旅游。离开家之前，我并不觉得自己和草原有什么联系，我不住蒙古包，也不骑马，只是读过席慕容写的《父亲的草原母亲的河》中"我也是草原的孩子啊"时，心里会有一阵共鸣与感动。反而到了另一座城市，那里的人们对我诺大的家乡并不了解，"住在草原"变成了我最常见的人设。我也愈发对神秘的草原充满熟悉又陌生的期待，我知道这片土地会包容我，不论我离开家多久、多远，它都一直在。对于我来说，这个纪录片是有魔力的，当我在记录看到的感受到的时候，也是在寻着自己的根。当我们举起相机的时候，镜头就是眼睛，怎么去看，怎么去描述，看上去既客观，又主观。当我作为一个记录者，真正地身在其中的时候，那种感觉不像旅行般随性，又像旅行般身临其境。尽管我们没有专业人士的水准，但纪录片总让我们相信，用心地感受这个世界，是不会错的。直到现在，每每听到草原歌曲，我的思绪都会随着悠远的旋律飘回那片草原。不管我与草原经历多少次相遇与离别，我们的联系总是不会切断。那种感觉，像身在辽阔空间的世界一样陌生，又像回家一样熟悉。

我离不开这片土地，我们都离不开这片土地。

## 第四节 《草原上的向日葵》

### 一、《草原上的向日葵》解说词（撰稿：唐晨）

10月，巴音乌兰草原褪去了青色，远处的隆隆声打破了这片宁静（图6-32）。

今早，64岁的老秦就带着工人们在田里收割葵花。9月的几场雨已经让秋收耽误了近20天。老秦的神色有些凝重。如果葵花籽再不上市，他的损失会更大。

收来的葵花要平摊在晒场上，晾晒2~3天，让葵花粒变小松动，然后再进行脱粒。老秦和女婿正讨论着一会脱粒机摆放的位置。

脱粒的工作繁重，为了让葵花籽尽快卖出，老秦喊来邻居帮忙。

图 6-32 《草原上的向日葵》画面

老秦祖辈是山西人，为了谋生计，走西口来到内蒙。由于老秦无法掌握蒙古族的游牧知识，寒冬里保不住刚产下的羊羔，所以只能将草原开垦为耕地，种下这 200 亩葵花。

葵花是巴音乌兰苏木重要的经济作物。这里地处内蒙古北部，属于荒漠草原，年降水量仅为 100 多毫米，而年降水量低于 400 毫米的地区是不适宜发展农业的。大片的葵花田，透支着地下水；为了提高产量，化肥和农药也被大量使用。这片草原变得日益破碎，似乎无法再承受生命之重(图 6-33)。

图 6-33 《草原上的向日葵》画面

虽然脱粒实现了机械化，但仍需要三四个干活麻利的人打下手。

为了出活，工人们必须一刻不停的用铲子上料。

屋内，老伴张巧兰也开始准备午饭。由于降水少，田里无法种植主食，所以米、菜等生活必需品只能由住在县城里的女儿托人捎来。全家的生活用水也全部依靠着一口新开的井。之前的 4 口井，用了没多久，水就开始发苦变涩。为了让这口新开的井能用的久一些，老秦将它埋在地下。但近年来，老秦的经验似乎不再起作用，越来越多的井因干涸而废弃。

老秦清楚地记得，今年草原上的第一场雨，直到 6 月才降下。但因植被稀少，土壤存不住水，几场雨后，这里又爆发了山洪。洪水冲刷着生命，划伤了草原。老秦家地势低，受到的波及也最严重。山洪带走了 40 亩葵花，给老秦留下的，仅仅是满地的沙石。而这些沙石又将成为来日沙尘暴的帮凶。

中饭是简单的土豆炖肉和馒头。一上午繁重的劳动让桌上只剩下咀嚼声。

饭后，老秦和工人们歇息片刻，便又开始将葵花籽装袋（图 6-34）。女儿打来电话询问进度。

脱粒后的结果并不喜人，大旱大涝的天气让土地变得贫瘠，近 1/4 的葵花籽里空空如也。

图 6-34 《草原上的向日葵》画面

喜怒无常的天气让老秦有些心累。

老秦终于赶在日落前，将今天的数十袋葵花籽搬进仓库。几天后，这些葵花籽将会出现在市场上，流向全国。

明年，老两口打算离开这片土地，把它托付给女儿。而草原将带着永远的伤疤，伴着哀愁，沉默地诉说着自己的命运。也许令老秦心忧的，不仅仅是今年的收成，更是对未来，对自己，对这片土地命运的担忧。

## 二、《草原上的向日葵》创作心得

### 《草原上的向日葵》长成记

吴 越

现在已经是 2019 年 1 月了，离我们的内蒙拍摄之旅结束已经过去了 3 个月，当时拍摄的心路历程、所见所闻现在能回想起来的也只剩印象深刻的部分了，现阶段正好在做后期剪辑部分，对这部片子又有了全新的认识和反思，想和大家分享一下。

**（一）确定主题**

从被分到冯老师组开始，隐隐约约感觉拍摄主题会和生态有着某种缘分，果然，我们最后的选择真的是"生态"主题。一开始我们确实出现了畏难情绪，因为生态纪录片的要求

之严格,我们是已经见识过的,因此不敢轻易触碰,但现在它变成了一道必答题,那就迎难而上吧!这次我们不甘心还在南京拍生态,觉得毕业设计总要为难自己一把,于是我们就瞄准了一直很想去的内蒙古,而且组员中也有个内蒙古的小伙伴,让拍摄的可行性又大大增加了,更重要的是拍摄内蒙古的生态是我们感兴趣的,正如冯老师所说的,"拍你真正喜欢的"这很重要,因为"这种激情通常会从作品中表现出来",特别是生态纪录片,它本身就带有一种宏大的科教的感觉,这种感觉很容易在观众和创作者之间产生隔阂,如果创作者不投入百分之二百的激情进行创作,那你想传达的效果和感受,到观众这只能收到不到百分之五十。作为广电的孩子,千万不要怀疑自己的能力和潜力,只有不断给自己施压才能有好的作品,将不可能变成可能其实是创作中的必经之路,而畏难就是毁灭的开始。

**(二)前期准备**

我们很快定了拍摄内蒙生态,而且迅速买好了10天后的机票,因为大家觉得只有这样才能安心写文案,也是给自己一点必要的压力。

一次次实践告诉我们,"前期不作呕,现场慌成狗"。不成熟的学生作品与好作品之间的差距就在于拍摄前期的准备功力的深厚不同,"走一步看一步"的思想是要不得的,所以出发前完成一份可行性很高的文案和拍摄计划成为最紧迫的事。我们选择了一个完全陌生的地方,这在一开始就增加了很大的难度,这要求我们从零学起,在很短的时间内丰富知识,至少成为"半个当地人"。在这个过程中,我发现我对一切都充满了好奇心,选择一个具体的拍摄对象很困难,不知从何下手。

由于我们是两个人的学生创作团队,没有能力负担拍摄效果很好的拍摄器械,走朴实风格通常是我们学生的首选,所以画面精致、效果震撼的风光纪录片是不考虑的,既然不能通过视觉效果打动人,那只能靠故事和细节打动人了,冯老师经常说的一句话就是"讲好故事很重要",这也是我们拍纪录片坚持奉行的。经过冯老师的指导我们决定从人物本身出发,挖掘与生态有关的故事,展现人与自然的联系,"这样看起来很大的生态主题就不会飘在空中落不下来"。

经过再三思考,我们明确了此行的目的:我们希望通过创作出的纪录片来表达我们对某个问题较为成熟的思考,很渴望可以呈现出一部耐人寻味的作品。明确了目的也就会容易帮我们明确选择方向。

万事开头难,我们先上网查阅了关于内蒙古的大概资料,看看与生态有关的有哪些。又因为我们对游牧民族感到好奇,觉得他们很神秘,很想去一探究竟,就围绕着"游牧民族"这个话题查资料。我们发现"水文化"对于游牧民族来说很重要,游牧经济以水草为中心,居住环境、生产、生活都离不开水资源,与此相应他们的游牧生活中蕴含了诸多与水有关的文化元素,逐渐形成了牧民与水资源、草场融为一体的蒙古族游牧文化。在近代时期牧民与湖之间的"镶嵌式"共处景象,到现代已经变成了"脱嵌式"水环境迹象。随着农业化、生态移民政策的实施,游牧民族的生活方式发生了改变,从逐水草而居逐渐走向定居生活。于是我们想选定一条河流,来讲述河流两岸居民生活方式的变化与不同。最后选定了乌梁素海——中国八大淡水湖之一。据当地居民回忆,以前湖水特别清澈,水质也非常好,可现在别说自己喝湖水,连养的牲畜都不让饮用湖水,因为污染太严重。湖周围居民就业结构也在发生变化。我们希望可以在当地找到新农民,也希望可以找到老牧民给我们讲讲以前蒙古族人对水的传说、习俗，老牧民是怎样勘察草场、水源和认识草原上的草。形成了这样的思路：现在他住在了水泥房（以前是蒙古包）—游牧方式发生了转变—草场被铁丝网隔开—牧民也不再需要为了寻找新的水源更换驻地—跟水原先紧密的联系就脱离了—环境为中心变为了以人为中心。我们觉得这样内容还蛮充足的，而且思考也有了。

大致框架定了，现在需要面对很现实的问题——到底能不能实现呢？毕竟之前只停留在网络资料和自己的想法上，为了保险起见，我们的文案里最少要有两个方案可供拍摄，并列出我们能想到的所有可能以及对应措施。而提前了解那边真实的情况是出发前的必修课，唯一的途径只有与当地人取得联系，甚至需要与主人公取得联系，动用自己所有的人脉关系，尽自己最大的努力来确保我们辛苦写出的文案和拍摄计划可以被落到实处。在联系当地人方面真的要相信"六度分隔理论"，只要我们足够努力就一定可以联系上不管相距多远的人，事实证明我们做到了。朋友圈真的很万能，我都没有想过联系竟也会存在，兜兜转转终于找到可以去拍摄的主人公，接下来就是好好规划行程了，这很重要，因为内蒙古的区域跨度真的不是一般地大。

## （三）中期拍摄

因为做了充足的前期准备，所以我们对之后的拍摄充满期待。按计划我们晚上到达呼和浩特后，稍作休整，就立马与负责我们第二天行程的向导见面了，互相沟通好将要拍摄的内容和行程安排。这多亏了内蒙古的那位组员，拜托了好多亲戚朋友来帮我们，一部纪录片不管大小，都会凝聚很多大大小小的感动。然而事实上拍摄并没有我们想象中那么顺利，第一天的拍摄以失败告终，联系好的拍摄场地和拍摄对象和我们需要的感觉相差太远，武川县的拍摄对象家的羊是圈养，只是一个买卖中转站，只有羊群的数目达到了我们的要求。但是我们没有放弃拍摄，发现不太符合后，我们还是尽可能地多拍素材，"只能多拍不能少拍"，有些我们现在觉得没用的素材说不定后期会帮上大忙。之后还去了希拉穆仁草原，但是那里的旅游开发太成熟了，充满商业化气息，我们没待多久就离开了。在这天我们还有个意外收获，就是在行驶的路上遇到了一个不错的场景——在一片广阔的草场上一个朴素的牧民赶着一群羊，这是目前最接近我们想寻找的画面，于是尝试了一次没有计划的拍摄。多角度、多景别的空镜是必不可少的，人物采访也是必须的。虽然这次拍摄比较匆忙，但也给我们后面的拍摄一个很大的启发：即使在去目的地的路上，也不能松懈，说不定路边就会有很好的素材，不要怕麻烦，看到好素材还等什么呀！冲呀！这个拍摄方法特别适用于陌生、遥远又广大的地方，这个地方可能你辛辛苦苦只能来一次，没有补拍的机会，所以更不能放弃任何可以多拍素材的机会。

每天晚上回去，不管多晚多累，我们都会坚持查看当天拍摄的素材，这可以总结拍摄经验和素材，给以后的拍摄提出要求，也可以帮助完善我们的文案，可以使文案越来越有细节，因为灵感总可以在拍摄中得到，细节也能在拍摄中被发现。当然，归纳素材、备份素材很重要，毕竟都是电子产品，有什么意外也说不准。"硬盘是广电狗的命，素材是广电狗的魂。珍爱生命，从备份素材开始"。

当天下午我们去了内蒙古大学，想去拜访之前在查阅相关论文时发现的研究者孟和乌力吉教授，想向他请教一些专业知识，并希望他解答我们最大的一个疑惑：草原上该不该发展农业？或者说禁牧到底是不是正确的？因为在临行前我们看了刘书润老师的《这里的草

原静悄悄》，还听了他在"一席"中的演讲《这里的草原》，对我们的影响很深，我们对草原、对游牧文化又有了重新的认识，并且学会了两面地去看待草原生态问题，要抛弃想当然那一套。

　　我们的内蒙古之行团队一共有4个人，分为两组，做两个纪录片，另一组想围绕"阴山文化"说生态，都想去河套平原找找农民，于是我们相约下一站去临河碰碰运气。

　　第三天，我们一起来到巴彦淖尔的临河，去拍摄一些黄河的空境。但是我们意外地拍摄到了黄河的盐碱滩地，这正是我们之前策划中需要的一部分，还遇到了库布齐沙漠，第一次踏上沙漠的我们兴奋得像个孩子，但还是不能忘记拍摄任务。黄昏下的沙漠尤其好看，怎么拍怎么美，但是我们很遗憾的是拍不出沙子颗粒移动的细节画面。总的来说，感觉比第一天有所收获，焦虑的心得到些许抚慰，但是主人公还在悬着，没有主人公感觉片子没有着落，很害怕最后空手而归，所以我们把行程安排得很紧，不在一个地方过多停留，不停前进不停寻找。

　　在行程的第四天，我们转战离呼和浩特400公里左右的乌拉特中旗海流图镇，向导当天下午就带我们去了下一个地点——离海流图镇两个小时车程的巴音乌兰苏木，走进这里我们才真正感受到什么是我们理想中的草原：一条感觉走不到头的路，一群群无人看管的牛羊，一匹匹在路边休息的骏马……真有点平凡之路的感觉，在这里真的能感受到牛羊马才是这片广袤大地的主人。这里的场景也是我们之前想不到的，他们住的是砖头房子，并不是蒙古包，他们并不是群居的村落，而是单个的个体，每户之间隔着几里①的距离，但幸运的是我们终于找到了符合要求的拍摄对象，另一组同学也遇到了他们想拍的牧民家庭。我们组拍摄的是64岁的农民秦志仁老人和他的老伴张巧兰。我们去的时候正好赶上他们家收向日葵，于是我们立即调整拍摄方案，记录这一完整的过程成为片子的重要部分，它可以帮助我们自然地串起整个故事。在人物的采访中我们遇到了难题，主人公是不善表达的，基本是一问一答，做一些引导也没有效果，全程还是方言交流，我们一度有点绝望。当天晚上我们根据事实情况重新调整了文案，将采访问题更细化、更贴近生活，那些稍有些专业性的问题我们放弃了，因为在采访中发现降水量这些稍专业的知识他们根本没有想过，更不知道答案，所以只能调整为"每年下几场雨？每次的量怎么样？"第二天的采访，在他们闲聊的时候，也就是最放松的时候调好机位保持录像，融入他们的聊天，在合适的地方插入我们的问题，果然效果好多了，但是有效的部分仍然不多，这不得不需要后期解说词的支撑。这也改变了我们原先想要的风格，从无解说变成以解说为主。如果可以在那边多拍摄几天，不但会有更全、更细致的画面，也有实现无解说的可能。这次所有的拍摄内容几乎都是一次性的，转瞬即逝，所以3天的拍摄时间里我们神经紧绷，每天都带着相机充电器，每人都有两颗备用电池，两台相机超负荷工作，此时比起相机的寿命，我们更在乎素材的质量和数量。

　　这3天在巴音乌兰苏木的拍摄，其实并没有这么连贯，我们在拍摄的第二天晚上，紧急和冯老师开了一个视频会议，因为我们发现我们现在所遇到的事情，所拍摄到的素材，和我们当初策划的不太相符，如果还按照之前的策划来执行，那我们现在拍摄的素材远远

---

①　1里≈500米。

不够，特别是乌梁素海都还没去成，另一组的"阴山文化"也没着落，这样的话我们得分开去往不同的地方，而且路程遥远，前途未知，时间也不够我们耗的，我们还需要尽快赶回去上课，出门在外，老师和家长最担心的还是我们安全问题，所以4个人最好不要分开行动。基于种种现实因素，我们决定拍摄方案必须做临时调整，我们得放弃乌梁素海，他们得放弃阴山文化，就我们现在手上有的两个主人公——一个农民家庭，一个牧民家庭，进行深入拍摄。与其在行程上花费时间，不如用在拍摄上，经过第一天的素材搜集，了解到这两个家庭还是有故事值得深挖的，但每天早出晚归根本来不及重新写文案，只能在后面的拍摄中多多留心。于是又去紧张地拍摄了一下午。

第七天，我们回到呼和浩特，和约好的孟和乌力吉教授见面，正好就这几天的拍摄中产生疑惑的地方向他请教，得到专业的解答后再回南京，对后面的解说词的准确性也很有帮助。

在整个拍摄过程中，虽然出现很多变故，地点的改变、人物的改变、故事的改变、交通的不便等，但是我们始终能够抓住"水"元素以及蒙古族人生活方式的转变与生态环境之间的关系这一主题，临危不乱，我觉得这和我们前期充分的准备是分不开的。由于我们选择的拍摄地点比较特殊，所以实际的拍摄的时间比前期寻找的时间和路上耗费的时间都短。如果大家想选的拍摄地点也是这种特点的话，拍摄行程的规划很重要，多看看地图，前期规划的时候一定要为后期留下充足的拍摄时间，我们在一个地方拍3天还是太短了，如果有更长的时间就好了。

### （四）后期总结

"拍摄一时爽，后期火葬场"，这是广电人的通病，尽管一直提醒着，但仍然不能完全避免。我们在剪辑的时候发现，虽然我们做到拍摄时注意同期声的录制，但剪辑出来声音效果还是不理想；有些需要跟踪主人公的镜头，因为来不及用稳定器所以画面抖动厉害，加防抖效果也不尽如人意，以后拍摄时，三脚架要一直装在相机上，手持时也能帮我们增加稳定性，千万不要依赖后期。航拍也是每部纪录片必不可少的拍摄角度，不论后期对剧情有没有帮助，都应该试试，我们这次用航拍发现了一个几乎是成为纪录片中心的素材——一条巨大的干涸的河床，原来是洪水冲刷留下的痕迹，这成了这部片子串成故事的重要事件，并且也能给观众视觉的震撼，还能帮助我们完成抒情的重头戏。

在后期剪辑上，我们的剪辑思路有点混乱，不知道怎么开始，剪出来的片段"在看图说话，没有连贯性，太琐碎"，冯老师让我们抛开解说词，就把这个主人公的故事剪出来，"好的片子不是用解说打动人，而是用画面语言打动人"，用纯画面理清故事之后再进行修饰润色。我们按照这样做果然好多了，自己也弄清了想要片子呈现的到底是什么内容。但是我们在片子要呈现的态度上很纠结，因为我们在那3天的拍摄中，对比着农民和牧民两家的生活状态和生存环境，其实是有很大困惑，甚至有些气愤的：农民家收割向日葵，到处尘土飞扬，生活环境也是让人感觉这不是热爱生活的样子；牧民家每天放牛放羊，定时挤奶，还会自己做不同的奶制品，家里窗明几净，充满认真生活的气息；而这两家仅相隔几里，呈现两番截然不同的画卷。但是经过和冯老师的讨论发现，如果我们的片子持一味的批判态度是不理性的，缺少了人文纪录片该有的情怀，我们在关注自然的同时，还应该关注人文。于是我们选择向观众展示现状，引导他们产生自己的思考。最终这部片子主要讲述的是内蒙古巴音乌兰苏木农民秦志仁和张巧兰夫妇是如何在草原上讨生活的，主要拍摄了他们家重要的经济活动——收向日葵，片中也提到了关于环境和生活的矛盾，但是并不是批判，只是想把现状呈现给观众，希望和观众一起探讨到底谁该为这片土地负责？思考大自然和我们人类生产生活之间的关系，我们可以看到不正确的开发利用，人会因此而遭受到大自然的报复，大自然也会受到伤害。最后的片尾我们放了一个小小的情怀，就是从大航拍洪水留下的河床交叉叠化到近景沙子，意思是自然所受到的伤害和我们每个人都是息息相关的，远远看过去只是一片荒地，但是往下细挖，就是一颗颗沙子，我们每个个体就是每一粒沙子。

这部片子就是《草原上的向日葵》，从一开始我们明确的内蒙古之行的目的来说，从人文生态纪录片的要求来说，我们都做到了，但令我们收获更多的是这7天满满的拍摄行程，在这7天中我们的所见所闻，经历的困难与挫折，临时的修改与调整，这些都是我们快速成长的催化剂，永存的宝贵经历。读万卷书需行万里路，对于传媒专业的同学来说，真的是实践出真知！

## 推荐观摩

学生纪录片：

《万物有灵》

《紫金山的秘密生命》

《乌拉特牧歌》

《草原上的向日葵》

## 思 考 题

这一章的分享中，哪些经验给你触动最大，思考并讨论。

# 参考文献

阿拉斯泰尔·福瑟吉尔,2016. 地球脉动:前所未见的自然之美[M]. 人人影视,译. 北京:人民邮电出版社.

阿拉斯泰尔·福瑟吉尔,胡·科里,2018. 猎捕:BBC动物世界生存之战[M]. 魏波珣子,刘晓艳,黄睿睿,等译. 北京:人民邮电出版社.

阿拉斯泰尔·福瑟吉尔,瓦内莎·波洛维兹,2016. 冰冻星球:超乎想象的奇妙世界[M]. 人人影视,译. 北京:人民邮电出版社.

安德烈·戈德罗,弗朗索瓦·若斯特,2005. 什么是电影叙事学[M]. 刘云舟,译. 北京:商务印书馆.

曹小晶,赵立诺,2010. 回望金陵大学对中国科教电影之传播与贡献——以《电影与播音》杂志等为实证研究[J]. 西北大学学报(哲学社会科学版),40(6):49-53.

陈德志,2009. 隐喻与悖论:空间、空间形式与空间叙事学[J]. 江西社会科学(9):63-67.

丹尼尔·查莫维茨,2013. 植物知道生命的答案[M]. 刘夙,译. 湖北:长江文艺出版社.

邓颖玲,2013. 叙事学研究:理论、阐释、跨媒介[M]. 北京:北京大学出版社.

海阔,2015. 电影叙事的空间转向[M]. 北京:中国传媒大学出版社.

蒋成峰,2015. 纪录片解说词的时间表达[M]. 北京:中国传媒大学出版社.

靳斌,2016. 真实如何呈现:阐释学视野下的纪录片叙事策略[M]. 北京:社会科学文献出版社.

李庆本,2005. 国外生态美学读本[M]. 上海:复旦大学出版社.

李韦儒,2017. 全媒体语境下我国生态纪录片创作理念变迁[J]. 戏剧之家(8):102-103.

李兴国,2008. 中国广播电视文艺大系:电视纪录片卷[M]. 北京:中国广播电视出版社.

里克莱夫斯,2004. 生态学[M]. 孙儒泳,尚玉昌,李庆芬,等译. 5版. 北京:高等教育出版社.

刘云舟,2014. 电影叙事学研究[M]. 北京:北京联合出版公司.

龙迪勇,2015. 空间叙事学[M]. 北京:生活·读书·新知三联书店.

鲁珀特·巴林顿,迈克尔·高顿,伊恩·格雷,2016. 生命的故事:BBC动物世界的传奇[M]. 朱晨月,陈星晓,陈博文,等译. 北京:人民邮电出版社.

马诚,2011. 影像科学与科学影像[J]. 现代传播(中国传媒大学学报)(1):73-76.

米克·巴尔,2015. 叙述学:叙事理论导论[M]. 谭君强,译. 北京:北京师范大学出版社.

沙曼·阿普特·萝赛,2017. 花朵的秘密生命:一朵花的自然史[M]. 钟友珊,译. 北京:北京联合出版公司.

王蒙,2013.自然类纪录片《森林之歌》的成功原因探析[J].新西部(理论版)(Z1):152,159.

沃尔夫冈·斯塔佩,罗布·克塞勒,2015.植物王国的奇迹:果实的奥秘[M].师丽花,和渊,译.北京:人民邮电出版社.

希拉·柯伦·伯纳德,2011.纪录片也要讲故事[M].孙红云,译.2版.北京:世界图书出版公司.

阎景娟,任傲尘,2014.生态文明建设中的生态纪录片[J].中国电视(12):54-57.

扬玉洁,2008.森林故事——对大型自然生态纪录片的纪录[J].电视字幕(特技与动画)(2):10-17.

杨力,刘咏,2005.旧中国科教电影[J].电影艺术(6):69-75.

约翰·艾奇逊,2016.消失的脚印——BBC御用摄影师20年野生动物拍摄笔记[M].王尔笙,译.北京:北京联合出版公司.

章海荣,2005.生态伦理与生态美学[M].上海:复旦大学出版社.

赵惠康,2005.新中国科教电影的两次高潮[J].电影艺术(6):156-161.

赵惠康,贾磊磊,2005.中国科教电影史[M].北京:中国电影出版社.

赵曦,2014.真实的生命力——纪录片边界问题研究[M].北京:中国传媒大学出版社.

CHRIS PALMER,2010. Shooting in the Wild:An Insider's Account of Making Movies in the Animal Kingdom[M]. New York:Sierra Club Books Publication & Randon House.

DEREK BOUSE,2000. Wildlife Films[M]. Philadelphia:University of Pennsylvania Press.

# 后　记

当人类从大自然中出走，在城市中聚居之后，大自然似乎成为我们渐行渐远的世界，而自然、生态这些词不知不觉也成了很多人头脑中"想象的能指"。

在 70、80 后甚至 90 后的童年里，中央电视台的纪实栏目《动物世界》毫无疑问是欢乐记忆的一部分，它成为他们打开自然之门的钥匙：它让自然离我们那么近，然而，又那么远。近，是因为我们能如此近距离地看到几千公里外非洲草原上的狮子捕猎、亚马孙丛林里的犀鸟求偶；远，却是我们看到的这一切不过是光影制造出来的幻象。和真实的自然相比，这样的纪录片真实吗？它带给我们的到底是什么？

我真正思考这个问题，是在我的孩子两三岁时。那时候我开始带他在城市和郊野探索，我发现，当我对着宏伟的建筑发出赞叹，为人类的文化遗产感动不已的时候，小家伙却撅着屁股去够墙角的一棵小草，或是蹲在地上看蚂蚁忙忙碌碌，对人类的"丰功伟绩"毫不在意。于是我开始陪伴他探索和感知他感兴趣的自然世界。在不断的探索中，自然的神奇与美妙向我扑面而来：原来，乔木在春天发芽之前，山林里的春生短命植物会拼命汲取还未被遮挡的阳光的养分，在这段时间竭尽所能绽放它们的美艳，完成繁衍后代的任务；蕨类喜欢生长在有水的林下，它们正等着适当的时机弹射它们的孢子，托付水流帮助它们传播；候鸟会为了繁育下一代，飞越几千公里穿越大洲回到它们祖祖辈辈的出生地；竹节虫、枯叶蝶、兰花螳螂等昆虫的拟态简直可以以假乱真；黑猩猩妈妈会和人类一样陪孩子玩耍……越是身临其境，越能体会到造物的神奇，越是能理解生态之美。

回到我们最初的问题，生态纪录片到底能给我们带来什么？

我想最重要的应该是——启迪。在我们大街小巷都贴满"绿水青山就是金山银山"标语的当下，在我们喊出"建设美丽中国"的当下，生态纪录片能够而且必须担当起启迪民众的作用。一部好的生态纪录片不仅能启迪观者，创作过程中我们创作者也在被启迪，启迪我们去亲近自然，让我们所理解的自然、生态的能指"言之有物"，启迪我们去思考与自然的关系，思考有关自然和生态的各种问题：所有生物中是否只有人类拥有智慧？自然、生态是否不仅存在于遥远的非洲、极地、亚马孙……它也存在于我们身边，我们的城市之中？我们是否能够不再以人类的审美为准则，去决定一个物种是否应该受到关注？我们是否应该将人类也纳入整个生态圈中，将人类看成自然生态的一部分，从而约束我们的行为？我们是否应该用平等的心态对待和尊重地球上的一切生灵？

最后，我要感谢我亲切的同事，我热心的朋友，我可爱的学生，还有我温暖的家人，以及在本教材写作过程中所有给予我帮助的人——特别感谢我的儿子，感谢他给我支持与鼓励，给我提供他自己拍摄的照片，更感谢他带着我对自然万物有了更多的好奇。

编者

2022 年 9 月于南京